U0536834

# 大汉武帝 刘彻

郭宏文◎著

图书在版编目（CIP）数据

大汉武帝 : 刘彻 / 郭宏文著. -- 北京 : 中国书籍出版社, 2025. 6. -- ISBN 978-7-5241-0344-8

I. K827=341

中国国家版本馆CIP数据核字第2025T593Z9号

**大汉武帝: 刘彻**

郭宏文　著

---

**责任编辑**　王志刚
**责任印制**　孙马飞　马　芝
**封面设计**　东方美迪
**出版发行**　中国书籍出版社
**地　　址**　北京市丰台区三路居路 97 号（邮编：100073）
**电　　话**　( 010 ) 52257143（总编室）　( 010 ) 52257140（发行部）
**电子邮箱**　eo@chinabp.com.cn
**经　　销**　全国新华书店
**印　　厂**　北京睿和名扬印刷有限公司
**开　　本**　700毫米 × 1000毫米　1/16
**字　　数**　305千字
**印　　张**　19.5
**版　　次**　2025 年 6 月第 1 版　2025 年 6 月第 1 次印刷
**书　　号**　ISBN 978-7-5241-0344-8
**定　　价**　58.00元

---

# 前　言

几乎所有的人，都熟悉毛泽东主席那首气势磅礴的《沁园春·雪》，也自然熟悉那句“惜秦皇汉武”，这其中的“汉武”就是汉武帝刘彻。

刘彻是汉高祖刘邦的曾孙、汉景帝刘启的第十子。他是西汉时期除高后吕雉之外的第五位皇帝，在位长达五十四年，排名中国皇帝在位时间榜单的第四位，而前三位是，在位时间六十一年的清圣祖爱新觉罗·玄烨、在位时间六十年的清高宗爱新觉罗·弘历、在位时间五十七年的渤海国三世大钦茂。汉武帝雄才大略，多有建树，是中国历史上与秦始皇齐名的杰出皇帝之一，也是杰出的政治家、军事家、战略家和文学家。

汉武帝出生于景帝元年（前 156 年）七月初七，也就是七夕这一天。他出生时，父亲刘启刚刚登基，是为汉景帝，因此，他一出生就是皇子。他四岁时被封为胶东王，七岁时被立为太子，十六岁时即皇帝位。

汉武帝即位时，他的祖父汉文帝与他的父亲汉景帝共同打下了一个“文景之治”的基业，汉朝开创了政权稳定、经济繁荣、国泰民安的兴盛局面。他即位后，一改汉初旧制，摒弃黄老之学、无为而治的国家治理理念，改“无为”为“有为”，改“无欲”为“有欲”，提倡儒家学术，推行多欲进取。对内，加强皇权，巩固统一；对外，开疆扩土，展示国威。在他的治理下，中国历史上自战国以来的物质文化方面的分裂状态，彻底得到改变，地方割据的局面逐渐消失，民族融合得到加强，统一的文化得到迅速发展，一个真正统一的中国基本形成。继“文景之治”后，汉武帝将西汉王朝推向了一个极盛时期，开创了中国历史上的一个辉煌时代。

汉武帝将招贤纳士作为治理国家的首要方略。他不仅任命了一批儒者担任朝中重臣，还下诏给宰相以下的官吏，让他们向朝廷“举贤良方正直言极谏之士”。很快，全国各地就举荐了百余名各类人才。其中，品德优良的被称为“贤良”，以文辞见长的被称为“文学”。汉武帝又下令，让被举荐上来的人在长安参加笔试，笔试合格后再进行面试。这种办法，打破了以往统治者选拔官吏任人唯亲的格局，经过面试后，汉武帝的身边如愿地聚集了董仲舒、主父偃、东方朔、朱买臣等一批贤良的人才。

有了这些良才，让汉武帝在治理国家的进程中大显身手。他听从董仲舒的建议，下令罢黜百家，独尊儒术，在各地兴办学校，独教儒学，官吏选拔也以儒学为标准，绝对服从皇帝的统治。为巩固中央集权，汉武帝接受主父偃提出的大一统政治主张，实施“推恩令”。这一策略，彻底解决了多年来诸侯势力恶性发展的局面，堪称历史上一项伟大的创举。汉武帝还将冶铁、煮盐、酿酒等民间产业，收归朝廷直接管理，禁止诸侯国铸钱，使朝廷牢牢掌握着财政大权。

汉武帝的一生，创造了将秦始皇开创的基业推向一个新的顶峰的不朽业绩，使汉朝成为当时世界上最强大的帝国，是当时世界文明无可争议的中心。这也是汉武帝留给中华民族最伟大的遗产。如果对汉武帝的时代加以梳理，他最突出的功绩体现在三个方面。

第一，汉武帝进一步确定了国家的疆域，推动多民族统一国家的形成和发展。

汉武帝确定国家疆域，是从抗击匈奴开始的，这一功绩，在历史上是不可磨灭的。在此之前，西汉对匈奴一直采取和亲政策，以此来稳定边境。这一政策，丝毫没有改变匈奴人侵犯边境、抢掠杀戮的嚣张气焰。面对匈奴的挑衅，汉武帝一改先祖们对匈奴忍让抚恤的态度，决定与匈奴展开决战，用武力征服匈奴。

西汉元光二年（前 133 年），汉武帝发动了“马邑之战”，从而拉开了汉朝抗击匈奴、用武力征服匈奴的帷幕。西汉元朔二年（前 127 年），汉军在卫青、李息的统帅下，在河套大破匈奴楼烦王、白羊王所部，一举收复了自秦末汉初以来，内地所丢失的“河南”之地。西汉元狩二年（前 121 年），一万汉军在骠骑将军霍去病的率领下，跨过焉支山（今甘肃省山丹县、永昌县交界一带），长途奔袭至皋兰山（今甘肃省兰州市一带），赢得大胜，迫使匈奴浑邪王带领四万部众投降汉军。随后，汉武帝在河西地区设武威、酒泉、张掖、敦煌四郡，称为“河西四郡”。朝廷将大批内地平民迁到四郡，确保汉朝到西域通道的畅通，也加强了汉朝与西域各国的经济文化交流。元狩四年（前 119 年），卫青、霍去病又率领汉军横扫大漠，直捣匈奴单于王庭，大破匈奴军队。元气大伤的匈奴，无力再与汉朝对抗，随即向中亚一带迁徙。至此，西汉建立以来一直困扰朝廷的匈奴边患，宣告基本解除，从而结束了匈奴贵族的野蛮掠夺，维护了汉朝边郡较为先进的农业生产，建起了一条富饶的河西走廊，打通了通往西域的道路，形成了沟通古代欧亚交通的“丝绸之路”。

在解除匈奴边患的同时，汉武帝还先后下令平定了东越、南越和西南地区的叛乱。由此，汉朝的版图达到了空前的规模，促进了少数民族地区经济文化的发展，加速了民族大融合，为建立和巩固统一的多民族国家奠定了基础。同时，汉武帝的威名也远扬四方。

第二，汉武帝完善了朝廷集权制度，巩固政治统一，促进经济发展。

汉武帝自幼受儒家教育的影响，即位之初就深深地感到，儒家学说博大精深，包含政治、经济、哲学、教育、文化、文学、伦理等方方面面，可谓是包罗万象。他采纳董仲舒提出的“罢黜百家，独尊儒术”的建议，成为他集权朝廷、统一思想、一统天下的理论依据。董仲舒建议的核心内容包括：罢黜百家，独尊儒术，统一思想；强调大一统思想；提倡“君权神授”，把道家的道统变成封建的法统。

连年的征战，耗费了大量的军费开支，加之皇室挥霍无度，使“文景之治”几十年积累的财富几近枯竭。为了解决朝廷的财政困难，汉武帝采纳了桑弘羊的建议，先后推行算缗、告缗、盐铁官营、均输、平准、币制改革、酒榷等经济政策。这些措施，有效地增加了朝廷的财政收入。

汉武帝改革币制，将铸币权收归朝廷。汉文帝时，实行“除盗铸钱令，使民放铸”，结果造成币制混乱，钱币贬值，贵族官僚、富商大贾操纵造币之权。汉武帝下令禁止郡国铸钱，成立专门的铸币机构，负责铸造五铢钱。后来的六七百年，五铢钱一直是历代封建王朝统一使用的标准货币。

汉武帝下令由朝廷统一经营盐、铁。元狩五年（前 118 年），汉武帝下令禁止民间经营盐、铁，把冶铁、煮盐、酿酒等重要工商部门收归朝廷，由朝廷垄断经营，在全国设置盐、铁专卖署，任命当地的大盐商、大铁商为盐官或铁官，管理煮盐、制造铁器和买卖盐、铁等事务。盐、铁实行官营，加强了朝廷对经济的管理权，极大地削弱了地方割据势力，增加了朝廷的财政收入。

汉武帝推行均输平准政策，由朝廷统一调剂全国的运输和物价，以此来对付投机商人的囤积居奇活动，改变朝廷征收各地贡品的办法。汉武帝下令，由大农令统一在各郡国设均输官，负责将各地的贡品就近转运贩卖，再买当地特产转卖，如此辗转贩运，最后把各地特产集中到长安，减少直接运输的损耗。同时，由大农令置平准于京师，总管全国均输官运到京师的物资财货，除去皇帝及贵戚所用之外，作为管家资产实行官营，以此来调剂有无，平衡物价，防止富商大贾从中牟取暴利。这一政策，有效增加了朝廷的财政收入，也避免了百姓遭受富商大贾的盘剥。

汉武帝推行算缗、告缗策略，打击富商大贾。元狩四年（前 119 年），汉武帝颁布了算缗、告缗令，拉开了打击富商大贾、高利贷者势力的大幕。算缗就是征收财产税。朝廷规定，商人的财产，每二千钱抽税一算，就是抽税百分之一；经营手工业者的财产，每四千钱抽税一算；除三老和北边骑士而有车者，每辆抽税一算，商人的车则抽税二算；船五丈以上者，抽税一算。告缗就是监督纳税。朝廷规定，凡不如实申报财产的，没收其全部财产，并罚往边境戍守一年。朝廷鼓励知情者告发，查实后奖给告发者一半。一时间，告缗之风遍及全国。

汉武帝采取重农措施，积极兴修水利，促进农业生产的发展。

重视黄河的治理以及农业技术、新生产工具的推广。重视发展边境屯垦，指派桑弘羊组织六十万人到西域边疆屯垦，既增强了国力，也有效防范了匈奴的入侵。

第三，征集古代遗书，设五经博士，兴太学，设乐府，推动文化、教育的复兴和发展。

汉武帝重视文治，开创了保护、继承和发展中华民族传统文化的辉煌时期。

汉武帝酷爱文化典籍，非常重视收集图书。他下令广开献书之路，广泛收集书籍篇章。他下决心把经过秦火燔余的古代文化典籍，尽可能地收集、整理、保存起来。他积极在太常府、太史府和博士官办公处建设藏书之所，并在皇宫内也增设辟延阁、广内、秘书府等藏书之所，专门保管、整理收集来的书籍。他下令设置抄写书籍的专职官员，翻抄包括经书、诸子百家在内的图书典籍。

汉武帝是汉朝第一位对文学感兴趣的皇帝，在他的倡导推动下，汉赋成为汉代文学的主流形式，汉赋的创作，也很快进入了一个鼎盛阶段。

汉武帝非常重视礼、乐、诗的全面发展。他下令在掌管雅乐的太乐官署之外另设乐府，职责是采集汉族民间歌谣及文人的诗来配乐，以备朝廷祭祀或者宴会时演奏使用。后来，这种诗歌就演变成了乐府诗，简称乐府。汉武帝不仅设立了乐府这个管理音乐的专门机构，还设置了专管音乐事务的官吏。在汉武帝的推崇之下，汉朝的民间音乐风行于整个上流社会，出现了大量民歌和具有较高技艺的乐工。乐府也充实了汉代诗坛，开创了中国诗史的新局面。

汉武帝在全国范围内推行儒家教育体制，用儒家思想培养接班人。元朔五年（前 124 年），汉武帝下令兴办太学。太学完全以儒家五经为讲授课程，教师由儒学博士担任。太学学生数量实现了逐年增加，到西汉末期，已有万人之众。汉武帝还号召在郡国兴办地方学校，将儒学打造成士人进身的阶梯，把教育体制、用人体制有机结合起来，形成了天下士人为了进入仕途，纷纷统一到儒家思想中来的浓厚氛围。

到了晚年，汉武帝变得独断专行，生活奢靡。他封禅泰山，巡游全国，大兴土木，造成了国库空虚，人口骤减，农民起义时有发生。他崇信方士，引发了一场“巫蛊事件”，太子刘据、皇后卫子夫二人均蒙冤自杀。而当“巫蛊事件”真相大白之时，汉武帝追悔莫及，开始全面反思自己的过错。征和四年（前 89 年）六月，汉武帝召集文武百官，下了一道追悔前非的《轮台诏》，成为中国历史上第一个下罪自己的皇帝。为了弥补自己的过失，他甚至下令禁止一切迷信活动，并表示不再兴兵打仗，将精力转移到思富养民、与民休息上来。此后，广大农民又重新回到土地上辛勤耕作，许多荒芜的土地得到了复垦，农业生产重见生机，农产品开始有了积蓄。农业生产的发展，有力地促进了手工业的发展和商业的繁荣，从而带动西汉的经济发展进入了一个空前繁荣的阶段。

西汉后元二年二月初四（前 87 年 3 月 29 日），中国历史上政绩卓著的皇帝——汉武大帝刘彻病逝，享年七十岁。

# 目录
Contents


**第一章　出身皇室，宫廷教育伴成长** …… 1

1. 四岁被封胶东王 …… 1
2. 金屋藏娇成典故 …… 5
3. 太子被废得契机 …… 9
4. 懵懵懂懂当储君 …… 13
5. 年少继承皇帝位 …… 16

**第二章　少年天子，治国理政显身手** …… 20

1. 尊崇儒学为统领 …… 20
2. 游猎邂逅卫子夫 …… 24
3. 主持扩建上林苑 …… 28
4. 采纳谏言兴太学 …… 33
5. 儒法并施不偏废 …… 37

**第三章　改革官制，独揽朝政施铁腕** …… 41

1. 三次改革丞相制 …… 41
2. 推行加官建内朝 …… 45
3. 提升尚书设中书 …… 48
4. 打击削弱豪强派 …… 52
5. 推恩削弱诸侯国 …… 55

第四章　推行法治，皇权专制如磐石 …… 60

1. 诏令天下举贤才 …… 60
2. 选人制度规范化 …… 63
3. 掌握监察主动权 …… 67
4. 增修律法重法制 …… 70
5. 重用酷吏惩邪恶 …… 73

第五章　改革军制，军权牢牢抓在手 …… 77

1. 军事上强化集权 …… 77
2. 扩充宫廷禁卫军 …… 80
3. 建立高级侍卫队 …… 84
4. 推行新的兵役制 …… 87

第六章　面对危机，超常策略巧应对 …… 91

1. 财政危机思对策 …… 91
2. 改革币制为重点 …… 94
3. 铸造发行五铢钱 …… 97
4. 发布算缗告缗令 …… 101

第七章　增强财力，国有官营新渠道 …… 105

1. 盐铁行业归官营 …… 105
2. 均输平准两手硬 …… 109
3. 酒类专卖抓在手 …… 112
4. 卖官鬻爵增收入 …… 115

第八章　重视民生，造福百姓给实惠 …… 119

1. 兴修水利大动作 …… 119

2. 移民屯垦保边疆 …………………………………………123
3. 赈恤灾民安百姓 …………………………………………126
4. 尊老释奴行仁义 …………………………………………129

**第九章　匈奴起乱，初期平定遭挫折** ………………………134

1. 匈奴崛起成祸患 …………………………………………134
2. 倾听战和大辩论 …………………………………………137
3. 马邑之围空手归 …………………………………………141
4. 龙城之战见英雄 …………………………………………144

**第十章　循序渐进，大军北上平匈奴** ………………………149

1. 反击夺取河南地 …………………………………………149
2. 高阙之战凯旋归 …………………………………………153
3. 定襄胜利有遗憾 …………………………………………157
4. 远征大漠赢大捷 …………………………………………160
5. 诏令苏武使匈奴 …………………………………………165

**第十一章　远征西域，彰显汉军震慑力** ……………………170

1. 征战错用李广利 …………………………………………170
2. 张骞出使大月氏 …………………………………………174
3. 和亲争取乌孙国 …………………………………………177
4. 讨伐楼兰和姑师 …………………………………………182
5. 两次西征大宛国 …………………………………………185

**第十二章　恩威并施，扫除隐患安边疆** ……………………190

1. 讨伐西羌除边患 …………………………………………190
2. 果断铲除东越王 …………………………………………193

3. 整肃南越归大汉 …………………………………………197
4. 联络收拢西南夷 …………………………………………201
5. 征服朝鲜设四郡 …………………………………………205

**第十三章　大兴文治，崇尚经典重科技** ……………………210

1. 收集书籍藏经典 …………………………………………210
2. 大兴汉赋成主流 …………………………………………213
3. 推崇乐府兴诗坛 …………………………………………218
4. 颁布实行太初历 …………………………………………222
5. 发展推广新技术 …………………………………………226

**第十四章　热衷盛典，无上威仪尽彰显** ……………………231

1. 郊祀太一后土神 …………………………………………231
2. 建立明堂重礼数 …………………………………………235
3. 泰山封禅超历代 …………………………………………238
4. 迷信方士求神仙 …………………………………………242
5. 停止求仙终醒悟 …………………………………………246

**第十五章　生活奢侈，心生猜疑酿祸端** ……………………251

1. 穷奢极欲图享乐 …………………………………………251
2. 大兴土木耗财力 …………………………………………255
3. 嫔妃佳丽争宠幸 …………………………………………258
4. 迷信带来巫蛊祸 …………………………………………263
5. 重用小人酿灾祸 …………………………………………267

**第十六章　晚年悔过，汉武大帝成千古** ……………………272

1. 逼死太子方醒悟 …………………………………………272

2. 轮台诏令悔前非 …………………………………………… 275
3. 赐死爱妃为社稷 …………………………………………… 280
4. 临终托孤五大臣 …………………………………………… 283
5. 葬于茂陵垂千古 …………………………………………… 287

**主要参考书目** …………………………………………………… 292

# 第一章　出身皇室，宫廷教育伴成长

## 1. 四岁被封胶东王

汉景帝元年（前 156 年）七月初七，传说中牛郎织女会面的这一天凌晨，长安城皇宫的猗兰殿内灯火通明，人们出来进去地忙碌着，似乎要发生什么大事情。不错，这是汉景帝的儿子、小皇子即将降生。这不光是猗兰殿内人们的大事情，也是朝廷甚是整个汉朝的大事情。

小皇子降生之前，曾经发生过两件与小皇子有关的奇特事情。

第一件事情，发生在小皇子的母亲王美人的身上。有一天，刚刚怀孕的王美人做了一个梦，梦见一个太阳落入了她的怀里，然后就不见了。

王美人惊醒后，马上将梦里的情景告诉了自己的丈夫、当时还是太子的刘启。刘启听了王美人的描述，高兴地说："夫人，这个梦是生贵子的吉兆啊！"不久，汉文帝刘恒便病重不愈，在未央宫撒手人寰。文帝去世后，太子刘启即位，是为汉景帝。

第二件事情，发生在小皇子的父皇景帝的身上。有一天，景帝梦见一头胖乎乎的红毛猪，从天空中飘荡着的五彩祥云中飞下来，辗转落入了崇芳阁，也就是后来的猗兰殿。这时，汉高祖刘邦也飘然而来，对景帝说："王夫人生子，应起名叫彘。"

景帝刚要问个究竟，便从梦中惊醒。他定了定神，马上跑出来看，见崇芳阁上空有红色云雾在盘旋缭绕，俨然飞龙在天。而整个皇宫上空，都是丹霞蓊蔚纷呈，很久才悄然散去。

对这个的梦，景帝百思不得其解。于是，他下诏让卜者姚翁解梦。姚翁说，此乃大吉之兆，预示着崇芳阁将产生一位盛世之主。

景帝听了心中大喜。他重赏了姚翁后，随即将崇芳阁改称猗兰殿，让王美人移居猗兰殿待产。

当产房传来一声婴儿的啼哭后，一个小太监匆匆跑来连声报喜道："恭喜陛下！贺喜陛下！皇子降生了！"

景帝对皇子的降生早已等不及了。他匆匆来到产房，一边看着可爱的皇子，一边对在场的人说，小皇子就叫刘彘吧！而这个叫刘彘的皇子，就是后来政绩卓著的汉武帝。

在景帝的眼里，自己能够顺利登基，有皇子带来的吉祥征兆。因此，刘彘深得景帝的偏爱。

当时，汉朝实行的是"有嫡立嫡，无嫡立长"的皇位继承制度。因为刘彘不是皇后所生，太子之位根本是轮不到他，更不要说后来继承皇位。再说，刘彘是景帝的第十个儿子，而且是一个庶子，他上面还有九位哥哥。刘彘的生母王美人只是一位普通的妃子，并没有显赫的家世背景。

王美人的母亲叫臧儿，是汉初功臣臧荼的孙女。臧荼曾被高祖刘邦封为燕王，后来因为造反受到镇压，家道随之落败。臧儿因受到牵连，嫁给平民王仲为妻，后来生下一个儿子名叫王信；

生下两个女儿，大女儿叫王娡，二女儿叫王皃姁。两个女儿都长得如出水芙蓉，漂亮文静。

王仲死后，臧儿为生活所迫，携子带女改嫁给长陵平民田氏。过门后，臧儿又生下两个儿子，一个叫田胜，一个叫田蚡。后来，田蚡先后做过太尉和丞相，地位一度显赫一时。

臧儿的大女儿王娡嫁给平民金王孙为妻，生下一个女儿叫金俗。可臧儿不甘心平庸地终老一生，也不希望两个如花似玉的女儿埋没在尘世中。于是，她就找了一位算命先生给两个女儿算了一卦。就是算命先生的一席话，彻底改变了母女的命运。算命先生说，你的两个女儿将来不仅大富大贵，而且命相贵为天子之母。

臧儿大喜，对算命先生的话深信不疑。她想，命相贵为天子之母，就是皇帝的母亲。这难道是让我的外孙子去造反，夺取天下当皇帝？在太平盛世，显然是不可能的。而唯一可能的，就是给当今的皇帝生个太子。想到这儿，臧儿强行把大女儿王娡从女婿家带回来，连同小女儿王皃姁一起，送进了太子宫中。

姐妹俩凭借出众的长相、聪慧的头脑和得体的举止，很快被太子看中，成为太子妃，并得到宠爱。王娡做梦都想早一点儿给太子生个儿子，也好母以子为贵，可她偏偏接连生了三个女儿。当刘启继承皇位不久，王娡就生了皇子刘彘。她的妹妹王皃姁更是不一般，一连给景帝生了四个儿子。

刘彘从小就聪明伶俐，智慧过人。他三岁时，有一次汉景帝将他抱在怀里问道："乐为天子否？"刘彘眨眨眼睛，很认真地说："由天不由儿。愿每日居宫垣，在陛下前戏弄。"意思是说做不做皇帝由天不由儿，不过我愿意留居在宫中，在父皇面前戏弄玩耍，做儿子的本分之事。小小的年纪说出这番话，让景帝非常惊诧，更让景帝对刘彘另眼相看。

有一次，景帝见刘彘正在读一本书，便问他读的是什么书。聪明的刘彘立即给父皇背诵了洋洋数万言，让景帝欣喜不已。

但无论天资怎样聪颖，都注定刘彘的天子之路不会平坦。成为太子，然后继承皇位，需要多种因素发挥作用。刘彘既不是嫡子，也不是长子，尤其生母没有显赫的家世，在景帝众多宠妃中很不起眼，因此，他竞争储君之位，毫无优势可言。

前元三年（前 155 年）正月，“七国之乱”爆发后，景帝立储之事暂时搁浅。这次七国之乱，实际是一次诸侯国的联合叛乱。景帝即位后，采纳御史大夫[①]晁错的建议，就是《削藩策》，主要内容是削弱诸侯王势力、加强中央集权，先后诏令削夺楚、赵等诸侯国的封地。眼看自己的势力范围被削夺，吴王刘濞联合楚王刘戊、赵王刘遂、济南王刘辟光、淄川王刘贤、胶西王刘卬、胶东王刘雄渠等七位刘姓宗室诸侯王，以“清君侧”为名，联合发动叛乱，史称“七国之乱”。景帝立即诏令周亚夫[②]为太尉，统率军队用三个月便平定了叛乱。当时，七国之王不是战死就是自杀，七国除了保留楚国外，其余均被废除。

叛乱平息后，立储之事再次被景帝提到日程上来。

景帝的薄皇后，是依靠景帝的祖母薄太后的力量位居正宫的，因为薄皇后是薄太后的家族孙女。但景帝不喜欢薄皇后，且薄皇后无子嗣，她的皇后之位，随时都可能因为薄太后的老去而丢掉。

---

① 御史大夫：职官名，御史府的长官，与丞相、太尉合称三公，主管弹劾、纠察及图籍秘书事务。

② 周亚夫：西汉著名将领，官至丞相，西汉开国将领、太尉、绛侯周勃的次子。

汉景帝二年（前 155 年），薄太后故去，四年后，薄皇后被废黜皇后之位。

虽然薄皇后没有给汉景帝生下嫡子，但后宫中的众妃嫔，共为景汉帝生了十四个皇子，其中包括：王皇后生刘彘（后来的汉武帝）；栗姬生临江闵王刘荣、河间献王刘德、临江哀王刘阏；程姬生鲁恭王刘馀、江都易王刘非、胶西于王刘端；贾夫人生赵敬肃王刘彭祖、中山靖王刘胜；唐姬生长沙定王刘发；王夫人生广川惠王刘越、胶东康王刘寄、清河哀王刘乘、常山宪王刘舜。

在景帝的十四个儿子中，栗姬所生的刘荣是长子，加上栗姬一度受宠幸，刘荣因此于景帝四年（前 153 年）四月被册立为皇太子。

随后，景帝又册封年仅四岁的刘彘为胶东王，接替“七国之乱”中被杀的刘雄渠。胶东国是西汉始封国，都城在即墨（今山东省平度市境内）。刘彘虽被封为胶东王，但三年后被立为太子，始终没有去过胶东国，胶东王只是一个封爵而已。

## 2. 金屋藏娇成典故



前元四年（前 153 年）四月，汉景帝立刘荣为太子，立储之事本应就此告一段落。可由于太子的母亲栗姬与刘彘的姑姑馆陶长公主、刘彘的母亲王美人之间爆发了一场明争暗斗，最终导致刘荣的太子位被废，而刘彘在众多皇子中脱颖而出，被立为太子。

刘彘的母亲王娡入太子宫后，先是一连生了三个女儿，即长女、后来的平阳公主，次女、后来的南宫公主，三女、后来的隆虑公主。后来，又为刚刚即位的刘启生了皇子刘彘。

单凭王娡娘家的背景，对于刘彘能否被立为太子不会产生多大的影响。但王娡不是一般女人，她已经有过嫁给平民金王孙的经历，对来之不易的皇宫生活倍加珍惜。她不仅工于心计，行事机敏圆滑，还善于见风使舵，顺水行船。为了帮助刘彘争取太子之位，她不失时机地与馆陶长公主刘嫖拉上了关系。

馆陶长公主是汉文帝和窦皇后的女儿，在文帝众多女儿中排行最长。文帝三年（前 177 年），她嫁给了堂邑侯陈午，后来生有两子一女。景帝即位后，册封她为馆陶长公主，与诸侯王地位相同。

馆陶长公主是景帝的同母姐姐，深得窦太后的喜爱。窦太后在遗诏中将太后寝宫的金银珠宝，都赐给了长公主。长公主与景帝的关系非常密切，景帝对这个姐姐很尊重，对她的话也几乎是言听计从。在长公主的穿针引线下，许多美女得以进入后宫，受到景帝的宠爱。由此，长公主对朝政有着非常大的影响力，成为最有权势的女人之一。当时的皇宫，内自六宫粉黛，外至文武大臣，无不想巴结长公主。

汉朝有个规定，娶公主为妻者，必须是列侯，称为“尚主”。汉初功臣陈婴之孙陈午，爵封堂邑侯。陈午被文帝和窦皇后相中后，便把长公主许配给了他。长公主下嫁陈家后，所生的一女名叫阿娇。

馆陶长公主一直将阿娇视为掌上明珠。出于政治心机，长公主一心想让阿娇将来当皇后，进而获得大富大贵。刘荣是景帝宠妃栗姬的儿子，又是皇长子。由于薄皇后无子嗣，“七国之乱”被平定后，景帝将刘荣册立为太子。

馆陶长公主见刘荣被立为太子，而栗姬又深得景帝的宠爱，便萌生了把女儿阿娇许配给刘荣为妃的想法，将来刘荣登基后，阿娇便可成为皇后。

然而，这只是长公主的一厢情愿。刘荣的母亲栗姬心胸狭窄，目光短浅，而且嫉妒心很强。她的心目中，一直对长公主向景帝推荐美人愤愤不平。现在，见长公主替女儿向太子求婚，感觉这正是报复她的机会，就摆出了一副皇太子生母的架子，断然拒绝了长公主的联婚请求。

馆陶长公主当然不是好惹的。她觉得，自己是当朝天子的姐姐、窦太后的女儿，而且长公主的仪服与诸侯王一样。你栗姬只是一个太子的母亲，为何如此不识抬举？

馆陶长公主决心要争一口气，从诸王中给女儿物色一个好夫君。她仔细衡量一番景帝的其他十三个儿子，最终将目标锁定在刘彘身上。

陈阿娇实际比刘彘大三岁，每当长公主进宫时，阿娇与刘彘总在一起玩耍，算得上青梅竹马。精明的王娡看出了长公主的心思，便主动迎合她，两家的来往渐渐多起来。长公主也是心领神会，经常在窦太后和景帝面前说一些赞美王娡的话，还说一些贬低栗姬的话。她反复提醒景帝，说栗姬嫉妒心极强，为人阴险恶毒，一旦她的儿子做了皇帝，恐怕将来容不得诸位皇子和他们的母亲。

听了长公主的话，景帝陷入了矛盾之中。他也非常喜欢刘彘这个皇子，但废、立太子关系到国家社稷，不能轻易而为之。由此，景帝一时下不了决心，即使薄皇后被废黜后，也迟迟没有宣布立新皇后。长公主的话，确实在景帝心中起了很大的作用。

馆陶长公主觉得时机成熟后，就向王娡表达了联姻的想法。

王娡虽然满心欢喜，可嘴上却故意很为难地说："这恐怕不好吧？彘儿只是胶东王，将来做不了皇帝。阿娇可是命中注定要做皇后的，嫁给彘儿岂不是委屈了？"

王娡的话，像刀子一样刺痛了长公主的心。长公主非常气愤地说："不是太子又怎么了？太子又不是皇帝，现在是太子，将来未必能做皇帝。我觉得，呆头呆脑的荣儿，就没个太子的样儿。彘儿额宽颈长，眉突口阔，声音洪亮，是大器之相。我觉得，彘儿才像个皇太子！"

虽然长公主和王娡都同意了这门婚事，但景帝认为阿娇比刘彘大三岁，并未应承。

一天，长公主带着阿娇进宫，刚好遇到景帝、王娡和刘彘三人。长公主亲热地将六岁的刘彘抱起来，笑着问道："彘儿，你想娶个媳妇吗？"刘彘有些害羞地说："想！"长公主指着面前一个俊俏的宫女问道："彘儿，你愿不愿娶她做媳妇？"刘彘知道那个宫女只是一个普通宫女，便说："我不愿意。"长公主又指着另一位宫女问刘彘，刘彘仍然摇头说不愿意。

这时，长公主将九岁的阿娇拉过来问刘彘："你愿不愿娶阿娇做媳妇？"刘彘把眼睛睁得大大的，大声说："愿意，如果能娶到阿娇做媳妇，我将来一定用黄金建一座屋子让她住。"

听了刘彘的话，景帝被逗得哈哈大笑，而阿娇被刘彘羞得躲到了母亲的身后。

"金屋藏娇"这个典故由此而来。

长公主趁机向景帝提起阿娇和刘彘的婚事。景帝猛然想起王娡曾经梦日入怀，而后生下刘彘。现在，年仅六岁的刘彘竟能说出"金屋藏娇"这样的话来，顿觉这一婚事似乎是天意。于是，景帝也就很痛快地答应了。

王娡与长公主攀上了亲，无疑结成了一个强大的政治联盟，为后来刘彘登上太子位提供了强大的后台支援，也为刘彘最终登上帝位奠定了基础。

## 3. 太子被废得契机

在馆陶长公主的精心操作下，女儿陈阿娇、皇子刘彘的婚事很快就定下来。长公主与王美人成为儿女亲家后，也就结成了为刘彘争夺太子位的联盟，她们合力向太子的母亲栗姬发起了强大的挑战。

汉景帝即位后，随即立原太子妃薄氏为皇后。景帝六年（前151年），薄皇后因久不生育而被废，但皇后之位一直未封。

景帝四年（前153年）四月，刘荣被册立为太子时，他的母亲栗姬自然成为皇后的候选人。当时，栗姬正值得宠，景帝确实有立她为后的想法。栗姬自以为皇后非她莫属，因此表现出一种自信满满的样子。

可是，她根本没意识到长公主所具有的巨大能量。当她拒绝了长公主将女儿陈阿娇嫁给太子的请求后，无疑让长公主成为皇上岳母、皇后母亲的美好愿望落了空，心里非常嫉恨。为了报仇雪恨，长公主经常当着景帝的面，用各种语言来诋毁栗姬，甚至说如果栗姬做了皇后，皇宫中曾经发生过的人彘事件有可能会重现。

馆陶长公主所说的人彘事件，指的是汉惠帝执政期间，高后吕雉使用极其残忍的酷刑虐杀了戚夫人的事。高祖在世时，非常喜欢戚夫人和她所生的儿子刘如意，而且要废掉吕雉所生之子刘盈的太子位，改立刘如意为太子。由此，吕雉一直对戚夫人和刘如意怀恨在心，誓与母子二人不共戴天。刘邦死后，刘盈即位，但朝廷大权实际掌握在吕雉的手里。吕雉不仅毒杀了刘如意，还命人把戚夫人的四肢砍掉，挖去双眼，刺聋双耳，灌下哑药，然后包上草席扔进粪池里，将戚夫人活活残害致死。

仅凭长公主一人的诋毁之言，还不足以扳倒栗姬，因为景帝并不是一个轻信谗言的君主。此前，景帝已经听说长公主与栗姬及太子结下了恩怨，对长公主的话也只是听听而已，并没放在心上。可是，后宫的嫔妃都出来诋毁栗姬，就出现了众口铄金的效果。由于皇后一直空缺，让后宫的嫔妃个个跃跃欲试，甚至虎视眈眈，对栗姬群起而攻之，诋毁之言形形色色，五花八门。景帝听多了，也就不得不信了。

而偏偏在这时，发生了一件让景帝不快的事情，也让栗姬失去了成为皇后的机会。景帝突患重病，备受宠爱的栗姬在身边伺候。看到栗姬关心备至，景帝不免有些感伤，就对栗姬说："你做了皇后，我如果死了，你要好好照顾诸位皇子，不要伤害他们之中的每一个。"可此时，栗姬正在恼怒那些用流言蜚语败坏她名声的嫔妃，便赌气地说："他们不配我来照顾，因为他们的母亲尽干一些缺德的事情。"栗姬的话，让景帝的内心瞬间变得冰冷一片。他随即联想起长公主及众多嫔妃所说的话，觉得栗姬心胸狭隘，确实不配母仪天下。从此，景帝不再宠爱栗姬，也不再提起她当皇后的事。

栗姬失宠后，长公主趁机加紧为刘彘和王娡活动，不仅极力夸奖刘彘，更是极力称赞王娡，说她是一位温婉大方、明白事理、顾全大局的美人。长公主的话听多了，景帝更加反感小肚鸡肠的栗姬，而对王娡印象越来越好。久而久之，景帝便产生了立王娡为皇后的想法。可立皇后并不是一件简单的事情，还牵扯太子的问题。因为刘荣已被立为太子，而景帝母亲窦太后的内侄、太子太傅窦婴极力反对另立太子，景帝在册立谁为皇后的问题上一直拿不定主意，皇后之位依然空缺。

馆陶长公主见自己构陷招法没能奏效，便找到王娡，让她趁热打铁给栗姬致命一击。此事，两个人一拍即合。但王娡知道，她说话的力度没有长公主的力度大，如果她出面说栗姬的坏话，景帝就会产生反感，就会怀疑她是乘人之危，落井下石。而借助他人之口来陷害栗姬，才是确保万无一失的最好办法。

馆陶长公主和王娡经过反复商量，最终决定对栗姬采取离间计的办法加以打击。王娡找了一个机会，暗中对担任大行令[①]的李昌说："太子母理应立为皇后，你应该向皇上提出这个建议，将来他们母子都会感谢你，你还愁荣华富贵吗？"李昌觉得茅塞顿开，就强烈建议景帝册立栗姬为皇后，他说："皇后之位不可长久空缺。俗话说'母以子贵，子以母显'，太子母理应立为皇后。"

此时，景帝还在生栗姬的气，李昌的建议，无疑戳到了他内心的痛处，当场就怒吼道："册立皇后这么大的事情，是你一个大行令应该建议的吗？"景帝随即诏令将李昌拉出去砍头。这件事，让景帝感到朝中有许多官员都在替栗姬说话，必须及早册立太子和皇后，以防夜长梦多。景帝七年（前 150 年）正月，景帝不听

① 大行令：官名，掌管接待属国宾客的官吏。

太子太傅窦婴、太尉周亚夫等朝臣的苦苦劝阻，下诏废刘荣的太子位，改封为临江王，都城为江陵（今湖北省江陵县），将刘荣的母亲栗姬贬入冷宫。但景帝并未册立新的太子。

至此，栗姬不仅自己的皇后梦未能实现，还连累了自己的儿子被废掉太子位，她不禁寝食难安，痛悔不已，不久便抑郁而死。

栗姬死后，刘荣的心情很糟糕。他既为自己被废太子之位而精神郁闷，也为母亲的不幸去世心情悲伤。可长公主和王娡并不满足，认为刘荣活着就是对刘彘争夺太子位的最大威胁。只有尽早除掉刘荣才是当务之急。

刘荣被改封为临江王后，天性仁慈宽厚的他非常爱护江陵城内的百姓，很快就得到了城内百姓的一致拥戴。刘荣越是这样，长公主和王娡就越不放心，在刘荣身边派了许多奸细。由于刘荣自幼住在长安（今陕西省西安市）城内，来到江陵这个小城，各方面都感觉有些不习惯，便决定对所住宫室进行必要的扩建。可宫室之外没有足够的空闲之地，施工时占用了汉文帝太庙空地边上的一面墙。结果，这件事被长公主和王娡所派的奸细发现，宫室扩建还没完工，刘荣就以“侵占庙地”之名被告发。景帝本来还余怒未消，这又来个火上浇油，自然是勃然大怒，立即把这个案子交给中尉[①]郅都来审理。

郅都是当时有名的酷吏。他曾在文帝身边担任侍从，景帝初年担任中郎将[②]，因勇于进言规劝，又忠于职守，公正清廉，因此不断被重用。他秉公办事，不徇私情，他的亲属都不敢当面求他

① 中尉：武职，掌管京师的治安警卫。

② 中郎将：武官的名称，负责统领皇帝的侍卫和禁军。

办事，有事只好写信给他。后来，郅都干脆不拆阅私人给他的信件。郅都担任中尉后，执法严格到非常残酷的地步，因此被称为酷吏。不管是皇亲国戚，还是文武大臣，在他面前都是一视同仁。将犯有“侵占庙地”之罪的刘荣交给他来审理，许多人都觉得刘荣凶多吉少。

刘荣来到长安，立即被郅都投入大牢。郅都素来知道刘荣是一个仁厚的皇子，并未对他施以酷刑。刘荣被投入大牢后，自觉没有生存的希望，就萌生了自杀的想法。中元二年（前 148 年），刘荣含恨给父皇写了一封绝命信，便在狱中自尽，年仅二十七岁。

## 4. 懵懵懂懂当储君

栗姬忧郁而死、刘荣自杀而亡后，馆陶长公主和王娡进一步加大了为刘彘争夺太子位的力度。

前文说过，景帝一生共有十四个皇子，除了长子刘荣外，还有十三个皇子。在剩下的十三个皇子中确立太子，刘彘的条件无疑最为优越。他不仅自幼天资聪慧，而且有馆陶长公主的鼎力相助，成为储君可谓是顺理成章，板上钉钉。

但刘彘也并非没有对手，当时还有一个人一直在处心积虑地窥视着皇位，这个人就是景帝的同母兄弟梁孝王刘武。

窦太后为汉文帝生了两子一女。两子就是刘启和刘武。长子刘启顺利继承皇位，成为一国之君。次子刘武最初被封为代王，后徙封淮阳王，再改封为梁孝王。《史记·梁孝王世家》中有这样的记载："孝王慈孝，每闻太后病，口不能食，居不安寝，常欲留长安侍太后，太后亦爱之。"由此可以看出。刘武是一个孝子。而窦太后所生的一女就是馆陶长公主。

汉景帝三年（前 154 年），刘武入朝觐见天子时，景帝大摆宴席来招待弟弟。当时，景帝还没有立太子。宴席上，景帝与母亲窦太后、弟弟刘武及其他宗室子弟、外戚开怀畅饮，其乐融融。高兴之时，有些醉意的景帝对弟弟刘武说："千秋万岁后，我将把帝位传给梁孝王。"刘武知道这是景帝酒后失言，但他仍然高兴地表示感谢。而坐在一旁的窦太后听了，简直是大喜过望，因为她非常希望自己所生的两个儿子都能成为皇帝。

景帝四年（前 153 年），刘启立皇长子刘荣为太子，从而断绝了梁孝王将来继承皇位想法。

窦太后见刘武没了继承皇位的希望，便将大量金钱财物赏赐给刘武作为补偿。据《史记·梁孝王世家》中记载，刘武在封地睢阳（今河南省商丘市）修建了一座方圆三百余里的园林，名为东苑。苑中铺设着数条道路，而且条条相连，长达三十余里，苑中各处点缀着诸多胜景。刘武每次出猎或者出巡，都打着天子赐予的旌旗，千乘万骑，浩浩荡荡。他还广泛招揽天下豪杰和智能杰出之才，齐人羊胜、公孙诡、邹阳都投奔到他的麾下。野心勃勃的刘武还打造了许多兵器，弩弓矛刀达数十万件。

但无论刘武多么风光，多么被母亲窦太后所偏爱，只要太子在位，他就只能是个臣子。而太子刘荣被废自杀后，刘武和他的母亲窦太后又开始觊觎未来的皇位。爱子心切的窦太后，很快就向景帝提出立刘武为储君的请求。

景帝出于孝道，没有拒绝窦太后的请求，再说他确实说过传位于梁孝王的话，为君者不能食言，将来应该传位于刘武。在自己无法做出最终的决定时，景帝便召集大臣商议。这时，因病闲居在家的楚相袁盎[①]急切地赶到长安，向景帝力陈立弟为储君的利害，要求沿袭周道立太子。据《史记·梁孝王世家》中记载，朝中大臣都赞同袁盎意见，皆曰："方今汉家法周，周道不得立弟，当立子。故春秋所以非宋宣公。宋宣公死，不立子而与弟。弟受国死，复反之与兄之子。弟之子争之，以为我当代父后，即刺杀兄子。以故国乱，祸不绝。"

有了朝廷重臣的坚决反对，景帝便彻底打消了传位于梁孝王的念头，并决定立皇十子刘彘为太子。

景帝七年（前 150 年）四月，景帝首先诏立王娡为皇后，十二天后，正式册立刘彘为皇太子，并给他改名为"彻"，意思是"圣彻过人"，能透彻地明白事理。这一年，刘彻年仅七岁。不久，刘彻迎娶馆陶长公主的女儿陈阿娇为太子妃。

梁孝王刘武对袁盎等一些反对他立为储君的朝中大臣恨之入骨，便秘密派出刺客，把袁盎等十余位大臣全部杀害。

袁盎等朝中大臣的死立即轰动了长安城。景帝觉得，袁盎等人都是在得罪刘武之后被杀的，这件案子一定与刘武有关，便立即派人追查。追查结果，与景帝的预料相一致。景帝非常生气，马上派人逮捕主犯。在重大压力之下，刘武将自杀的主犯尸体交了出来。为保住自己的性命，刘武托人通过姐姐馆陶长公主为自己疏通。长公主和窦太后一起在景帝面前为刘武求情，景帝最终原谅了他。后来，刘武倍受冷落，精神终日处于郁郁寡欢的状态，

---

① 袁盎：字丝，汉文帝时为郎中，历任齐相、吴相。

于中元六年（前 144 年）六月病故。

## 5. 年少继承皇帝位

汉景帝七年（前 150 年）四月，七岁的刘彻被立为皇太子后，景帝对他关爱有加。太子是储君，历朝历代的统治者都非常重视对太子的培养和教育。汉朝时期，朝廷专门设置了教育、辅助太子的官员，如太子太傅、少傅、门大夫、詹事等，而太傅的职位最高，少傅次之。太子对太傅、少傅都执弟子之礼，太傅更是在太子面前不必称臣，而其他官员相当于太子的家臣。

景帝经过一番斟酌，任命卫绾为太子太傅，王臧为太子少傅，共同负责太子的思想和文化教育。卫绾曾凭借身怀戏车[①]之技服侍过汉文帝，后来擢升为中郎将。他读过很多书，性情敦厚谨慎，以忠诚正直著称。景帝拜他为太子太傅，就是希望他能够言传身教地影响太子。卫绾做了三年的太子太傅，景帝非常赏识他，便擢升他为御史大夫。太子少傅王臧是汉朝初期著名儒家学者申公[②]的弟子，学识渊博，精通《诗经》。

汉朝建立之初，经济薄弱，百废待兴，黄老之学[③]的无为而治、休养生息思想，倍受皇权阶层的尊奉。尤其景帝和窦太后，都是黄老思想的忠实尊奉者。黄老之学继承和发展了黄帝、老子关于

---

① 戏车：在车上表演杂技。

② 申公：即申培，亦称申培公。

③ 黄老之学：黄帝之学和老子之学的合称，是华夏道学之渊薮。

“道”的思想，强调“道生法”，认为君主应“无为而治”“省苛事，薄赋敛，毋夺民时”“公正无私”“恭俭朴素”“贵柔守雌”，通过“无为”而达到“有为”。无为而治、休养生息思想，在汉朝初期产生了非常积极的影响，为开创“文景之治”的盛世奠定了基础。

但是，随着经济的快速发展和百姓生活水平的逐年提升，黄老之学又渐渐成了一种因循守旧、阻碍经济社会发展的思想。而儒家学说经过不断创新和发展，被越来越多的人所尊奉，成为一种广泛传播流行的新思潮。王臧的教习，恰恰让刘彻受到了儒家思想的熏陶，为他继承皇位后“独尊儒术”创造了条件。

景帝不仅重视对太子的思想和文化教育，还经常让他参加一些朝廷政务的商讨处理，为将来即位积累经验。刘彻十四岁那年，廷尉①呈上一宗凶杀案的案卷请景帝阅批。案卷的主要内容是，一个名叫防年的平民，因继母杀了他的亲生父亲，便一怒之下杀了继母。廷尉认为，防年杀母，应该判处他大逆罪。景帝问刘彻这件案子应该怎么判，刘彻说：“继母与生母不一样。孩子与生母有着血缘关系，而继母只是因为父亲娶她为妻才与孩子有了关系，才位同生母。而防年的继母杀了他生父，他就与继母没有母子关系，应该按照一般的杀人罪判处，不应该判大逆罪。”景帝觉得刘彻说得很有道理，就按一般的杀人罪判处防年弃市②。

在重要岗位的人事安排上，景帝慎之又慎，目的就是为刘彻

---

① 廷尉：司法审判机构官名，也称大理，最高司法审判机构长官，主管诏狱和修订律令等有关事宜。

② 弃市：古代刑法名，指在人众集聚的闹市对犯人执行死刑，并陈尸街头示众。

将来能够顺畅地行使皇权创造条件。

景帝首先考虑的人是周亚夫。周亚夫是平定七国之乱的功臣。景帝七年（前 150 年）六月，也就是刘彻被立为皇太子仅仅过了两个月，景帝免除了陶青[①]丞相之职，改任周亚夫为丞相，意在让他将来辅佐刘彻。可周亚夫过于耿直，而且性情傲慢，担任丞相后多次得罪景帝和窦太后，景帝甚至气愤地说："丞相太过迂腐！"但周亚夫不愿屈从，赌气托病辞官，景帝也赌气批准他告病回乡。

景帝中元三年（前 147 年），景帝罢黜了周亚夫的丞相职位，任命刘舍[②]代理周亚夫为丞相，任命卫绾为御史大夫。景帝深知，丞相和御史大夫这两个职位堪称皇帝的左膀右臂，用人是否得当非常重要。其实景帝还是希望周亚夫做丞相，如果周亚夫性情难改，他就选定卫绾来担任，而刘舍只是一个过渡。

为了进一步试探周亚夫，景帝召他入宫赴宴。景帝命尚席[③]只给周亚夫的桌上放一块肉，不放别的食物，而且不放筷子。周亚夫看了火冒三丈，大喊尚席给他拿筷子。景帝听到周亚夫的喊声，故意挑逗地说："怎么，一块肉还不能让将军满意吗？"听了景帝的话，周亚夫意识到这是皇上在惩罚他。他羞愤难当，不情愿地下跪谢罪。还没等景帝说"起"字，周亚夫就已经愤然离场。看着他离去的背影，景帝非常失望地说："这样的人，怎么适合做皇帝的臣子呢？"

不久，就有人找到了惩处周亚夫的缘由。他的儿子周墨背着

---

① 陶青：汉朝开国功臣、中尉、开封侯陶舍之子，袭封开封侯。

② 刘舍：高祖时期桃安侯刘襄的嫡长子，文帝十年（公元前 170 年）承袭父亲爵位，景帝时期先后担任太仆、御史大夫、丞相。

③ 尚席：古代官名，掌管皇帝宴席。

他买了五百件盔甲和盾牌储存起来，目的是在他将来去世时做丧葬品。当时，朝廷工官工场的产品不允许出售，也禁止个人买卖。因此，周墨囤积工官盔甲和盾牌的事，被人举报为周亚夫私卖兵器意图谋反，进而被捕入狱。当负责审案的官员讯问周亚夫为何想要谋反时，周亚夫非常蔑视地说，那是儿子给他买的丧葬品，说这是谋反简直是笑话。廷尉也很生气，便以讥讽的口气说："将军不在人间谋反，也会在阴间谋反。"廷尉的话让周亚夫气愤不已。景帝后元元年（前 143 年），周亚夫在狱中绝食五天后死去。

周亚夫死后，景帝随即罢黜了刘舍的丞相位，任命卫绾为丞相。卫绾在做太子太傅时就以忠厚著称，景帝一直认为他敦厚忠诚，可以辅佐少主，对他十分信任。同时，景帝又任命卫尉①直不疑为御史大夫。直不疑忠厚豁达，为官清正，不求名声，深受景帝的赏识。

在景帝的百般呵护下，刘彻很快成长为一个英俊少年。他文武兼备，有胆有识，思想活跃，心胸开阔，为他成为雄才大略的皇帝打下了坚实的基础。

景帝后元三年（前 141 年）正月，患病的景帝病情加重。景帝预感到自己将不久于人世，在颁布了一道加强农业生产的诏令、重申重农抑商的基本国策后，为十六岁的皇太子刘彻举行了隆重的加冕典礼。随后，他嘱咐刘彻等他百年后办好三件事：一是赐诸侯王以下至黎民为人父者爵一级；二是赐全国每户一百钱；三是放出宫人让她们回家。几天后，景帝在未央宫病逝，享年四十八岁，在位十六年。

景帝后元三年（前 141 年）十二月，刘彻正式即位，是为汉武帝。

---

① 卫尉：官名，统率卫士守卫宫禁。

# 第二章　少年天子，治国理政显身手

## 1. 尊崇儒学为统领

汉景帝后元三年（前 141 年）十二月，十六岁的皇太子刘彻即位，是为汉武帝。

汉武帝即位后昭告天下，尊祖母窦氏为太皇太后，尊母亲王氏为皇太后，册立太子妃陈阿娇为皇后。

高祖建立汉朝以来，尤其是文帝和景帝，推行“无为而治、休养生息”的治国方略，创造了一个社会安定、百姓富裕的空前盛世，史称“文景之治”。文景之治的盛世局面，为武帝施展雄才大略奠定了坚实可靠的基础。

武帝即位虽然仅有十六岁，但他敢作敢为，积极寻求新的治国方略。他即位后所做的第一件事，就是起草颁布了《求茂才异等诏》：“盖有非常之功，必待非常之人，故马或奔踶而致千里，士或有负俗之累而立功名。夫泛驾之马，跅弛之士，亦在御之而已。其令州郡察吏民有茂材异等可为将相及使绝国者。”

武帝颁布的《求茂才异等诏》，与文帝颁布的《议佐百姓诏》、景帝颁布的《令二千石修职诏》，合称为“汉兴三诏”。汉朝初期能够兴盛，三份诏书发挥了非常重要的作用。

诏书的颁布，让州郡长官及天下名士激动不已，纷纷大力推荐和主动自荐。经过朝廷的精心挑选，一百多名出类拔萃的人才脱颖而出，而大儒董仲舒以第一名资格被选中。董仲舒是广川（今河北省景县）人，少年就熟读《春秋》，景帝时任博士[①]，主要讲授《春秋》，收了很多学生。董仲舒刻苦研读儒家经典，深谙儒家思想的精华，逐渐形成了一套儒家治国的理论。武帝非常看重他，亲自向他垂问治国安邦之策。

据《汉书·董仲舒传》中记载，武帝在召见董仲舒时问道：“朕获承至尊休德，传之亡穷，而施之罔极，任大而守重，是以夙夜不皇康宁，永惟万事之统，犹惧有阙。故广延四方之豪俊，郡国诸侯公选贤良修洁博习之士，欲闻大道之要，至论之极。今子大夫褎然为举首，朕甚嘉之。子大夫其精心致思，朕垂听而问焉……”

而董仲舒胸有成竹地回答道：“陛下发德音，下明诏，求天命与情性，皆非愚臣之所能及也。臣谨案《春秋》之中，视前世已行之事，以观天人相与之际，甚可畏也。国家将有失道之败，而天乃先出灾害以谴告之，不知自省，又出怪异以警惧之，尚不知变，而伤败乃至。以此见天心之仁爱人君而欲止其乱也。自非大亡道之世者，天尽欲扶持而全安之，事在强勉而已矣。强勉学习，则闻见博而知益明；强勉行道，则德日起而大有功：此皆可使还至而有效者也。《诗》曰‘夙夜匪解’，《书》云‘茂哉茂哉！’皆强勉之谓也……”

① 博士：官名，通晓史事，掌管书籍文典。

这就是汉朝历史上著名的董仲舒答汉武帝的《天人三策》。《汉书·董仲舒传》中记载武帝所问的内容为五百三十多个字，董仲舒回答的内容为两千一百五十多个字。

董仲舒的详细策对，主要体现在四个方面：罢黜百家，独尊儒术；强化大一统思想；提倡“君权神授[①]”，把道家的道统变成封建的法统；提倡儒家的仁政，并强调法制。

董仲舒站在巩固汉朝政治统治和思想统治的高度，对武帝的垂问加以策对，字字句句都打动了武帝的心，让武帝兴奋不已。他的观点，与武帝酝酿了许多的宏伟想法不谋而合。看到大汉朝竟然还有董仲舒这样难得的人才，武帝不禁惊喜万分。

武帝随即诏令董仲舒为江都国（今江苏省扬州市西北）丞相，去辅佐自己的异母兄长江都王刘非。刘非虽然比较凶暴，但董仲舒对他施之以礼，耐心规劝他，因而得到了他的极大敬重。

不久，武帝诏令窦太皇太后堂兄之子、尊崇儒家学说的窦婴为第二丞相，诏令孝景皇太后同母弟、尊崇儒家学说的田蚡为太尉，诏令儒生赵绾为御史大夫，诏令自己的老师王臧为郎中令[②]。此外，主父偃、徐乐、严安、朱买臣等一批儒士均被武帝提拔重用。这些人事安排，说明儒家学说已成为武帝的主要治国思想。

朝廷轰轰烈烈的尊崇儒家学说活动，很快引起了太皇太后的密切关注。太皇太后尊崇的是黄老之学，所读的是黄老之书，所遵从的是黄老之道。太皇太后自被册封为皇后，到成为太皇太后，

---

① 君权神授：即君权神授说，或天授君权说，指君主是天神在人间的代表，凡人只可遵从君主的指示，不能反抗。

② 郎中令：官名，郎中长官，执掌宫廷戍卫，侍从皇帝左右。

已经有四十余年，窦氏家族在朝廷形成了很大势力。太皇太后虽然年事已高，而且双目失明多年，但仍把持着朝政大权，凡军国大事都要向她奏报，经她同意才能做出相应的决策。因此，她决不能容忍自己的孙子推翻自己所尊崇的黄老之学，便加大干预朝政的力度，皇权和后权由此产生了激烈的冲突。

自武帝尊崇儒学开始，丞相卫绾和窦婴、太尉田蚡、御史大夫赵绾、郎中令王臧等朝中重臣，都在加紧酝酿着以儒学治国的策略。但他们知道太皇太后反对儒学，因此行事十分谨慎，默默地从一些小事做起。他们奏请武帝设立明堂以朝诸侯；解除关卡禁令，让诸侯都回到自己的封地去，按照礼法的规定统一服饰，通过这些办法来治理国家，使之安定太平；检举窦氏外戚及宗室中品行不端之人，将这些人从所属的族谱上除名。

这些改革措施，有些具有儒家色彩，也有些则完全是针对时政，打击部分权贵势力，重点打击外戚势力。当时，外戚中的有名人士多被封为列侯，打击外戚势力一定程度上就是打击列侯势力。窦婴虽是窦氏外戚，但他看不惯太皇太后独揽朝政大权的做法，更鄙夷她滥用权力袒护窦氏外戚。田蚡也是外戚，对窦氏外戚的盛气凌人一直气愤不已。窦婴和田蚡等外戚权贵，都支持武帝整肃朝纲，强化皇权。

太皇太后听说武帝打击外戚、列侯势力，很不高兴。而列侯们都不愿意离开京城到自己的封地去，就天天跑到太皇太后跟前告状，添油加醋甚至无中生有地谤毁窦婴、田蚡、赵绾、王臧等人推崇儒家学说、贬抑黄老学说，让太皇太后更加恼怒。她立即命人罗列赵绾、王臧的罪证，然后强迫武帝重惩他们。太皇太后下令，武帝不敢违抗，赵绾、王臧二人无辜被投进大牢，后来都自杀身亡。

因窦婴和田蚡都是外戚，没被杀头，但被罢黜了官职。

尊崇儒学遭受重创后，年轻的武帝意识到旧势力的强大，深知抗争强来不会有好的结果，便采取了暂缓策略。太皇太后已经年迈，日后江山还是由他来掌管，等祖母百年之后再大展宏图也不迟。因此，武帝暂时藏起锋芒，极其顺从地起用了一批太皇太后喜欢的人在朝廷辅政。他诏令太常、柏至侯许昌[①]为丞相，诏令武强侯庄青翟[②]为御史大夫。至此，武帝推行以尊崇儒学为核心的新政宣告失败。

## 2. 游猎邂逅卫子夫

年轻的汉武帝推行以尊崇儒学为核心的新政宣告失败后，不是针锋相对地进行正面斗争，而是采取迂回战术，耐心等待时机，以求东山再起。于是，他也像文帝和景帝一样，摆出一副无为而治的姿态，搁下朝政到外面去游猎。他深知，即使太皇太后打压新政，但她忠诚于大汉江山这一点还是毋庸置疑的，他自信朝廷不会出现意外。

武帝游猎常常是连续几天不回宫中。为了让皇上在游猎途中得到充分的休息，丞相许昌煞费苦心，沿途兴建了十二座行宫。太皇太后听说武帝迷上了游猎，非常高兴地说：“皇上贪玩一点

---

① 许昌：高祖功臣柏至侯许温的孙子。

② 庄青翟：高祖时武强侯庄不识之孙，文帝时袭爵武强侯，后来先后担任御史大夫、太子少傅，丞相。

儿也好，免得受那些儒士们的蛊惑挑拨。朝中的事，我就替他多操劳一点儿。”

建元二年（前 139 年）三月，武帝带领身边侍从到灞上（今陕西省西安市东南）祭祀先祖，祈福除灾。回宫时，他顺道去看望已经嫁给平阳侯曹寿的大姐平阳公主。

此时，武帝的内心正为皇后陈阿娇纠结着。陈阿娇自幼过着优裕富贵的生活。在家被父母宠爱着，撒娇使性惯了，从来不知道什么叫忧愁，也不知道谦让别人。而做了太子妃尤其是做了皇后以后，依旧被武帝宠爱着。但快乐的生活飞快流逝，一晃十年过去了，陈阿娇没有为武帝生下子嗣。由此，武帝觉得以前那个迷人的陈阿娇，只不过是一个任性的贵族女子，和她在一起常常觉得很不快乐，甚至感到厌烦。

平阳公主为武帝摆下了丰盛的酒宴。酒过三巡后，平阳公主安排十多位精心挑选的美女出来侍奉武帝。这些女子虽然各具美色，但武帝一个也没看中。平阳公主知道武帝喜爱音乐，便示意平阳侯府的歌女登堂献唱，以便博得武帝的欢心。随着一支优美乐曲的奏起，几个美人簇拥着一位绝色的美女佳人走了进来。顿时，武帝不禁眼前一亮，显然被这位美女所打动。这位美女，就是武帝的第二位皇后卫子夫。

卫子夫是河东平阳（今山西省临汾市）人，出身贫寒，从小在平阳侯府中学习歌舞。卫子夫不仅天生丽质，而且嗓音极好，后来被平阳公主选为歌女，变得越来越出类拔萃。

平阳公主见武帝一直目不转睛地盯着卫子夫看，连酒杯里酒都情不自禁地洒到了衣服上，心中不免暗中惊喜。她知道，她苦心培养这么多的美女佳人，正是为了武帝。她知道武帝已与皇后陈阿娇成婚十余年，依然没有子嗣，便暗中效法馆陶长公主，选择培养良家女子，择机进献给皇上。

酒宴进行之中，武帝忽然提出要回轩车[①]上去更衣。平阳公主似乎有所领悟，便让卫子夫跟随武帝前去侍奉。到了车中，武帝乘着酒兴临幸了卫子夫。重新回到宴席上，武帝显得非常高兴，当场让随行官赐给平阳公主黄金千斤。宴席结束武帝回宫时，平阳公主立即奏请让卫子夫随从入宫去侍奉皇上，武帝高兴地应允了。

卫子夫跟随武帝入宫后，皇后陈阿娇妒意大发，不仅责问武帝为什么要将这样一位婢女带入宫中，还与武帝大闹一场。

几天后，陈皇后对前来宫中探望的馆陶长公主大哭大闹，让馆陶长公主火冒三丈，进而愤怒地说："刘彻当了皇帝，就欺负起阿娇来了？难道他忘了当初是怎么成为皇太子的吗？忘了是怎样成为皇帝的吗？"馆陶长公主誓言要找机会报复武帝。

王太后得知儿子得罪了馆陶长公主，马上找到儿子劝说道："汝新即位，大臣未服，先为明堂，太皇太后已怒。今又忤长主，必重得罪。妇人性易悦耳，宜深慎之！"王太后是说，你先前惹怒了太皇太后，现在你又得罪了馆陶长公主，你该谨慎一些才是。

武帝毕竟是个聪明的皇帝，在母亲的劝说下，意识到问题的严重性。随后，武帝不仅与陈皇后言归于好，还主动去拜访馆陶长公主，表现出一副赔礼道歉的姿态，让馆陶长公主转怒为喜。

为了显示诚意，武帝还将卫子夫送入冷宫，让她独对青灯。馆陶长公主深受感动，便跑到母亲太皇太后那里说："皇帝年轻，

① 轩车：有棚盖有屏障的车。

被几个爱出风头的儒士怂恿，自己便没了主意，做了一些让您生气的事情，您千万别生他的真气，今后还请您好好地指点他。”

过了一年，武帝忽然想起了卫子夫，便派人召她来见。卫子夫见到武帝立即哭拜在地，说道：“贱妾进宫一年多，却不能尽心竭力地侍奉陛下，是自己无德无才，觉得不足以充陛下后宫，就请陛下将贱妾斥退吧！”说完，卫子夫已是泣不成声。

武帝看到眼前清瘦但不失风韵的卫子夫，不免触动前情，心生怜悯，便好言安慰她，并召她侍寝。

卫子夫的温柔乖巧，知书达理，让早已厌烦了陈皇后的武帝非常开心，也越发真心喜欢卫子夫。不久，卫子夫怀孕了，让一直没有子嗣的武帝异常高兴。从此，武帝更加宠幸卫子夫，日益冷落陈皇后。

无奈之下，陈皇后再次向母亲馆陶长公主告状。馆陶长公主为了给女儿出气，开始想方设法地报复卫子夫的家人，以此来向武帝和卫子夫施压。

馆陶长公主听说卫子夫有个弟弟叫卫青，便派人去杀他。

卫青是负责给平阳公主驯马管马的奴仆。有一天他正在驯马，馆陶长公主派来的几个恶汉不容分说便将卫青捆上马背就跑，幸亏卫青的好友骑郎[①]公孙敖及时赶到相救，卫青才幸免于死。

卫子夫的故主平阳公主觉得馆陶长公主欺人太甚，便立即进宫向武帝控诉道：“卫青是卫子夫的弟弟，也是我的家仆，馆陶长公主这么做，表面上是给卫子夫一个下马威，实际上是没把皇上放在眼里，更没把我这个平阳公主放在眼里。依我看，应该教

① 骑郎：担任骑兵的郎中，属于骑将。

训一下馆陶长公主和她的女儿，让她们懂点儿规矩。”

武帝听了，气愤至极。他决心借此机会，杀一杀馆陶长公主和陈皇后母女的嚣张气焰。他立即宣卫青觐见，当着陈皇后的面，诏令卫青为建章监[①]，并加衔侍中；诏令救卫青有功的公孙敖为中大夫；诏令舍人公孙贺为太仆，并诏令他迎娶卫子夫的大姐卫君孺为妻；诏令被削夺爵位封邑的寻常小吏陈掌为詹事，并诏令他迎娶卫子夫的二姐卫少儿为妻。太仆和詹事都是朝廷中位列九卿的官职，对于公孙贺和陈掌来说，可谓是一步登天。

过了几天，武帝又册封卫子夫为夫人，擢升她的弟弟卫青为中大夫。到此，武帝给了卫子夫一家人以至高无上的荣誉，同时也给了馆陶长公主和陈皇后以不留情面的打击。

由于陈皇后仍不知收敛，变本加厉地设法陷害卫子夫，最终被废打入冷宫，后来抑郁而死。

## 3. 主持扩建上林苑

汉武帝深知，只要太皇太后健在，他就必须当一个让朝臣们看不透的逍遥皇帝，为将来自己主政积蓄力量。他几乎整日沉浸在游猎之中，并亲自参与围猎狗熊和野猪等猛兽的行动，让他身边的侍从非常担心，时刻不敢放松保护皇上的安全。

随着时间的推移，武帝觉得以皇帝的身份出去游猎容易引起

① 建章监：官名，为监督建章宫的长官。

人们的主意，便将自己打扮成布衣的模样，所有侍从也和他一样都打扮成布衣的模样。

有一天，武帝带着一群年轻侍卫到终南山（今陕西省西安市）一带游猎。由于追赶猎物过于专注，马队闯入了农田，践踏了当地百姓的庄稼。百姓一怒之下，将狩猎的队伍告到了县衙。县官带领着衙吏们很快将武帝一行围了起来。武帝的侍从们见衙吏和百姓群情激愤，担心皇上遭到不测，便马上向县官亮出了武帝的信物。

县官起初不相信是真的，众侍从亮出的信物确实是皇家之物，才不得不相信围堵的是皇上。这无异于惹下了杀身之祸，便率众衙吏赶紧跪在了农田里。

武帝催马出了农田后，吩咐侍从一定要将毁坏的农田按产量赔偿，并奖赏为百姓护地的县官衙吏。武帝一行离去后，当地百姓赞叹不已。尤其是刚刚还大声叫骂的那几个农夫，摸摸自己的人头还在，不知说什么才好。

还有一天，武帝与众侍从兴致勃勃地追逐着野兽，不知不觉闯入了柏谷（今河南省灵宝市）境内。这里离皇宫实在是太远了，天色已晚无法返回到皇宫，武帝便决定让侍从们找个客栈住下来。

众侍从来到一个小客栈，大声吆喝着让客栈的老板出来接待，而且索要汤水，显得非常傲慢无礼。而客栈老板是一个武夫模样的人，他见这帮来客傲慢无礼，不但没有丝毫惧色，还非常蛮横地说："我们这没有汤水，有尿水。"

众侍从整日在皇上身边，早就威风霸道惯了，哪里听得了坏话？于是，有人马上就要动手打人。武帝刚好在一边，立即传递一个眼神，那个人马上退了下来。

客栈老板见这一帮人都挎刀带箭，心里不免怀疑他们不是盗贼就是无赖，担心动起手来自己不是对手，就悄悄地溜出去，在附近找了许多身强体壮的年轻人来帮忙。客栈老板组织这些年轻人，把武帝与众侍从一行人都围了起来，伺机将他们一起捉住送到官府。

客栈的老板娘看出武帝虽然是布衣模样的打扮，但气质与众不同，自身所具备的富贵之气非同一般，便断定这些人肯定来头不小。她一边规劝丈夫不要乱来，一边暗地里密切注视着事态的发展。随后，她拿出一壶好酒，把丈夫灌得烂醉，让他呼呼睡去。接着，又找来一条绳子将丈夫绑在床上，然后杀鸡宰鸭招待武帝这帮不速之客。起初，武帝看本地人人多势众，不敢有丝毫的放松。而当他看到老板娘灌醉老板，又劝走从镇上请来的年轻人后，才放下心来大吃了一顿。

第二天早上，武帝顺利地打道回府。回宫后，武帝马上派人召见那个客栈的老板娘入朝，以她护驾有功为由，对她赏赐钱财，还以客栈老板警惕性很高为由，将他召到宫中做了宫廷里的禁卫官。对于经营客栈的夫妻来说，可谓是飞来之福。

此后，武帝觉得，如果把终南山和皇家御苑之间的农田，全部划为皇家御苑，既可以避免从皇宫出发向南出猎，又可以避免四处损害百姓农田。于是，武帝命太中大夫①吾丘寿王②负责办理此事。

---

① 太中大夫：官名，亦作大中大夫，原位居诸大夫之首，汉武帝时期位居光禄大夫之下。

② 吾丘寿王：姓吾丘名寿王字子赣，少年时因善于下五格棋被汉景帝召为待诏，后任光禄大夫。

吾丘寿王接到皇帝的诏命后，马上按照武帝的意图，将长安城外阿城以南、周至以东、宜春以西的农田，全部划入御花园上林苑范围之内。为了解决规划区种田百姓的生活问题，吾丘寿王又奏请武帝批准，将长安城周边相关地区的百姓，全部迁移到附近的荒田之上，确保了终南山和附近地区的民房、农田、山林及河道，都被圈进了所规划的上林苑中。

上林苑紧锣密鼓地筹建时，黄河长安段大堤出现决口，不仅淹没了大量的农田，也冲毁了大量的房屋，给百姓生活带来了极大的困难。

灾情发生后，并未引起武帝的重视，依旧督促吾丘寿王加速修建上林苑。武帝的做法，让朝中许多大臣的产生了异议。其中，不满情绪最为严重的是常侍郎[①]东方朔[②]。

东方朔从小用功读书，是一个比较正派大臣。他见武帝对黄河决口、百姓遭灾并不重视，而是专注于修建上林苑，经过深思熟虑，给武帝上奏了《谏除上林苑》：

臣闻谦逊静悫，天表之应，应之以福；骄溢靡丽，天表之应，应之以异。今陛下累郎台，恐其不高也；弋猎之处，恐其不广也。如天不为变，则三辅之地尽可以为苑，何必盩厔、鄠、杜乎？奢侈越制，天为之变，上林虽小，臣尚以为大也。

夫南山，天下之阻也。南有江、淮，北有河、渭，其地从汧、陇以东，商、雒以西，厥壤肥饶。汉兴，去三河之地，止霸、

① 常侍郎：官名，郎官之一，掌守宫廷门户，充当车骑随从皇帝。

② 东方朔：字曼倩，西汉辞赋家，官至常侍郎、太中大夫等。

产以西，都泾、渭之南，此所谓天下陆海之地，秦之所以虏西戎、兼山东者也。其山出玉石、金、银、铜、铁、豫章、檀、柘异类之物，不可胜原，此百工所取给，万民所印足也。又有粳稻、梨、栗、桑、麻、竹箭之饶，土宜姜、芋，水多蛙、鱼，贫者得以人给家足，无饥寒之忧。故酆、镐之间。号为土膏，其贾亩一金。今规以为苑，绝陂池水泽之利，而取民膏腴之地，上乏国家之用，下夺农桑之业，弃成功，就败事，损耗五谷，是其不可，一也。且盛荆棘之林，而长养麋鹿，广狐兔之苑，大虎狼之虚，又坏人冢墓，发人室庐，令幼弱怀土而思，耆老泣涕而悲，是其不可，二也。斥而营之，垣而囿之，骑驰东西，车骛南北，又有深沟大渠，夫一日之乐。亦足以危无堤之舆，是其不可，三也。故务苑囿之大，不恤农时，非所以强国富人也。

夫殷作九市之宫，而诸侯畔，灵王起章华之台，而楚民散，秦兴阿房之殿，而天下乱。粪土愚臣，忘生触死，逆盛意，犯隆指，罪当万死，不胜大愿。愿陈《泰阶六符》，以观天变，不可不省。

看了东方朔的奏折，武帝不免有些汗颜。他觉得，东方朔说得非常有道理，不仅连连称赞，奖赏他一百金，还擢升他为太中大夫。

但不久，武帝似乎忘记了东方朔的谏言，仍旧按照吾丘寿王所做的规划，继续推进上林苑建设工程。

东方朔得知武帝没有按照他的谏言停止建设上林苑后，并没埋怨皇上，而是觉得自己又可气又好笑，不免自我嘲讽地说：“古时候的贤人，有的为了逃避人世，而悄悄地躲到深山里去了，但我却厚着脸皮，暂时隐居在朝廷之中。”

上林苑建设工程，始于汉武帝建元三年（前 138 年）。由于规划合理，组织有序，没多久就竣工了。建成后的上林苑，方圆二百多里，建有离宫七十多座，苑内各种果树茂盛、奇花异草丛生，而且是怪兽杂集、禽鸟群栖，更是山岭旷野相连、溪涧深池相通，整个上林苑宛如仙境一般。

上林苑建成后，年轻的汉武帝开始在这里驰骋狩猎、休憩敬神、研读文学、创作诗文，给人的感觉是潇洒游憩，无所事事。但有谁知道，武帝实际上是在暗中积蓄力量，等待时机施展宏图大志。

## 4. 采纳谏言兴太学

建元五年（前 136 年），窦太皇太后病情加重，已经没有精力再去干预朝政。汉武帝抓住时机，开始施展自己的宏图大志。他首先在朝中设立了“五经博士”，招收弟子，专门传授儒家经学。“博士”一词最早源自于战国时期，是对一般博学之士的通称。而到了秦朝和汉初，博士变成了一种官职，主要负责掌管图书，通古今以备顾问。而“五经”指的是《诗经》《尚书》《礼记》《周易》《春秋》，每经只有一家，每经也只设置一位博士，各以家法教授，即《诗经》博士、《尚书》博士、《礼记》博士、《周易》博士、《春秋》博士。儒家原本有六经，但“乐经”在秦始皇时期已经失传。武帝设立的五经博士，主要职责是钻研儒家经典，参与朝廷议论典礼政事，相当于皇帝的顾问，归太常[1]所管。从此，五经博士成为学官，朝廷也正式承认了儒家的独立地位。

建元六年（前135年）五月，七十一岁的窦太皇太后撒手人寰。窦太皇太后的一生堪称传奇。汉文帝时期她做了二十三年的皇后；汉景帝时期她做了十六年的皇太后；汉武帝即位以来她又做了六年的太皇太后。尤其是成为太皇太后以后，开始把持朝政，俨然大汉王朝的无冕女皇。

窦太皇太后去世后，无疑宣告了一个时代的结束。武帝开始真正执掌朝政大权，开始尽情地施展自己的雄才大略。朝廷中一直信奉黄老学说的旧派势力，由于失去了太皇太后的支持，便悄悄地偃旗息鼓，儒家学说再次成为朝廷官吏的思想统领。

五经博士设立之初，因为窦太皇太后尚在人世，文帝时期设立的诸子传记博士七十余人，武帝仍然保留。窦太皇太后去世后，武帝再次启用董仲舒所提出的“罢黜百家，独尊儒术”的策略，罢黜了儒家之外的诸子博士，只设五经博士，朝廷中的博士一职被儒家垄断。朝廷中的博士官，不仅是精通儒家经典的议政官和礼官，更是传授儒家经学的学官，从体制上保证了经学的统治地位，使儒家五经成为规范整个大汉王朝政治生活和行为道德的基本标准。

武帝设立五经博士，是儒学发展积累到一定程度所形成的必然结果，为推行举孝廉、兴太学等兴儒措施，打下了人事基础和

---

① 太常：官名，汉景帝之前叫奉常，位列九卿之首，主管祭祀社稷、宗庙和朝会、丧葬礼仪，管理皇帝陵墓、寝庙所在县邑，每月巡视诸陵，兼管文化教育，博士和博士弟子的考核、荐举、补吏亦由其主持。

思想基础。

据《汉书·董仲舒传》记载，为了让武帝采纳兴办太学的建议，董仲舒劝说道："太学者，贤士之所关也，教化之本原也。今以一郡一国之众，对亡应书者，是王道往往而绝也。臣愿陛下兴太学，置明师，以养天下之士，数考问以尽其材，则英俊宜可得矣。"

元朔五年（前124年），武帝见兴办太学的时机和条件均已成熟，便颁布了兴太学诏令，一股兴办学校的热潮很快在各郡兴起。

武帝颁布兴太学的诏令后，同样推崇儒家学说的丞相公孙弘，便尽心竭力地将这一策略付诸实施。

公孙弘生于高帝七年（前200年），年轻时曾在家乡做过狱吏，后来因为履职不当触犯法律而被免职，不得不以养猪为生。此后，他开始认真研究《春秋》，很快拥有了不小的名气，机会也随之而来。文帝元年（前179年），公孙弘与和他同龄的贾谊[①]一起被征为博士，后来有先后担任太中大夫、丞相。

为了办好太学，公孙弘采取了多项落实措施：办好中央官学，把京城树立成"首善"典范；修缮旧房，设成学校，为博士官设置五十位正式弟子，免除他们的徭役；学满一年后，无论是太常所补博士弟子，还是郡国所选弟子，都要考试，考取者可补文学掌故[②]的缺额，成绩优秀者可当郎中，由太常列名上奏；选取博士弟子中的优秀者，俸禄二百石以上及俸禄一百石而能通一种以上经典的官吏，任命为左右内史或大行属下的卒吏，俸禄一百石以

① 贾谊：著名政论家、文学家，文帝时期任博士，不久升任太中大夫，后为梁怀王太傅。

② 文学掌故：官名，属太常，掌礼乐制度等典章故事，备咨询。

下者任命为郡太守属下的卒吏，每郡各两人，边郡一人；各项措施条文以法规形式著录，其他仍按照旧律。

公孙弘所采取的兴学措施，明确提出了生源、师责、考法和分配等方面的相关规定，为建立具有完备规章制度的太学奠定了坚实的基础。

当时，太学的课程主要讲授经学，内容以武帝所设的五经博士的经书为准。太学的生源，主要来源于两个渠道：太常遣派的博士弟子五十人；郡国选送、经太常批准的地方派遣生若干人。学生学满一年后，要进行严格的考核，然后按学习成绩优劣安排相应的官职。而考试成绩不及格者，将被辞退。太学的教师也称太学博士，其职责包括三个方面：主管教授弟子；在朝廷有疑事时成为咨询顾问；奉命巡视地方政教工作。太学博士中设有博士仆射，就是博士长官，总领太学事务。太学博士由熟读经书的名流担任，并采用“严于择师”的方式选拔，人人都是德才兼备、博学多识，而且明于古今、通达国体。

自武帝诏令兴办太学后，太学中的博士弟子名额不断增加。到汉昭帝时期，名额增加到了一百人；到汉宣帝时期，名额增加到了三百人；到汉元帝时期，名额增加到了上千人；到汉成帝末期，名额增加到了三千人；到东汉末年，名额已经达到了三万人。

在太学里读书的太学生，既有六十岁以上的老人，也有十多岁的儿童。其中，由太常选送的太学生为正式生，属于公费生性质，享受朝廷发放的俸禄；而通过其他途径入学的太学生，则费用自理。

太学的兴办，极大促进了积极向学的风气，对于儒学文化的传播无疑起到了巨大的推动作用，也使官僚、富豪子弟垄断官位的状况得以改变，给一般中产家庭和社会下层家庭子弟，提供了入仕机会。

太学的兴办，也带动了地方郡县办学，并渐渐得到普及，初步建立了地方教育体系。

## 5. 儒法并施不偏废

汉武帝采取有力措施，积极搜集和整理遗书。遗书指的是前人的遗著、遗作及藏书、散佚的书。汉朝建立初期，曾广泛发动搜集遗书，以弥补秦朝“焚书坑儒”造成的恶劣后果。但是，在搜集遗书的过程中，朝廷没有专门的官员参与，所取得的成果不是很明显。对此，武帝觉得必须加以改进。据《汉书·艺文志》中记载：“于是建藏书之策，置写书之官，下及诸子传说，皆充秘府。”武帝还诏令，不管是丞相、太史令，还是太常、博士，都有责任和权力过问搜集和整理遗书的事情。从此，搜集和整理遗书，也就成了汉朝的一种文化制度，同时，也成了朝廷的一项日常性工作。

自建元五年（前 136 年）在窦太皇太后病重其间设置五经博士，到元朔五年（前 124 年）颁布诏令兴办太学，汉武帝在这十二年间，尤其是窦太皇太后去世后的十一年间，大张旗鼓地开展了许多推崇儒家学说的活动，使尊崇儒学渐渐演变成了一种社会风尚。由此，儒家学说取代了先前的黄老之学，成为治理朝政的指导思想，儒家的伦理道德成了世人的行为准则，甚至用《春秋》中的哲理名言来判案，把儒家经典当成了法典来运用。太学中，只设立讲授儒家学说的五经博士，罢除了其他诸子传记博士，并不断从太学中选拔博士弟子充实到官吏队伍之中。

在武帝任用的官吏中，就有纵横家主父偃。纵横家是诸子百家之一，也是谋圣鬼谷子创立的学术流派，《汉书·艺文志》将纵横家列为“九流十家”之一。春秋战国时期，纵横家是一个独特的谋士群体，也是中国古代最早的、最特殊的外交政治家群体。主父偃早年学习研究“长短纵横”辩士之说，立志像苏秦、张仪那样取得功名，但始终没有人赏识他，没人给他施展才华的机会。后来，他改学百家之言尤其是儒家经书，但仍然没有找到入仕的出路。元朔元年（前 128 年），主父偃来到长安投奔到大将军卫青的门下。卫青是武帝身边的大红人，位极人臣。卫青非常欣赏主父偃的才干，便不止一次向武帝举荐。可武帝的心里对学习纵横之术的人并不感兴趣，一直没加理会。

元朔二年（前 127 年），主父偃鼓起勇气，提笔写下自己对时政的看法。据《通鉴纪事本末·魏伐匈奴》中记载，主父偃“所言九事，其八事为律令，一事谏伐匈奴”。奏章写成后，通过中官[①]呈给了皇上。武帝看后，大加赞赏，随即“暮召入见”。召见之后，武帝大有相见恨晚之感，随后拜主父偃为郎中。此后，主父偃的官职一年内就被武帝擢升四次，从郎中到谒者、到中郎，再到中大夫，迅速成为武帝的心腹之臣，由此也改变了武帝对纵横学的看法。

即便对黄老之说，虽然地位远不如从前，但武帝并没下令对其禁绝，仍然任用黄老学派中的佼佼者为朝中官吏。他任命以黄

---

① 中官：指宦官或者太监。

老之学起家的、在景帝时期担任过太子洗马[1]的汲黯[2]为荥阳（今河南省荥阳市）令，后来又擢升为中大夫、东海郡（今山东省郯城县）太守。而黄老学派的另一位代表人物郑当时[3]被武帝任命为济南郡太守，后来又被擢升为江都（今江苏省扬州市境内）国相、大司农、丞相长史、汝阳郡（今安徽省和县一带）太守等。

武帝还任用了一些很有名气的杂家和术数家。东方朔是一个辞赋家和滑稽大师，也是一个典型的杂家，他在《答客难》中这样评价自己："讽诵诗书，百家之言，不可胜记。"他上书的内容写满三千片竹简。这些竹简，需要两个人才能扛得动，武帝更是花了二个月的时间才读完。他在上书中力陈国家得以兴旺的根本是农耕和作战，引用的都是商鞅和韩非的话。最初，武帝诏令他为常侍郎，后又擢升为太中大夫。

虽然武帝努力扩展诸子百家，但他并不是对各个学派都平等对待，而是分层次地区别利用。他主要把儒家学说作为处理朝政指导思想，把以法治国作为治国执政的方针和制度，同时兼顾任用诸子百家所长。既尊儒学，又重法治，无疑是武帝掌管朝政的一大特点，有人将其称为外儒内法，也有人将其称为儒法兼用。

武帝一贯以执法公平为准则。他有个妹妹叫隆虑公主，公主的儿子是昭平君，昭平君又是武帝女儿夷安公主的丈夫。昭平君依仗自己是当朝驸马，平日里嚣张跋扈，目中无人，随随便便就杀了人。隆虑公主以金千斤、钱千万为其赎罪。汉朝的法律允许

---

① 太子洗马：为太子出行做前导的官员，多为太子太傅或太子少傅。

② 汲黯：字长孺，后来官至九卿之列，被称为"社稷之臣"。

③ 郑当时：字庄，汉朝大臣，郑桓公二十二世孙。

以钱赎罪，武帝准许免昭平君一死。可隆虑公主死后，昭平君又犯了死罪，这一次，武帝不再容忍，下令处死了昭平君。

为进一步严明法纪，元光五年（前130年），武帝诏命太中大夫张汤[①]、赵禹[②]两个人，分别制定了《赵宫律》和《朝律》两部律法。制定实施新律法，是武帝在充分汲取秦始皇严刑苛法惨痛教训的基础上，将尊儒学与重法治合理地结合起来，实现了儒法并施，恩威并重。

武帝还开创了“春秋决狱”的先例，就是用《春秋》中的哲理名言来判案，有力地规范了朝廷官吏的行为。

武帝多次大赦天下。一旦朝廷有重大礼仪活动时，或者祥瑞现象出现时，或者自己驾临某一地区时，武帝就赦免刑徒，赦免某一地区或者某一事件中的犯罪之人，给刑徒和罪人一个重新做人的机会。

① 张汤：汉朝酷吏，先后担任侍御史、太中大夫、廷尉、御史大夫，以用法严峻苛刻著称。

② 赵禹：汉朝官吏，先后担任御史、太中大夫、中尉、少府等职，以文笔犀利著称。

# 第三章　改革官制，独揽朝政施铁腕

## 1. 三次改革丞相制

汉武帝即位时，朝政还把持在窦太皇太后的手中，整个朝廷处于一个君弱臣强的状态，朝廷的丞相拥有极高的特权。朝中所有的大臣，就连官职仅次于丞相的内史，只要被丞相认定自身有过失，就可以先斩后奏。丞相与皇帝商议国事时，所提的意见和建议占有相当大的分量，丞相所推荐的官员，甚至可以出任九卿郡守一级的高官。

为了削弱丞相的权力，武帝自建元年间开始，先后三次改革丞相制度。

第一次对丞相制度进行改革，武帝剥夺了田蚡的人事任免权。

武帝即位后的第一任丞相是卫绾。卫绾是武帝幼时的老师，为人谨小慎微，忠厚老实，没有太大的权力欲望，与武帝没有矛盾冲突。但作为朝廷实权派人物的窦太皇太后，却不喜欢卫绾，多次提出罢免他。武帝知道卫绾无欲无求，即使罢免他，也不至于对他构成伤害。因此，武帝以卫绾体弱多病为名，罢免了他的丞相位。后来，汉武帝又先后罢免了窦婴、许昌的丞相位。

许昌被罢免后，武帝于建元六年（前135年）六月，诏令武安侯田蚡为丞相。田蚡是武帝的母亲的同母弟弟。因有姐姐王太后作后盾，又结交了许多朝廷官员，田蚡的权力很大。据《史记·魏其武安侯列传》中记载："武安者，貌侵，生贵甚。又以为诸侯王多长，上初即位，富于春秋，蚡以肺腑为京师相，非痛折节以礼诎之，天下不肃。当时是，丞相入奏事，坐语移日，所言皆听。""荐人或起家至二千石，权移主上。"

随着时间的推移，武帝对田蚡越来越反感，甚至到了无法容忍的程度，罢免田蚡的想法越来越强烈。

一天，田蚡在武帝面前端出了一大串任命官员的名单。看完名单，武帝竟忍无可忍地问道："你要任命这么多的官员，朕也想任命几个可以吗？以后，任命官员的事情你就不要管了。"田蚡被剥夺了任免官员的权力，实际也就变成了奉行天子旨意的传话员、大管家及幕僚长。

就此，武帝也从一名垂拱无为的皇帝，变成了过问一切政事的天子，逐步走上皇权专制的统治道路。

元光五年（前130年），田蚡去世后，武帝任用御史大夫韩安国代行丞相事。但没多久，韩安国摔伤不能上朝，武帝便诏令薛泽为丞相。薛泽是高祖时期的功臣广平侯薛欧的孙子，有强大的家族背景。但此时，丞相一职已没有实际权力，薛泽也自然没有什么作为。

元朔五年（前124年），武帝对丞相制度进行第二次改革，根除了军功贵族专权现象。

高祖建立汉朝初期，主要从列侯中选任丞相。这些列侯，不是功臣，就是功臣的后代。他们担任丞相，以自身的功臣势力为背景，同时又拥有比较强大的经济基础，从而导致汉朝初期出现了丞相权力过重的现象。

为了改革列侯世袭丞相的不合理制度，元朔五年，武帝免除了薛泽的丞相位，诏令没有爵位、出身贫寒的儒生公孙弘为丞相。但为了顺应先前的列侯担任丞相的制度，武帝先封公孙弘为平津侯。

公孙弘是个聪明人，知道做了丞相必须向皇权低头。他一上任，便完全按照皇帝的旨意，用诗书礼乐的词句，来文饰政事，时时做到不与皇帝争权，什么事都是皇帝说了算。

有一天，一个下属郡国的官吏来公孙弘的府中上书请示。公孙弘看到上书说："你先回去吧，过几天我再答复你。"郡国官吏走后，公孙弘直奔皇宫，把郡国官吏的上书呈给武帝。汉武帝接过上书说道："公孙爱卿，朕看你脸色不太好，是不是想在家养病啊？"公孙弘赶紧磕头回答道："回禀皇上，臣没有病，臣也不想在家修养，臣是真心为国事担忧啊！"武帝见公孙弘如此示弱，非常满意地说："公孙爱卿，难得你一片忠心啊！以后有什么重要的文书，就直接送到我这里吧！你一定要记住，你的丞相之位是谁封的。"

不久，公孙弘忧劳成疾，于武帝元狩二年（前 121 年）病故。从公孙弘担任丞相开始，朝廷中原有的"屈君伸臣、君弱臣强"的局面，变成了"仰君屈臣、君强臣弱"的局面。

元封五年（前 106 年），汉武帝对丞相制度进行第三次改革，不再由丞相接受郡国上计[①]。在泰山明堂，武帝亲自朝见诸侯王、列侯，并接受郡国上计。而此前，接受郡国上计由丞相负责。武帝亲自接受郡国上计，是对丞相权力的进一步削弱。至此，武帝不但掌握了朝廷的经济命脉，还直接控制了郡国长吏[②]及其佐治官吏。

自公孙弘以来，丞相就不再参与朝廷大事，公孙弘死后，李蔡、庄青翟、赵周、石庆及公孙贺相继担任丞相，丞相府变得越来越冷清。丞相既没有权力任免官吏，也没有权力参与政事的决策。

武帝对丞相制度进行三次改革后，极大地巩固了皇帝的地位，丞相的权力越来越弱化，而皇帝的权力越来越强大，逐渐形成了皇权专制的局面。

丞相虽然没有实权，可相应的责任还要承担。一旦天下有事，发生重大的天灾人祸，武帝就将罪责归于丞相，丞相就成了替罪羊。因此，在位的丞相无不承受着巨大的心理压力。即使每天都是小心翼翼、胆战心惊，也会遭到杀身之祸，被皇上以各种罪名处死。

太初二年（前 103 年），武帝诏令公孙贺为丞相。公孙贺与武帝是旧交。武帝做太子时，公孙贺为太子舍人，经常随侍武帝左右。武帝即位后，公孙贺被提升为太仆。当侍者将丞相的大印捧到公孙贺面前时，公孙贺吓得跪倒在地不住地磕头，请求武帝另选贤人。但皇命难违，公孙贺还是无奈地接过丞相的大印。他走出殿门后，

---

① 上计：将地方官府定期向朝廷呈报施政情况，作为官吏考课依据的制度。汉朝上计制分两级，县令长将该县户口、垦田、赋税征收，钱谷出入等编的计簿，呈报郡国；由郡守、国相汇总呈报中央丞相，或由皇帝亲自受计，皇帝据此考察地方官政绩。

② 长吏：指地位较高的官员，一般是指秩六百石以上的官吏。

便仰天长叹道:“我命忧矣,我命忧矣啊!”后来,正如公孙贺所言,征和元年(前92年),因儿子犯罪受到株连,公孙贺父子二人双双死于狱中。

## 2. 推行加官建内朝

汉武帝先后三次改革丞相制度,逐渐剥夺了丞相的权力,最终将朝政大权总揽在自己手中,形成了皇权专制的政治局面。

但是,朝廷中的军政事务,总不能由皇帝来亲自处理,必须有具体的官员分工负责。为了保证朝廷事务的及时处理,武帝在削减丞相权力的同时,又重新组建了内朝。所谓的内朝,就是从民间选拔出一些优秀儒生作为侍从,让他们预闻政事,侍奉于皇帝左右。这些侍从商讨政务的地点主要在内廷,因此称为内朝,也称为中朝。而以丞相为首的公卿百官,则被称为外朝。

相对于外朝而言,内朝无疑是汉武帝的一个首创。内朝具有两个明显的特征:一是自成体系,直接听从皇帝的命令;二是参赞机要,帮助皇帝决策。

当时,丞相、御史大夫、太尉并称为朝廷“三公”,是朝廷官制中的上层结构,是外朝系统的官长。而卿是朝廷的中层结构,大部分属于内朝系统。其中,掌管刑法治狱的廷尉、掌管谷货田租供给朝廷公费的治粟内史、掌管宫门以外的警卫及维持京师治安的中尉三卿,都是处理朝政的正统官员;而太常、郎中令、少府、内尉、太仆、典客、中正七卿,主要听从皇帝直接下达命令,实际上是皇帝的奴仆、差使。属于内朝系统的郎中令，主要负责掌管宫殿掖门户，其实就是皇家看大门的门房；同样属于内朝系统的少府，主要负责掌管山海池泽之税，以供私自奉养，实际是皇帝的私人财务大臣。少府还要负责管理皇帝的饮食起居、服饰器具等事宜。其实，郎中令和少府实际是武帝内朝的秘密机构。

据班固《汉书·严助传》中记载："上令助等与大臣辩论，中外相应以义理之文，大臣数绌。"其中的"中"，是指"中谓天子之宾客，若严助之辈也"；而其中的"外"，是指公卿大夫。"中外"，就是中朝和外朝的简称。

其实，早在建元初年，武帝就赋予郎中令属员的严助、司马相如、枚皋、东方朔等人以重大权力，帮助皇帝直接控制、驾驭和驱使全国上下的文武百官，并配合皇帝削弱相权、总揽朝政，与丞相领导的外廷分庭抗衡。由此一来，朝廷便分为内朝和外朝，丞相便从原来的百官之长，逐渐变成了不治宫中的外朝官员；而原本为内臣的列卿，却逐渐趋于外廷化。

内朝建立后，武帝发现，这些内朝的官员只是他身边的辅臣，都没有真正的官职，都没有正式脱离正常官制系统，按照惯例还置于丞相的管治之下。为此，武帝制定并实行了脱离正常官制系统的加官制，以此来推进内朝参与政治决策实现合法化、系统化、制度化。

武帝实行的加官制，就是给内朝官员在本官之上再加官职，在本职差事之上再加差事。而受加官的官员，都是以本官为主职，以加官为辅职。

对于武帝实行的加管制，《汉书·百官公卿表》有这样的记载："侍中、左右曹、诸吏、散骑、中常侍，皆加官。所加或列侯、将军、卿大夫、将、都尉、尚书、太医、太官令至郎中，亡员，多至数十人……给事中亦加官，所加或大夫、博士、议郎，掌顾问应对，位次中常侍。中黄门有给事黄门，位从将大夫。皆秦制。”

实际上，武帝对秦朝的加官制做了很大的修改。仅对“侍中”一官变化，《史记·李斯列传》中就有这样的记载：“赵高位其客十余辈诈为御史、谒者、侍中，更往复讯斯。”显然，侍中一职并非加官，只是让担任这一官职的官员平常侍奉在皇帝身边充当近臣。而在秦朝，根本没有内朝制，始皇嬴政完全是由自己来衡石量书，亲自理事。武帝通过实行加官制，增强了自己对朝廷军政事务的发言权和控制权。

建元初期，朝廷已有侍中一官。当时，十三岁的桑弘羊和十八岁的霍去病担任侍中，而这种侍中只是本官的侍中，不是加官的侍中。建元三年（前 138 年），严助成功曾诘难当时的太尉田蚡阻伐南越之事，最终逼迫南越退兵，而严助的官职仅为中大夫，并不属于加官之列。后来的建元六年（前 135 年），南越王遗太子随严助入侍，严助才在中大夫的基础上加官侍中。对此，《汉书·朱买臣传》中记载：汉武帝“拜买臣为中大夫，与严助俱侍中”。由此，侍中一职才成为加官。

其实，建元中期武帝才真正推行加官制。当时，得以加官的官员除了严助外，还包括主父偃、徐乐、严安等人。这些人，原本官卑职小，官职最大的也不过是皇帝家的奴仆而已。

对于侍中加官一事，《通典》[①] 中有着这样记载的：“汉侍中

---

① 《通典》：中国历史上第一部体例完备的政书，唐代政治家、史学家杜佑所撰，专叙历代典章制度的沿革变迁。

为加官……直侍左右，分掌乘舆服物，下至亵器虎子之属。武帝时，孔安国为侍中，以其儒者，特听掌御唾壶，朝廷荣之。”而《初学记》[①] 中是这样记载的：“侍中安国，群臣近见崇礼，不供亵事，犹复掌御唾壶，朝廷之士，莫不荣之。”

由此所说，武帝是基于侍中在诸官中人卑言轻，不足以与宰相势力相抗衡，便提高侍中的官职，使侍中与丞相拥有同样的权力。对此，《汉书·百官公卿表》中这样记载：“侍中、中常侍得入禁中，诸曹受尚书事，诸吏得举法，散骑骑并乘舆车。”因此，侍中得以入侍禁中，常陪伴于皇帝左右，从而脱离了丞相府的控制，地位得以飙升，可以与皇帝一起批阅奏章，公开参与国家要事的决策，发谕称制。

武帝通过加官制，迅速建立了强大的内朝，极大地削弱了丞相的权力，巩固了皇权专制。

## 3. 提升尚书设中书

汉武帝建立内朝后，采取加官制的办法，促进了内朝参与政治决策的合法化、系统化、制度化。同时，武帝又采取提升尚书地位、设置中书机构的策略，总揽朝廷的军政事务，使内朝制度更加强势。

当时，尚书只是朝廷中的卑微之职，隶属于少府。尚书一职在秦代初期就已经设置。宋人刘攽所著的《汉官仪》中记载：“初，

---

① 《初学记》：唐代徐坚撰古代中国综合性类书，共三十卷，分二十三部。

秦代少府遣吏四；一在殿中主发书，故号尚书。尚犹主也。汉因秦置之。”清代学者赵翼所著的《陔余丛考》中记载：“尚书，本秦官少府之属，在内掌文书者，汉因之。”这些记载，都可以看出担任尚书一职的官员，其实就是皇家负责掌管收发事务的人。汉景帝时期，“六尚”中的尚书，只是在皇帝的身边负责做管理收藏诏书等低下事务。但到了武帝时期，尚书一职得以加官，尚书的权力和地位得到了大幅提升。

尚书一职得到武帝的加官后，完全从少府中分离开来，不再受公卿的任何束缚。由此，尚书得以与众多内超官员一起参与议政，处理朝事。加官后的尚书，地位明显提升，让武帝的身边，多了一个可以负以重任的专门参政及办事机构。

尚书的地位提升后，武帝并不满足。生性好玩的武帝常常沉迷于后宫的犬马声色，而后宫又不是侍中、尚书这些官员可以随便进出的，这就给这些官员向皇帝奏事造成了很大的不变。由于这些内朝官员都在宫廷之外生活，不可避免地与外朝的公卿产生交结。武帝担心长此下去，内朝官员会与外朝公卿串通一气，削弱皇权。于是，武帝再次采取措施，在内朝设置与尚书平行的机构。他精心挑选一些可以出入后宫而且生活在宫中的宦官，设置中书机构，在后宫替代尚书处理相关事务。

按照武帝的安排，中书的主署长官称为中书谒者令，简称中书令。关于中书令，《后汉书》中是这样记载的：“武帝用宦者，并更名中书谒者令。”唐玄宗朝重臣徐坚所著的《初学记·职官部》中是这样记载的：“中书令，汉武所置，出纳帝命，掌尚书奏事，盖《周官》内史之任。初，汉武游宴后庭，公卿不得入，始用宦者典尚书，通掌图书章奏之事。”

从史书记载可以看，中书与尚书所担负的职责几乎相同，而中书的建立和完善，完全是武帝出于防范内朝与外朝形成交结而采取的人事机构策略。

在武帝的推动下，尚书和中书的权力变得越来越庞大，甚至到了可以总揽朝政、擅断朝政的程度。当时，朝廷中一度出现这样的现象：所有上书，都可以写成正、副两本，领尚书者可以先开启副本，并有权确定此份上书屏弃不奏。对此，《汉书·魏相传》是这样记载的："相因平恩侯许伯奏封事，言宜有以损夺其权。又故事诸上书者皆为二封，署其一曰副。领尚书者先发副封，所言不善，屏去不奏。"《汉旧仪补遗》是这样记载的："中书掌诏诰答表，皆机密之事。"《环济要略》中有这样的记载："汉置中书掌密诏。"《汉书·萧望之传》中是这样记载的："中书政本，宜以贤明之选。"《汉书·佞幸传》中是这样记载的："尚书百官之本，国家枢机，宜以通明公正处之。"这些的记载，都说明中书的权力在不断增大，在朝廷中形成了强大的权力机构。

随着尚书和中书权力的增强，相权越来越处于弱势，并失去了自身的独立性，逐渐对皇权产生了依附性，形成了惧怕皇权的奴仆特性。武帝建立内朝，并通过扩充内朝官员等手段，逐渐将处理朝廷军政事务的权力，由丞相管治的外朝，转移到了自己掌控的内朝，使皇权专制得以巩固。当朝丞相逐渐被闲置在外朝，甚至到了无人问津的程度。

在武帝看来，内朝比外朝更容易掌控。内朝的构成官员大多出身卑微，虽然得到了封官加职，但实际的职位和俸禄依然低于公卿、中书令、尚书令、丞及仆射等。更重要的是，内朝的官员整天处在皇帝的身边，一旦出现什么问题，很容易被皇帝发现。

武帝正是凭借自身的聪明智慧，把这些内朝官员牢牢掌控在自己手中，任由自己随意差遣。其实，这些招之即来、挥之即去的尚书、中书官员，无疑是皇权专制的衍生物。武帝推行提升尚书地位、设置中书机构这一制度，其合法性遭到了许多质疑。据《资治通鉴》记载，汉元帝时期的政治家、经学家萧望之提出："中书政本，国家枢机，宜以通明公正处之。武帝游宴后庭，故用宦者，非古制也。宜罢中书宦官，应古不近刑人之义。"

尚书和中书机构虽然遭到质疑，但在中国政治制度史上，还是具有重大意义的。内朝制度的建立和完善，为武帝总揽政治、削弱相权起到了不可或缺的推进作用，从而赢得了皇权与相权斗争的主动权。武帝不必像从前对付曾经的丞相田蚡那样，凡事都要亲自出面，可以采取比较隐蔽的方式来操纵政治，按照自己的意志运筹帷幄。如果遇到丞相大臣设置障碍的事情，武帝就会责令内朝官员严助、吾丘寿王、朱买臣、主父偃等来加以应对，如同坐山观虎斗一般。

武帝通过提升尚书地位、设置中书机构的办法，扩充了内臣队伍，建立了强大的内朝机构。从外在形式上看，原来具有合法性的丞相制，在朝廷政治统治中不再占有骨干地位；而原来不具有合法性的尚书、中书制，成为朝廷政治统治的中枢系统。从内在实质上看，以丞相为骨干的外朝，成了机械被动运转的机构；而以宦官为主的内朝，则成了灵活主动执行皇帝主张的实权机构。武帝通过指挥操控内朝这个政治统治系统的总神经，最终达到了巩固、维护和强化皇权的目的。

## 4. 打击削弱豪强派

汉武帝在推进皇权专制的过程中，感觉到地方豪强有着一种非同一般的影响力，严重激化了社会阶级矛盾，也极大地威胁着朝廷政权的稳定。为此，武帝对地方豪强采取严厉的打击和削弱策略。

所谓的地方豪强，又称地方豪族、强宗大姓、豪民、豪右等。这些地方豪强，大多是聚族而居。他们依仗着强大的势力，欺行霸市，恣行兼并，为所欲为。有的豪强甚至对抗官府，杀人越货，无恶不作。

在对地方豪强实施严厉打击的过程中，武帝主要采取两大手段：一是采取强制迁徙手段；二是采取诛杀镇压手段。

采取迁徙手段，就是将地方豪强势力集中迁徙到关中地区，既打击了豪强势力，又以一种特殊的方式，弥补关中地区人口稀少的缺陷。

建元二年（前 139 年），武帝的陵寝茂陵在茂陵邑（今陕西省咸阳市）开工兴建。元朔二年（前 127 年），中大夫主父偃向武帝建议迁徙各地豪强大族到茂陵邑，以此来增加茂陵邑人口数量。据《史记·平津侯主父列传》中记载：“（主父偃）又说上曰：‘茂陵初立，天下豪桀并兼之家，乱众之民，皆可徙茂陵，内实京师，外销奸猾，此所谓不诛而害除。’上又从其计。”

主父偃的建议，武帝欣然采纳。元朔二年夏天，武帝下诏将郡国地方豪强以及家资在三百万钱以上的富户，全部迁徙到茂陵邑。这次大迁徙，是武帝第一次迁徙各郡国的地方豪强。后来，武帝又先后两次迁徙地方豪强：第一次是在元狩五年（前118年），迁徙天下奸猾之人到边地。这里所说的“奸猾之人”，就是指贪官污吏、巨富、游侠之类的群体。第二次是在太始元年（前96年），迁徙各郡国吏民豪杰到茂陵邑、云阳县（今陕西省淳化县）。

武帝先后三次将各郡国的地方豪强大规模迁徙到关中。后来，这些地方豪强不仅成了朝廷统治的支持者和拥护者，还成了关中地区劳动力水平大幅提升的推进者。事实证明，武帝实施迁徙地方豪强的策略是正确的。

采取诛杀镇压手段，就是对穷凶极恶的地方豪强进行诛杀，彻底根除后患。其中，对游侠郭解的诛杀就是典型的案例。

“游侠”泛指那些豪爽好交、轻生重义、救苦救难、蛮横无赖的人。郭解身材虽然矮小，但生性残忍，野蛮无度。他可以为朋友两肋插刀，也可以将朋友残忍杀害。他不仅屡屡窝藏亡命之徒，还私自盗铸钱币、经常盗掘坟墓，成为一个无恶不作的江湖浪子。随着年龄的增长，郭解的恶习虽然有所收敛，但内心仍然残忍毒辣，恶意行凶时常发生。

元朔二年（前127年），地方官将郭解列入迁徙茂陵邑的名单之中。郭解得到消息后，委托卫青将军向武帝求情，准许他不必迁徙。卫青是皇后卫子夫的弟弟，就向皇帝求情道：“郭解家中贫寒，根本够不上迁徙的标准。”而武帝摇头说：“郭解着一介草夫，竟然能让你卫大将军替他说请，说明他家并不贫寒，而且还挺有势力。”

最终，郭解还是被迁徙到了茂陵邑。到了茂陵邑后，郭解得知自己的迁徙是因为轵县老乡杨季主的儿子捣的鬼，便先后派人杀了杨季主和他的儿子。案件发生后，御史大夫公孙弘向武帝建议道：

"郭解以平民身份为任侠，玩弄权诈之术，因为一点儿小事就杀人，进行报复。这件事虽然找不到郭解的杀人证据，但是比郭解亲自杀人还要严重，说明他已经成为地方上的严重隐患，应该判大逆不道之罪。"武帝觉得公孙弘说得非常有道理，不仅下令腰斩了郭解，还诛灭他的全家。

武帝还任用酷吏来诛杀和打击奸猾不法的地方豪强，其中的典型案例就是利用义纵镇压邪恶豪强。

义纵是河东郡（今山西省夏县）人，年轻时曾经是一名强盗。他的姐姐义姁因为精通医术，得到武帝的母亲王太后的赏识。在王太后的授意下，武帝诏令义纵为中郎，不久又诏令他为上党县（今山西省长子县）的县令。义纵以严刑峻法管理治所，所有事务都能得到及时处理。于是，武帝又先后诏令他做长陵县（今陕西省咸阳市境内）的县令、长安县（今陕西省西安市）的县令。长陵和长安都有很多贵戚近臣，但义纵毫不畏惧。义纵依法收捕了王太后的外孙、武帝的姐姐修成君的儿子修成子仲。武帝觉得义纵忠诚能干，便诏令他为河内郡（今河南省武陟县）都尉。义纵来到河内后，强势族灭了穰氏等地方豪强。随后，武帝又诏令他为南阳郡（今河南省南阳市）太守。义纵来到南阳后，依然以杀伐立威，尤其依法诛灭酷吏宁成[①]全家，百姓拍手称快。宁成被诛杀后，南阳另外两大豪族孔氏和暴氏都举家仓皇逃往外地，其他地方豪强也都不敢为非作歹。

王温舒也是被汉武帝重用的著名酷吏。王温舒年轻时也是一个强盗，后来被阳陵县令任命为亭长，官至广平郡（今河北省鸡

① 宁成：官员，景帝时期先后担任济南都尉、中尉，武帝即位后担任内史。

泽县）都尉。王温舒在广平郡精心选了十几个勇士作为自己的手下，赋予他们捕拿盗贼的职责。一旦捕拿到地痞豪强，必灭其宗族。在王温舒的强力打压下，广平郡的治安状况得以好转。武帝得知王温舒的治郡作风后，诏令他做河内太守。

王温舒来到河内后，迅速准备了驿马五十匹，并设置从河内到长安的驿站。他像在广平郡那样采取严酷手段，逮捕郡中奸猾豪强，一度连坐千余家。他总是事先准备好马匹，就是为了保证上书从上奏到审批在两天之内完成。只要皇上的奏折批下来，他就立即将案犯处死。这样，那些想托关系的豪强还没来得及行动，就已经人头落地了。在王温舒的严酷镇压下，河内郡的盗匪很快销声匿迹。

## 5. 推恩削弱诸侯国

汉武帝在严厉打击和削弱地方豪强的过程中，发现地方诸侯也是一个影响社会安定和政权稳定的重要因素，必须加以严格的约束管理。

汉朝建立之初，高祖大力奖赏功勋之臣，接连封了八个异姓诸侯，占据了汉王朝诸侯指数的半壁江山，为汉王朝的江山社稷埋下了隐患。为打击和平息异姓诸侯的谋反，高祖用了长达七年时间，耗费了大量的人力、物力和财力。

高祖五年（前 202 年），讨伐并诛杀起兵谋反的燕王臧荼，改封长安侯卢绾为燕王；高祖六年（前 201 年），以谋反嫌疑将楚王韩信贬为淮阴侯，高祖十年，韩信被吕后所杀；同年，击溃起兵谋反的韩王信勾，迫其逃往匈奴，高祖十一年（前 196 年）春，韩王信被名将柴武斩杀于参合城（今内蒙古凉城县）；高祖八年（前 199 年），以谋反之嫌贬赵王、自己独生女鲁元公主的丈夫张敖为宣平侯；高祖十一年，以谋反之嫌讨伐并诛杀梁王彭越；同年，讨伐起兵谋反的淮南王英布，英布兵败后，被番阳（今山西省古县）人所杀；同年，派兵讨伐接替臧荼的燕王卢绾，卢绾失败后败走匈奴，后死于匈奴。

就这样，高祖当初所封的八个异性诸侯，有七个或被杀，或被贬，或逃亡，只有势力弱小的长沙王吴芮善始善终，一直传到第五代。

平定了异姓王后，高祖又分封了几个同姓王：封刘交为楚王、封刘肥为齐王、封刘贾为荆王、封刘如意为赵王、封刘长为淮南王、封刘友为淮阳王、封刘恢为梁王、封刘恒为代王、封刘建为燕王。当时，汉朝总共有 54 个郡，其中的 39 个归诸侯国管辖，只有 15 个归朝廷管辖。

随着诸侯王势力的发展壮大，与朝廷集权的矛盾也越来越显现。大的诸侯国横跨州郡，连着数十城，而诸侯王营建的宫室、设置的百官等，与朝廷的规制几乎没有两样。有的诸侯国甚至自立法令，不再使用统一的汉法，诸侯王俨然当朝天子一般，严重影响了汉王朝的统一，极大地削弱了朝廷集权。

文帝时期，大力削减诸侯国势力，将齐国一分为六，淮南一分为三。景帝时期，进一步削弱诸侯国势力，因而引发了“七国之乱”。战乱平息后，景帝依然采取削藩策略，来钳制诸侯国势力。

武帝即位后，延续了高祖、文帝和景帝三朝抑制、打击诸侯王的做法。但武帝觉得，自己刚刚即位，既要限制和打压诸侯王势力，防止有着皇室血统的诸侯王对自己的皇位造成威胁；又要充分利用血缘关系加强沟通联络，以此来维护和巩固自己的统治地位。

建元三年（前 138 年），代王刘登、长沙王刘发、中山王刘胜、洛川王刘明一起来朝见武帝。为了笼络皇族宗室，武帝故作深受感动的样子，不仅下诏优待诸侯王，还废除了一些官吏检举诸侯王不法行为的文书。诸侯王见武帝这样真情地对待他们，无不心中大喜。

武帝这种亲善和恩惠的姿态，让有些诸侯王不安分起来，开始新的不法活动。他们私下交结朝廷公卿，再不奉行统一的汉法，甚至肆意残杀无辜，不仅威胁封国的社会安定，也威胁皇权尊严。

对此，武帝非常气愤。而就在此时，武帝收到中大夫主父偃的奏书，建议用推恩的方式来分化和削弱诸侯王势力。主父偃在奏书中写道："古者诸侯不过百里，强弱之形易制。今诸侯或连城数十，地方千里，缓则骄奢易为淫乱，急则阻其强而合从以逆京师。今以法割削之，则逆节萌起，前日晁错是也。今诸侯子弟或十数，而適嗣代立，余虽骨肉，无尺寸地封，则仁孝之道不宣。愿陛下令诸侯得推恩分子弟，以地侯之。彼人人喜得所愿，上以德施，实分其国，不削而稍弱矣。"

主父偃提出的推恩制度，就是所有的诸侯王子弟，都必须由皇帝以推恩的名义授封，而封地要在诸侯国的领地中分割。这种推恩制度，就是让诸侯的封地越分越小，诸侯势力日益削弱，从而失去与朝廷抗衡的强大资本。

元朔二年（前 127 年），武帝正式诏令颁布推恩制度。诏令颁布后，武帝有意暗示梁王刘襄、城阳王刘延带头做引领。于是，梁王和城阳王共同上书，奏请将领地中部分属邑分给子弟。武帝很高兴，立即准奏。见有人带头奏请实行推恩分封，各诸侯王也纷纷跟随响应。到征和二年（前 91 年），武帝几乎年年都要诏令推恩分封，共计分封王侯一百七十八人。诸侯国最多被分封拆成了三十三个，最少也被分封拆成了十多个，进而达到了“大国不过十余城，小侯不过数十里”的程度。

武帝一边推行推恩分封制度，一边严厉打击那些抵制推恩制度的诸侯王，直至达到削弱分封国实力的目的。

武帝的堂叔淮南王刘安，就一度抵制推恩制度。起初，武帝对这位博学多才的堂叔非常敬重，每次朝见宴会，都对刘安礼遇有加。而对于发往淮南的诏令赐书，武帝都诏命郎官司马相如过目审读后再发出，避免出现纰漏被堂叔耻笑。刘安之所以抵制推恩制度，是因为他一直怀有篡位之心。他暗地里训练人马，打造兵器，联络四方人士，并将聪明过人、能说会道的女儿刘陵送入长安汉宫，以便作为内应。他不仅加紧与宫中的谋士秘密策划，还与同胞弟弟衡山王刘赐进行串通。刘赐也是一个抵制推恩制度的诸侯王，而且支持刘安夺取皇位。他觉得，哥哥一旦成功夺取皇位，他就可以借机在江淮一带谋求更大的地盘。兄弟二人不仅刻制了登基用的天子玉玺，还准备了文武百官的印绶。

但兄弟二人的谋反计划还没来得及实施，就被人告发。元狩元年（前 122 年），在武帝的威逼之下，深感大势不好的淮南王刘安和衡山王刘赐双双畏罪自杀。刘安、刘赐死后，武帝诏令将淮南国改为九江郡，将衡山国改为江夏郡，同时收归朝廷管辖。

对于刘安、刘赐的联合谋反，武帝借机大搞株连清算，被卷入的株连者竟多达数万人。经过这场空前的株连清算，那些有谋逆迹象的诸侯几乎被全部肃清。

为了推进限制和打击诸侯王国势力实现制度化，武帝诏令颁布了《左官律》《阿党法》《附益法》。在三法的约束限制之下，各诸侯王的经济实力变得越来越薄弱，人才资源也不断流失，再也无法构成对皇权的威胁。

# 第四章　推行法治，皇权专制如磐石

## 1. 诏令天下举贤才

建元元年（前 140 年）十月，刚刚即位的汉武帝就诏令普天下举荐贤才，朝廷上下掀起了一股网罗天下人才的热潮，由此得到了一批贤臣和能臣，为进一步开拓大汉疆土，建立属于自己的丰功伟业奠定人才基础。

自高祖元年（前 206 年）到建元元年（前 140 年），大汉王朝经过高祖刘邦、惠帝刘盈、吕后吕雉、文帝刘恒、景帝刘启长达六十多年的励精图治，局势日趋稳定，生产加速恢复，政权得到巩固。据司马迁《史记·平准书》中记载："国家无事，非遇水旱之灾，民则人给家足，都鄙廪庾皆满，而府库余货财。京师之钱累巨万，贯朽而不可校；太仓之粟陈陈相因，充溢露积于外，至腐败不可食。众庶街巷有马，阡陌之间成群。"

武帝采取"海选"的方式，诏令朝中大臣举荐天下各方"贤良方正，直言敢谏"的人才。这种"海选"方式，也被称为"察举制"。察举制的主要特征，就是由地方长官在辖区内考察、发现、选取人才，并推荐给上级或朝廷，经过试用考核再任命官职。

察举制在高祖时期就已经有了雏形。高祖十年（196 年），高祖诏令举荐贤才，从郡国之中选拔有治国才能的贤士大夫，开了汉朝察举制度的先河。但高祖选拔任命官吏，主要还是通过军功制、任子制和赀选制这三种方式。所谓军功制，就是在军队中立过功的人就有资格做官；所谓任子制，就是俸二千石以上的高级别官员，任职期限满三年后就可从自己的子弟中保举一人做官；所谓赀选制，就是依靠自己所拥有的财产来获得做官的资格。文帝时期，先后诏令“举贤良方正能直言极谏者”和“诸侯王、公卿、郡守举贤良能直言极谏者”，推进察举制得到进一步完善。

武帝举荐人才的诏令颁布后，朝中大臣纷纷上书举荐，各地贤人雅士也是纷纷上书自荐，从而掀起了空前规模的人才举荐和自荐热潮。经过层层筛选，许多优秀人才脱颖而出成为官吏，董仲舒和东方朔就是其中的典型代表。

董仲舒才华横溢，堪称公羊派《春秋》的大师，三十岁就开始四处讲学，极负盛名。董仲舒被人推荐后，三次参加武帝主持的围绕天人关系问题的策问[①]。第一次主要围绕巩固统治的根本道理问题；第二次主要围绕治理国家的政术问题；第三次主要围绕天人感应问题。董仲舒对武帝三次策问的回答被称为《天人三策》，详细阐述了天人感应，论述了神权与君权的关系，尤其提出了“罢黜百家，独尊儒术”的建议。武帝惊喜万分，将董仲舒选定为第一名。后来，董仲舒成了对大汉王朝统治产生巨大影响的一位大儒。

东方朔凭借一封特殊的自荐信被武帝选中。这封特殊的自荐

① 策问：以对答形式考试的一种文体，内容以经义、政事为主。

信总共用了三千片竹简，重量要两个人才勉强扛得起来。而武帝足足花了两个月时间才把这封自荐信读完。

据《汉书·东方朔传》记载，东方朔在自荐信中写道："臣朔少失父母，长养兄嫂。年十三学书，三冬文史足用。十五学击剑。十六学《诗》《书》，诵二十二万言。十九学孙、吴兵法，战阵之具，钲鼓之教，亦诵二十二万言。凡臣朔固已诵四十四万言。又常服子路之言。臣朔年二十二，长九尺三寸，目若悬珠，齿若编贝，勇若孟贲，捷若庆忌，廉若鲍叔，信若尾生。若此，可以为天子大臣矣。"东方朔表白说：我双目如珍珠般闪亮，牙齿则像贝壳那样洁白而整齐，论勇猛我比得过孟贲，论敏捷我与庆忌相当，廉洁我堪比鲍叔，诚信我尤胜尾生。我这般文武全才，应该有足够资格成为天子的大臣。

东方朔毫不谦虚的自荐信，让武帝深深记住了他的名字。武帝诏令他待诏公车署，而没有立即起用他。公车署是武帝设立的接待应试学士的驿馆，待诏公车署就是让东方朔在公车署里待着召见。后来，武帝又诏令东方朔待诏金马门。金马门是汉宫内的学士待诏处，有更多的机会接触皇上。后来，武帝还是启用了东方朔，先后诏令他担任常侍郎和太中大夫。

元朔元年（前128年）十一月，武帝又采取举孝廉的办法来选拔任用官吏。据《汉书·武帝纪》中记载："朕深诏执事，兴廉举孝，庶几成风，绍休圣绪。夫十室之邑，必有忠信；三人并行，厥有我师。今或至阖郡而不荐一人，是化不下究，而积行之君子壅于上闻也。且进贤受上赏，蔽贤蒙显戮，古之道也。其议二千石不举者罪！"武帝明确提出：推荐贤能的人，应该受到上等的封赏；而那些埋没贤才的人，则应该给予公开的惩处。

武帝的诏令颁布后，得到朝廷上下的积极响应。为了更好地推行举孝廉，一些朝中的大臣还建议说：今后，凡是不举荐人才的官员，就是违反朝廷诏令的行为，要按照对天子不敬的缘由来处置；凡是不兴察廉洁的官员，则要按照不胜任职务的缘由进行免官处理。对这一建议，武帝欣然采纳。由此，向朝廷举荐人才，成为官员需要履行的重要职责。

后来，官拜郎中的严安，官拜郎中、中大夫的徐乐，官拜郎中、谒者、中郎、中大夫的主父偃这三位朝廷重臣，都是通过举孝廉的方式得到任用的。起初，武帝只任命三人为郎中。郎中是皇帝身边的侍从，虽然官阶不高，但对朝廷大事具有发言权。由此可见，这三人实际成了武帝内朝的主要成员。尤其是主父偃，更是得到了武帝的重用，一年之内连续升迁了四次，由郎中晋升为谒者、中郎、中大夫。

## 2. 选人制度规范化

汉朝建立以来，选拔人才、任用官吏的方式很多，如军功、任子、赀选等，但主要方式还是征辟制和察举制。征辟制就是由皇帝或官府直接聘请名士任官。这些名士，都是所谓志行高洁、博学多才或某一方面技艺卓绝超群的学者、私学大师，也有的是学富五车却淡泊名利隐居民间的名士，他们一经征辟，无须考核即被授予高官。察举制则是由公、卿、列侯、刺史、郡守、国相经过考察，将一些符合朝廷要求的人才推荐出来，供朝廷直接任用或经过一定形式的考核再加以任用。察举制任用官吏，先由皇帝下诏，令三公九卿、地方郡守等高级官吏，按照一定的标准，把各地品德高尚、才干出众、学识渊博的平民或下级官吏推荐给朝廷，由朝廷直接任官，或经过某种形式的考核直至皇帝亲自策问后择优录用。

察举制始于汉文帝。文帝二年（前178年），朝廷颁布了《举贤良方正能直言极谏者》，被举者经考试后，由朝廷量才录用。汉武帝即位后，大力推进察举制实现规范化、制度化，使朝廷拥有了统一的选才标准和考试办法。

察举制这种选才任官的方式，就是把品德高尚、学识深厚、才干出众作为人才的选拔条件，选拔的对象主要包括两大群体：一是没有官职的读书儒生；二是地位卑微的下级官吏。

察举制的科目按照举期分类，可分为常科与特科两大类。常科也称岁科，设有孝廉、秀才、察廉、光禄四行；特科也称诏科，主要包括贤良方正、孝悌力田、勇武技艺、博士弟子和文学掌故、明经进身、明法进身、学童进身等方面。

常科是每年都要进行的察举科目，以孝廉和秀才为重点。所谓孝廉，就是指那些能尽孝悌、正直廉洁的贤士。所谓秀才，就是指文采出众的读书人。而特科是指皇帝为了时势的需要临时规定的察举科目，不是每年都要举行的察举科目，以贤良方正、明经进身等为重点。董仲舒、公孙弘等人，就是通过特科被选拔任官的。

对于推行察举制，武帝做出三条规定：一是凡儒家以外的其他各家均不得举荐；二是选拔人才主要包括德行、学问、法令、谋略四个方面的内容；三是察举对象是地方六百石以下的官吏和通晓儒家经书的儒生，由各郡国每年向朝廷推举，然后到朝廷担任郎官。

在建立以察举制为重点方式的选才任官制度的基础上，武帝还从朝廷需要出发，建立了相应的人才培养机制，为获得更多优秀的人才创造条件。

董仲舒是武帝推行察举制首批被选拔任命的官员。据《汉书·董仲舒传》中记载，武帝向董仲舒询问培养人才之策时，他建议说："臣愿陛下兴太学，置明师，以养天下之士，数考问以尽其材，则英俊宜可得矣。今之郡守、县令，民之师帅，所使承流而宣化也；故师帅不贤，则主德不宣，恩泽不流。今吏既亡教训于下，或不承用主上之法，暴虐百姓，与奸为市，贫穷孤弱，冤苦失职，甚不称陛下之意。是以阴阳错缪，氛气弃塞，群生寡遂，黎民未济，皆长吏不明，使至于此也。"董仲舒的建议，就是将察举选士与办学养士结合起来，通过兴太学从根本上改善朝廷官员的素质。

武帝采纳了董仲舒的建议，率先在都城长安设立了太学，将进入太学的人称为博士弟子。博士弟子的入学条件是年龄在十八岁以上，而且要仪表端正。博士弟子的甄选主要有两种方式：一是由朝廷有关部门典选；二是由郡县官员推荐。博士弟子在太学里学习的科目主要是儒家经典，包括《诗》《书》《易》《礼》《春秋》等。太学成立初期，招收的博士弟子只有几十人，但不久规模就越来越大，所学课程的门类也逐渐增多，涵盖了《公羊》《左传》《尔雅》等经学。

元光元年（前 134 年），武帝再次采纳董仲舒的建议，以各郡人口的多少来确定选拔任用官吏数量，并将孝廉、秀才、察廉、光禄确定为察举制主要科目。

武帝并大力推进察举制实现规范化、制度化，并将学术思想、政治体制、知识分子有机结合起来，促进了朝廷选才任官事务走向有序化、科学化。武帝还通过设立和推广孝廉、秀才、明经、明法、贤良方正、直言极谏、孝悌力田等不下十几种的察举科目，让熟悉地方情况的郡县长官亲任察举官员，把各类人才作为察举对象，有力拓展了地方郡县选才任官的范围，使各个方面的贤人雅士得以及时和充分的任用。

实践证明，利用察举制选才任官，起初就保证了被察举者的自身素质。武帝规定，被察举者有一年的试用期，只有被认定为胜任者的人才能转为正式官员，而如果被认定为不胜任就要辞退，且推荐者还会因此连带受罚。由此，察举者也不敢随意进行推荐。

但察举制也有严重的弊端：一是虽然察举科目很多，但仍有许多不为人知的贤才被埋没在乡村野氓中；二是很难对人的道德品质做出中肯的评价；三是地方乡闾清议名士好品评臧否人物，不重实际，空发议论；四是察举范围越来越狭窄，被察举者也大都名不副实。

即使察举制有着明显的弊端，但在武帝的积极推行下，仍然具有明显的优点，发挥了不可估量的作用。察举制在诸多的选人用人方式中占据着主流地位，成为官吏入仕的主要途径。武帝通过有效推行察举制，不断地加强和巩固了从朝廷到郡国的统治权，有力强化了皇权专制，加快了朝廷集权进程，也有效地推动了政治、经济、文化、社会的加速发展。

## 3. 掌握监察主动权

汉武帝通过推行和完善察举制，有力促进了选才任官制度实现规范化、制度化，朝廷和地方郡国普遍形成了人才辈出的局面。

但随着官员的职位大小和权力范围的不断变化，对他们的监督成为强化朝廷集权的重要组成部分。为了更好地控制朝廷官员，武帝准许御史大夫在殿内处理相应事务。御史大夫手下有两个属丞：一个是御史中丞；另一个是御史丞。这两个属丞的俸禄都是千石，相当于御史大夫俸禄的一半，相当于丞相俸禄的十分之一。御史中丞主要执法中殿，是朝廷中最高的专职监察官，负责纠察百官和丞相，办公地点设在宫廷中的兰台[①]。御史中丞在殿内居住，并经常相伴于皇帝左右，拥有接受公卿奏事的特殊权力。皇帝诏书先经御史大夫下达给丞相，再经御史中丞下达给郡守，因此，御史大夫肩负着为天子监察百官的重要职责。

汉朝建立初期，从高祖到景帝，始终坚持“无为而治、休养生息”的治国思想，朝政一直由丞相总揽。而地方郡国的监察事务，也一直由丞相负责。丞相根据朝廷事务的具体情况，不定期派官员到地方郡国进行监察调查。

汉文帝和汉景帝时期，朝廷采取“轻徭薄赋、与民休息”的治国方略，创造了一个社会安定、经济发展的空前盛世，史称“文景之治”。有了这样的一个盛世，朝廷似乎没有必要对地方郡国进行监察检查。而武帝时期，形势发生了巨大的变化：一是地方

---

① 兰台：皇宫中收藏图书秘籍的地方。

豪强已经成长起来，而且势力逐渐增强；二是吏治败坏，官商勾结，连朝廷派出去的监察人员也被牵扯进权钱交易中，许多地方民不聊生，怨声载道。在天灾人祸相互交织的背景之下，部分地方郡国的农民生计难为，流离失所，社会阶级矛盾日益突出。

为了改变对地方官吏疏于监察的状况，武帝决定集中检察权，直接将文武百官掌握在自己手中。集中检察权就是在加官内朝制度中，推行“诸吏得举法”。据《汉书·百官公卿表》中记载：“侍中、中常侍得入禁中，诸曹受尚书事，诸吏得举法，散骑并乘舆车。”诸吏得举法，就是由诸吏来列举罪行、过失对官员加以弹劾。诸吏是一种加官，任何官职加上诸吏，就变成了监察官，其职责与御史中丞相同，有权纠举百官。诸吏的俸禄与御史大夫不相上下，足以证明诸吏的位高权重。诸吏的数额不设上限，完全根据朝廷监察的需要来确定。

后来，诸吏一职已无法满足朝廷监察事务的实际需要。由于内朝干政，加之推行诸吏得举法，使原本担负监察职责的御史中丞，在处理公务时处处受到掣肘，既无职又无权，朝廷稳固的御史监察系统出现了难以正常运转的局面，无法发挥监察百官的作用。御史监察系统的严重弱化，导致地方豪强趁机而起，尤其是俸禄在二千石以上的官员与诸吏相互勾结，相互偏袒，结党营私，横行霸道，致使皇权专制受到前所未有的挑战。

武帝发现这一状况后，随即增设了三个新的监察机构。一是设立绣衣直指。绣衣直指又称绣衣御史，简称直指、使者。绣衣直指不是常设机构，只在遇到大案要案时才临时指派人担任，案情结束后就罢免恢复原职。二是设立丞相司直。丞相司直为丞相属官，主要协助丞相检举不法，也有监察丞相的作用。丞相司直拥有与御史中丞同等的权力，权力无所不纠。三是设立司隶校尉。司隶校尉督察的对象主要包括贵戚、丞相等高官，具有直属皇帝、直接受皇帝指挥的特殊身份，权力无所不纠。绣衣直指、丞相司直、司隶校尉的设立，组成了强大的朝廷监察系统，三者相互鼎立，相互监督，但又都受制于内朝诸吏。三个机构的有效运行，文武百官的一切行为，都被武帝牢牢地掌控在自己的手中。

元封五年（前106年），武帝再次采取措施，设立了十三刺史部，强力推行十三刺史部监察制度，全面加强对地方郡国的监察和控制，进一步促进皇权专制。

十三刺史部监察制度，就是除了京师附近七郡外，把地方郡国分为十三个监察区域，每一个区由朝廷派遣刺史一人，专门负责巡察该区境内的吏政，检举不法的郡国官吏和地方豪强。十三刺史部包括：豫州刺史部、徐州刺史部、青州刺史部、兖州刺史部、冀州刺史部、荆州刺史部、益州刺史部、扬州刺史部、朔方刺史部、交趾刺史部、凉州刺史部、并州刺史部、幽州刺史部。

武帝还明确规定了十三刺史部的监察内容。据《汉官·典职仪》中记载："刺史班宣，周行郡国，省察治状，黜陟能否，断治冤狱，以六条问事，非条所问，即不省。"武帝规定的六条问事的内容为："一条，强宗豪右，田宅逾制，以强凌弱，以众暴寡；二条，二千石不奉诏书，遵承典制，倍公向私，旁诏守利，侵渔百姓，聚敛为奸；三条，二千石不恤疑狱，风厉杀人，怒则任刑，喜则任赏，烦扰苛暴，剥戮黎元，为百姓所疾，山崩石裂，妖祥讹言；四条，二千石选置不平，苟阿所爱，蔽贤宠顽；五条，二千石子弟恃怙荣势，请托所监；六条，二千石违公下比，阿附豪强，通行货赂，割损政令。"

十三刺史部所监察的对象，主要是二千石级别的郡国守相及其子弟、豪强大族。武帝还提出，六条规定之外的事，刺史不得过问，即使过问了也可以不予理会。

每年八月的仲秋时节，刺史们就乘车到所属郡国开展巡视监察。他们完成“六条问事”的监察任务后，年底前返回京师向武帝奏报。

## 4. 增修律法重法制

汉武帝即位后，汉朝已经具备了比较雄厚的物质基础。为此，武帝决心将高祖以来一直奉行的“无为而治”改为“有为而治”，并采纳儒学思想家董仲舒提出的建议，将“礼法并用”“德主刑辅”作为法制指导思想。

高祖建立汉朝之初，深刻反思法家思想的弊端，批判并摒弃秦朝“专任刑罚”“重刑轻罪”的治国主张，确立以黄老学说“无为而治”“与民休息”“宽省刑法”为指导思想的治国方略。

高祖元年（前206年），刘邦攻入咸阳后就废除了秦朝苛法。据《史记·高祖本纪》中记载：“与父老约，法三章耳：杀人者死，伤人及盗抵罪。余悉除去秦法。”有了这个“约法三章”，高祖便赢得了广大百姓的拥戴，四年后打败了项羽，建立了大汉王朝。

而据《汉书·刑法志》中记载：“蠲削烦苛，兆民大说。其后四夷未附，兵革未息，三章之法不足以御奸，于是相国萧何攈摭秦法，取其宜于时者，作律九章。”后来，四方少数民族没有归附，兵事没有停止，三章之法不足以防止邪恶的人，于是相国萧何采集秦朝法令，选取其中合乎时宜的，制定了九章法律。

九章法律就是汉朝著名的《九章律》，也称《汉律九章》。当时，萧何按照高祖的诏命，参照秦朝的《盗律》《贼律》《囚律》《捕律》《杂律》《具律》等六律，又增加了《户律》《兴律》《厩律》等三律，制定了新法《九章律》。《九章律》是汉朝建立之初的一部重要法典，是整个汉律的核心和主干。从历史的角度看，《九章律》完全可以称得上是“律令之宗”，汉朝以后的历代王朝法律，大多以《九章律》为编修蓝本。

据《资治通鉴》中记载：“天下既定，命萧何次律令，韩信申军法，张苍定章程，叔孙通制礼仪。”由此看出，高祖除了诏命萧何制定汉律外，还诏命韩信制定了军法；诏命张苍[①]制定了章程[②]；诏命叔孙通[③]制定了朝仪方面的专律《旁章律》。

从高祖到景帝，朝廷一直贯彻“无为而治”的治国方针，律法相对简单而稳定，一直没有较大变化。武帝即位后，由于社会矛盾和阶级矛盾日益突出，为了加强法律镇压，武帝诏命张汤制定有关宫廷侍卫的《赵宫律》共二十七篇；诏命赵禹制定有关朝贺制度的《朝律》共六篇。

张汤从小就学习律法，后来成为一位律法通。武帝即位后，张汤担任侍御史。当时后宫中发生了一件案子。皇后陈阿娇为了自己能够得宠，偷偷把巫婆召进宫中。由于武帝对巫蛊之事极其



---

① 张苍：西汉初期丞相、历算学家，主要成就为增订、删补了《九章算术》。

② 章程：指的是对基本算术和度、量、衡制度的规定。

③ 叔孙通：高祖九年被封为太子太傅，被司马迁尊为汉家儒宗。

反感，因此明令禁止将巫婆带入后宫。但后宫嫔妃为了争夺皇帝的宠爱，经常偷偷动用一些巫蛊之术。陈阿娇请巫婆进宫的事情败露后，武帝大怒，随即诏命侍御史张汤审理此案。张汤领命后，没有因为这件案子涉及宫闱隐秘敷衍了事，而是倾尽胆识和智慧，把案子审得清清楚楚，案子牵扯到的三百多人，都有比较详细的供词。陈阿娇利用蛊术争宠一案，株连了众多的人为此丧命，陈阿娇也因此被废掉皇后，退居长门宫，最终孤零零而死。张汤严谨的断案态度，让武帝非常满意。

此案让武帝认识到，汉朝初期制定的律法，已明显不合时宜，对普通犯罪的惩罚明显过轻，而对死罪的惩罚又明显过重，必须加以修改、补充和完善。于是，武帝诏命张汤制定有关宫廷侍卫方面的法律。张汤在详细研究相关法律条文的基础上，经过反复推敲，最终完成了《越宫律》的制定。这一律法，对加强宫中侍卫的严格管理提供了司法依据。

为了避免出现官员与平民争夺利益的情况，张汤在《越宫律》中编写了这样两条法律条文：一条是见知法，规定官员如果遇到犯罪情况不加以制止举报，就会与犯人同罪；另一条是故纵法，规定官员审理案件的过程中，如果为犯罪分子减罪，要承担法律后果。这两条法令的制定，使各级官员都有了危机感，他们在使用权力时，自然会想到有法律在约束他们。

张汤和赵禹制定的这两部法，连同萧何制定的《九章律》、叔孙通制定的《旁章律》总计六十篇，后来统称为《汉律六十篇》。

武帝还根据朝廷和地方郡国的需要，制定并实施了《沈命法》《通行饮食法》，以此来加强对农民起义的镇压；制定并实施了《左官律》《附益之法》，以此来削弱和打击诸侯王的势力；制定并实施了《腹诽之法》，以此来加强对思想言论方面的控制。至此，汉朝的律法更加完备细化。据《汉书·志·刑法志》中记载："律令凡三百五十九章，大辟四百九条，千八百八十二事，死罪决事比万三千四百七十二事，文书盈于几阁，典者不能遍睹。"

在武帝的推动之下，汉律内容逐渐丰富，法律体系不断完善，刑罚标准更加严苛。武帝强化推行"见知故纵监临部主法"，其核心内容是"见知人犯法不举者为故纵，而所监临部主有罪并连坐也"。同时，武帝还在执法过程中采取"缓深故之罪"的辅助策略，放宽了对官吏制造冤假错案的治罪。

武帝时期，朝廷法律条文繁多，执法也非常严酷，即使是有功之臣，也同样要秉公执法，不徇私情。武帝一朝共有十三位宰相，其中六位死于非命，三位被杀、三位被迫自杀。这些都证明，武帝时期的执法已经达到了极其严酷的程度。

## 5. 重用酷吏惩邪恶

汉武帝重视律法的增修，逐步形成了汉律的完整体系。为使汉律得到有效执行，强化朝廷集权，武帝选拔重用了一批铁腕人物来执法。而这些铁腕人物，大多是声名不好的酷吏。

武帝强力推行见知故纵监临部主法，就是主管官吏故意放跑罪犯就与犯罪者同罪，并采用"缓深故之罪"的辅助策略，即放宽对官吏制造冤假错案的治罪，无形之中助长了严刑峻法和酷吏盛行之风。官吏不执法，就要与犯罪者同罪；而官吏严酷执法造成冤案，朝廷不会追究。这一律法，无疑为催生酷吏创造了条件。

张汤是酷吏的典型代表人物。元光五年（前 130 年），张汤审结皇后陈阿娇巫蛊一案后，得到武帝的赞许，并擢升他为太中大夫。担任太中大夫后，张汤更是将皇帝的意图，作为是非准绳和审案标准。感觉武帝对某个人意欲宽释，他就将这个人的案子交给性情较为平和的监吏来审理；如果感觉武帝对某个人意欲严惩，他就将这个人的案子交给性情严酷的监吏来审理。据《汉书·张汤传》中记载："奏谳疑，必奏先为上分别其原，上所是，受而著谳法廷尉挈令，扬主之明。"

元朔三年（前 126 年），武帝诏令张汤为廷尉，掌管司法平狱，审断郡国议定报请的疑罪。当时，董仲舒提出了以《五经》作为审案的依据，就是引用儒家经典内容作为审案判案的依据，并将这一理论称为春秋决狱，得到了武帝的赞许。张汤因此茅塞顿开，奏请武帝以博士弟子补廷尉史，以《尚书》《春秋》来治狱量刑。春秋决狱无疑抛开了现行法律的束缚，可以随心所欲地给人治罪。武帝觉得春秋决狱正合自己的心意，随即将其制度化。

在受命审理淮南王刘安、衡山王刘赐、江都王刘非这三起谋反叛乱案时，张汤严查党羽，肆意株连，大开杀戒。但他也有柔情的一面，对羸弱之民呵护有加，对故人子弟以及穷兄弟多有照应，将儒学和律法这两把刀子操持得游刃有余，朝野上下对他的仁义之声不绝于耳。张汤忠心耿耿、绞尽脑汁地为武帝铲除异己、镇压邪恶，深得武帝的称赞。元狩二年（前 121 年），武帝擢升他为御史大夫。

张汤接任新职务后，身为九卿的大司农[①]颜异，对武帝诏命铸造实际价值与名义价值相差很大的皮币[②]持反对意见，可他既不入朝提出自己的意见，也不上书阐明自己的想法，而以腹诽的方式消极对待，武帝对此很不高兴。张汤揣摩到了武帝的心意后，便将颜异以腹诽罪处死。在武帝面前，张汤说："皇上，腹诽罪就是论心定罪。臣问颜异对皇上颁布的造币令有何意见，他嘴唇动了动。虽然话未出口，但可以断定他对朝廷不满，所以判他死罪。"武帝时期的"腹诽之法"一说由此而来。

元鼎二年（前 115 年），霸陵[③]被盗，武帝大怒。丞相庄青翟深感此事自己负有监管不到位的责任，便与张汤一起向武帝请罪。张汤不仅不承担责任，还背地里将霸陵被盗的责任都推到庄青翟的身上，并给庄青翟加了一个见知故纵的罪名。一旦罪名成立，庄青翟必死无疑。

当时，庄青翟手下有朱买臣、王朝、边通等三位长史官。三人过去的官职都比张汤高，而张汤升为御史大夫后还屡次兼任丞相，常常借机欺负压制他们，因此都非常怨恨张汤。当丞相庄青翟受到张汤的诬陷时，立即将手中掌握的一些张汤图谋不轨的证据交给庄青翟。庄青翟走投无路之下，与三位长史官一起上奏告发张汤。此时，御史中丞减宣也上奏告发张汤。武帝大怒，认为张汤狡猾奸诈欺骗自己，便按记录在案的罪证审问张汤，但张汤始终没有认罪。当武帝诏命赵禹审问张汤时，赵禹对张汤说："你

① 大司农：官名，负责执掌全国的财政经济。

② 皮币：白鹿皮币。

③ 霸陵：孝文帝刘恒和孝文窦皇后的合葬陵寝。

办理案件时，经常有人被诛灭家族。现在人家告发你都有证据，皇上很难处理你的案子。你不如就此自决，这样可以保全家族。”内心深感绝望的张汤，在平生最后一道奏疏中写道：“汤无尺寸功，起刀笔吏，陛下幸致为三公，无以塞责。然谋陷汤罪者，三长史也。”写完奏疏，张汤自杀而亡。

张汤死后，他的子弟要厚葬他，可他的母亲却愤怒地说：“汤为天子大臣，被污恶言而死，何厚葬乎！”张汤的家人只好用牛车拉着棺材，草草埋葬了他。武帝得知张汤母亲说的话，很受感动，也为张汤的死感到惋惜，便诏命追查此案，随后将三位长史官斩杀，丞相庄青翟因受株连也被迫自杀。

由于酷吏执法断案，武帝时期发生了许多文武百官刑狱案件。据《资治通鉴》记载：“上招延士大夫，常如不足。然性严峻，群臣虽素所爱信者，或小有犯法，或欺罔，辄按诛之，无所宽假。”意思是说，汉武帝招揽天下人才，常感觉不足用。他性格严厉、刻薄，大臣之中有些人虽一向受到信任和爱护，但只要犯点小错，或有所欺瞒，就立刻诛杀，一点也不宽容。汉武帝时期，官吏常常触犯律法且量刑偏重，往往处以极刑。所杀官员，有的罪有应得，有的却罪不至死。

据《汉书·酷吏传》中记载，整个西汉有名的酷吏共有十四人，而武帝一朝就占了十一人，他们是：张汤、杜周、宁成、周阳由、赵禹、义纵、王温舒、尹齐、杨仆、减宣、田广明。这些酷吏的行为，对于抑制地方豪强势力、强化皇权专制起到了助推作用。但这些酷吏也并非都是清官，他们中的一些人将严酷执法当成聚敛财富的一种手段，一批地方豪强虽然被打了下去，可一批酷吏贪官却滋生起来，并成为朝政的一种毒瘤。

# 第五章　改革军制，军权牢牢抓在手

## 1. 军事上强化集权

汉武帝在政治上强化朝廷集权的同时，又采取措施在军事上强化朝廷集权，确保军权牢牢地掌控在自己的手中，确立并巩固了皇帝的最高军事统帅地位。

高祖建立汉朝后，朝廷大权主要把持在丞相、御史大夫、太尉这“三公”的手中。丞相掌丞天子，助理万机，帮助皇帝处理朝中所有政事。御史大夫掌副丞相，地位仅次于丞相，负责执掌群臣奏章，下达皇帝诏令，落实朝廷监察事务。太尉掌武事，负责处理朝廷军事事务，其地位与丞相一样。可见，太尉是朝廷中军衔等级最高的官员。

高祖时期，开国功臣燕王卢绾、绛王周勃先后担任太尉。高祖十一年（前 196 年），淮南王英布起兵反叛兵败被杀后，高祖担心太尉带兵反叛，不再设太尉职位，太尉职权归属丞相。到了惠帝，又恢复了太尉职位，并诏令周勃为太尉。文帝即位后，擢升周勃为丞相，诏令灌婴为太尉。据《史记·孝文本纪》中记载：文帝三年（前 177 年），“罢太尉官，属丞相”。就是说，文帝废除了太尉这个职位后，权力归属丞相。景帝即位后，恢复太尉职位，并诏令周亚夫为太尉。景帝五年（前 152 年），再次废除太尉职位，权力归属丞相。

太尉虽然掌武事，但实际是帮助丞相管理朝廷的军事事务，相当于丞相的助手。丞相被称为朝廷的百官之长，在朝廷没有战事时，兵权归丞相府掌管；而发生战事时，丞相会将兵权交到太尉手中，由太尉负责调度兵力。但无论是有战事，还是无战事，皇帝都没有对军队的直接统领权。

武帝继承皇位后，对这种军事制度非常不满，总觉得军权掌握在丞相手中不踏实。在内政方面，武帝积极实现皇权专制，为的就是把整个天下牢牢抓在自己手里；在军事方面，武帝也觉得必须做到皇权专制，只有把军权牢牢控制在自己手中，皇帝才具备绝对的话语权。因此，武帝决心改革军制，将兵权掌控在自己的手中，最终达到总揽朝政的目的。

建元元年（前 140 年），武帝恢复太尉职位后，诏令自己的舅舅、王太后的同母弟田蚡为太尉，并把掌管军事事务的权力从丞相府中划分出来，归属于太尉。军权由自己的舅舅掌管，武帝的心里踏实许多。但建元二年（前 139 年）十月，武帝与田蚡之间的矛盾激化到不可调和的地步，武帝一怒之下，罢免了田蚡的太尉职务。

太尉虽然被罢免了，可太尉的权力却没归属于丞相。其实，一直喜欢争强好胜的武帝，当了皇帝后自然喜欢动兵征战。而一旦有动兵征战之事，就必须由太尉来调度，即使太尉空缺，战事也应该由丞相来调度。但武帝罢免田蚡的太尉职务后，太尉一职即使出现空缺，军权也不归属于丞相。其实，这是武帝借与田蚡产生矛盾之机，一举夺取了军权，从而把军队控制在自己的手里。

随后，武帝决定，将以前只有在行军作战时才设立的将军一职，设定为固定职位，脱离了丞相和太尉的管控。就这样，武帝设置了大将军、骠骑将军、卫将军、前将军、后将军、左将军、右将军、车骑3将军等职位，并大幅抬高他们的级别。尤其是大将军的级别高于丞相之上，成为高于以前的太尉级别的官员。

元狩四年（前119年），武帝进一步明确了军衔官职的地位。首次废除了太尉职位，改设大司马职位。大司马相当于原来的大将军，但不像大将军那样平时有处理行政事务的权力。武帝还诏令，对那些能够领兵打仗的将军，根据每个人的具体情况，加授相应的内朝官职，让他们在原有军队官职的基础上兼职其他行政官职，从而具备出入内朝的条件。这样，但凡是能够领兵打仗的将军，都成了皇帝的内臣，相当于把军事控制权从丞相的手中分离了出来，收归到了皇帝手中，实现了皇帝在军事方面的专制。

在削弱和剥夺丞相军事控制权的同时，武帝又采取了另一项军事改革，就是增添军事机构，扩充军队规模。

汉朝建立初期，征兵制所规定的服兵役年龄是从二十三岁开始，而到了景帝时期，改成了从二十岁开始。征兵制规定的兵役期限都是两年，先为更卒[①]，就是在本郡做一个月的材官[②]、骑士或者楼船[③]等；后为正卒，就是到京师做一年卫士。服满两年的兵役后，每年便开始服短期兵役，一直到五十六岁后才可以完全解

① 更卒：每年在本郡服役一个月。

② 材官：地方预备兵兵种。

③ 楼船：指水军。

除服兵役。如果在五十六岁之前本人不想或者不能服兵役，可以出钱雇佣别人替自己服兵役。但雇别人替自己服兵役，雇佣金不是一笔小数目，每人每个月要支付二千石左右。因此，只有那些非常有钱的人雇佣别人替自己服兵役外，绝大多数平民百姓只能自己来服兵役。

在做更卒的第一年，士卒由地方郡尉或王国中尉统率进行军事训练。这个时期，当朝廷需要调集兵力时，要用铜虎符[①]为凭证，无铜虎符无法调动军队。而在京城驻守的卫士，虽有南北两军，但人数都不算多。武帝觉得，朝廷的这种军事制度，让军力过于分散在地方郡国，而京城之内并无重兵可用，根本无法满足强化皇权专制的需要。于是，武帝下决心扩充禁卫军兵力，从而建立起由朝廷尤其是皇帝随时调遣的强大军队。

## 2. 扩充宫廷禁卫军

禁卫军是专门负责保卫京城或宫廷安全的军队，也称禁军、亲卫军、近卫军、御林军等，管辖权直属于帝王。汉朝建立以来的几任皇帝，都注重在禁卫军中配备一批贴身侍卫，这些侍卫被称之为郎。

武帝继任皇帝后发现，宫中虽有郎官达千余人，这些人对他

---

① 铜虎符：传达命令或调兵遣将所用的凭证。一符从中剖为两半，有关双方各执一半，使用时两半互相符合，表示命令验证可信。

也是忠心耿耿，但如果出现谋反叛军，凭这些郎官的实力，根本无法抵挡叛军。武帝意识到问题的严重性，决定大力扩充宫廷禁卫军队伍。

建元三年（前138年），武帝首先增设了期门郎，简称期门。因为武帝喜欢游猎，可窦太皇太后和王太后都对他有诸多的约束，行动起来很不自由。因此，武帝常常夜晚微服出宫去游猎。为防夜行出宫遇到不测，武帝总是多带一些郎官而且与郎官事先约定在某个特定时间、某个特定殿门集合。这些在某个特定殿门集合的郎官，就称为“期门郎”。

最初，期门郎都是从郎官中精挑细选出来的，后来就专从六郡良家子中来选拔。据《汉书》中记载：“汉兴，六郡良家子选给羽林、期门，以材力为官，名将多出焉。”六郡指的是凉州的陇西、天水、安定三郡和朔方的北地、上郡、西河三郡。期门郎的职责就是执兵器随从护卫皇帝，也负责护送从临时出入宫中的特殊人物。期门郎的人数最多时，达千余人。后来，期门郎队伍成为武帝最为信赖的禁卫军，并设立了长官期门仆射。

有了期门郎后，武帝又增设了建章营骑。建章是位于未央宫西侧的一座宫殿的名字，建章营骑就是保卫建章宫的侍卫军。后来，建章营骑改名为羽林骑，也称羽林郎。羽林骑是武帝的身边最为精锐的禁卫军，每个成员都是非常出色的武士。武帝还在羽林骑下设立了羽林孤儿，把那些牺牲将士的子孙集中收养在羽林骑，由专人训练，成为羽林骑最好的预备队。

后来，武帝又增设了四宫卫尉，就是在未央宫增设未央卫尉、在长乐宫增设长乐卫尉、在建章宫增设建章卫尉、在甘泉宫增设甘泉卫尉，四宫卫尉均归卫尉管辖。而卫尉一职为九卿之一。

增设四宫卫尉后，皇家宫殿的出入盘查更加严密。凡是进入宫殿的官员，都要严格验籍、核符。籍是用一个三尺长的竹片做成的，上面写着持有者的姓名、年龄等。经常出入宫殿的官员，一人持有一籍，进出宫殿时卫士要仔细验籍。而符是用二寸长的木头做成的，上面有太常卿[①]用铁炙的字，标明官员供职的衙署，也叫铁印文符。进出宫殿的官员经过严格的验籍和核符，而且两项都准确无误后，才可通行。而每到深夜，所有宫殿的门都要关闭，没有皇帝的特批绝对不得开门。夜里，各个宫殿内也是戒备森严，卫士分班轮流巡逻，遇到行人就要上前盘查。卫士的夜巡，要一直持续到凌晨结束。

四宫卫尉所管辖的卫士，都是从二十岁左右的适龄男子中精挑细选的。这些男子先在本郡县当一年兵，然后到京城做一年卫士，或者去边陲戍边一年，然后才有资格成为四宫卫尉手下的卫士。为了提防各诸侯王在四宫卫士中安插亲信，里应外合图谋不轨，武帝诏令，严禁各诸侯王国的臣民做四宫卫士。

武帝在整体上扩充宫廷禁卫军的同时，又在局部上裁减宫门卫士。这一扩一裁，既保证了禁卫军队伍更加精锐化，也增强了武帝对兵权的控制。

武帝组建期门郎、羽林骑，又增设四宫卫尉，使宫廷内的侍卫及郎官数量达三千人左右，而由卫尉统辖的宫门卫士则多达两万人。这么多的宫门卫士防守宫廷的外围，没有理由让人不放心。可武帝觉得，这么大的宫门卫士队伍由卫尉统辖，一旦发生叛乱，皇宫就将陷入危险之中。因此，武帝诏令将宫门卫士裁减一万人，

---

① 太常卿：也称太常寺卿，掌管祭祀活动的长官。

只留一半。裁减后的宫门卫士虽然还有一万人，但多是各地服兵役的农民；而以期门郎和羽林骑为主力的禁中侍卫虽然仅有三千人，但都是精挑细选的精锐。这样，从战斗力上看，禁中侍卫组织起来，足以对付宫门卫士；反之，宫门卫士组织起来，又足以对付禁中侍卫，两支队伍旗鼓相当，都不会轻易谋划兵变。

汉朝建立以来，禁卫军有着南军和北军之称。卫尉掌管的卫士，主要负责守卫各个宫殿，称为南军；而中尉统领的将士，主要负责京城的治安和警卫，并掌管武库，称为北军。武帝觉得，中尉统领北军，巡查京师，掌管武库，可谓是位高权重，必须酌情削减权力范围。经过认真考虑，武帝于太初元年（前 104 年）发布诏令，将中尉改为执金吾，并把寺互[①]列入执金吾属下。执金吾的主要职责就是负责皇帝的安全，而不再统领北军，北军归中垒校尉[②]统领。中尉不再统领北军后，仍负责巡查京师、保卫京城，但手中只保留一小部分兵力。削弱了中尉的权力，武帝深感欣慰。

同时，武帝又在北军中增置了七校尉：一是步兵校尉，负责掌管上林苑门屯兵；二是屯骑校尉，负责掌管骑士；三是长水校尉，负责掌管长水（今陕西省蓝田县西北）、宣曲（今陕西省西安市西北）的由降附匈奴组成的骑兵；四是越骑校尉，负责掌管内附越人组成的骑士；五是胡骑校尉，负责掌管池阳（今陕西省泾阳县西北）的由降附匈奴组成的骑兵；六是射声校尉，负责掌管弓弩部队；七是虎贲校尉，负责掌管战车部队。七校尉的俸禄都很高，均为秩比二千石，其下有丞、司马、千人等职官。

---

① 寺互：朝廷机构，掌管京城官府的门禁。

② 中垒校尉：官名，八校尉之首，掌管北军营垒内的日常军务。

七校尉的职责，与郎官、期门郎、羽林骑的职责一样，为确保皇家宫殿的安全。同时，七校尉所统领的士兵，还肩负着一项特殊的职责，就是在发生战争时，要即时随军作战保家卫国。因此，七校尉所统领的士兵，其实是由皇帝直接管控的一支特殊军队。

## 3. 建立高级侍卫队

汉武帝扩充了禁卫军队伍的规模后，还以扩大京畿范围的方式，强化对禁卫军队伍的掌控。

太初元年（前 104 年），武帝诏令调整京畿行政区划，改左内史[①]为左冯翊、右内史[②]为京兆尹、主爵都尉[③]为右扶风，统称为三辅，并设置了三辅都尉。三辅都尉的具体职责划分为：驻扎在高陵县的左辅都尉，负责左冯翊境内的军事保卫；驻扎在华阴市的京辅都尉，负责京兆尹境内的军事保卫；驻扎在郿县的右辅都尉，负责右扶风境内的军事保卫。武帝所采取的设置三辅都尉的办法，有效防止了中尉权重专断，避免出现兵变叛乱事件。

---

① 左内史：既是官名，也是地名。作为官名，掌治京师地区。汉景帝时期，把京城地区分为左、右二部，分别设立左内史、右内史来掌管。这里是地名，指今陕西省黄河以西、淳化以东、渭河以北地区。

② 右内史：既是官名，也是地名。作为官名，掌治京师地区。这里是地名，指今陕西省渭河以南、西安以东地区。

③ 主爵都尉：既是官名，也是地名。作为官名，汉景帝时期由主爵中尉改称，掌封爵事。这里是地名，指今陕西省宝鸡市、咸阳市一带。

元鼎三年（前 114 年），武帝拉开了扩大京畿范围的序幕。武帝率先诏令迁函谷关[①]于新安（今河南省新安县），使京畿范围向东延伸扩展了三百里。征和四年（前 89 年），武帝诏令再次扩展京畿范围，将三河[②]和弘农[③]划入京畿，以此来屏障三辅，使三辅、三河和弘农连成一片，构成了一个完整而广阔的京畿防区。三河、弘农拱卫三辅，三辅拱卫京城，执金吾拱卫皇宫，卫尉拱卫禁中，羽林、期门郎保卫皇帝，层层严密防卫，阵势极其强大。而这一切，都以皇帝为中心。这样，京畿范围内的军权都掌握在武帝的手中，极大地强化了皇权专制。

武帝还将完善朝廷的军事系统作为强化军权控制的一个重要手段，采取清理措施加以推进。

按照汉朝建立后的军制规定，屯驻在郡国的地方军队称为正卒[④]卫士。正卒卫士是非常辛苦的，每人每年需要在本郡或本县服役一月。正卒比起兵役更像是劳役，正卒通常要承担土木工程。另外，正卒还要服两年的兵役。正卒由郡国中尉管辖，负责保卫郡国各地的安全。正卒虽为郡国之兵，但郡国无权调遣。一旦发生战事，正卒随时听从朝廷的调遣。武帝时期，征调地方正卒的次数比较频繁。

元狩三年（前 120 年），武帝设置典属国都尉，负责掌管归附大汉王朝的部族之事，并作为屏障捍卫边郡，随时随军征讨侵略。

---

① 函谷关：西据高原，东临绝涧，南接秦岭，北塞黄河，因其地处两京古道，紧靠黄河岸边，关在谷中，深险如函，故称函谷关。

② 三河：指河南、河东、河内三郡构成的区域。

③ 弘农：弘农郡的治所，今河南省灵宝市。

④ 正卒：也称更卒，指到各级官府服徭役。

乌桓[1]归顺汉朝后，武帝在上谷（今河北省怀来县）、渔阳（今北京市密云区）、右北平（今内蒙古宁城县）、辽东（今辽宁省辽阳市一带）等塞外郡增置护乌桓校尉[2]，来统领乌桓，阻断他们与匈奴的交往。而西域打通后，武帝又增设了使者校尉，来加强与匈奴的交往。

从禁中，到京师，再到地方边郡，武帝逐渐组建了一个自上而下相当完备的军事机构。武帝深知，确保这么一个庞大的军事机构正常运行，除了需要足够的财力，还必须有足够的兵员。经过一番斟酌，武帝决定建立一支高级侍卫队，重点训练和培养诸郎、期门和羽林，作为禁卫军的后备队。

高级侍卫队建立后，武帝诏令，作为汉朝九卿之一的光禄勋负责监督、考核对高级侍卫队队员的训练、培养。光禄勋的考核每年年底集中进行一次，通过考核，选拔一批精明强干的优秀队员，组成一支对朝廷、对皇帝绝对忠诚，值得信赖，又具有较高军事素养的禁卫军后备队。如果屯兵所、边郡或者战场一旦出现将校空缺，武帝就可以从禁卫军后备队中挑选优秀队员，担任将校统领指挥军队，为大汉朝廷效力。

在光禄勋的监督、考核下，高级侍卫队训练、培养了许多优秀的队员，后来成为非常出名的将领。这些将领包括：卫青，出身羽林，后来出任车骑将军、大将军；霍去病，以侍中身份出任骠骑校尉、骠骑将军；李广，出身郎、骑常侍、骑郎将，曾任未央卫尉、郎中令，后来出任骁骑将军、上谷等七边郡太守；公孙

---

① 乌桓：也称乌丸，北方少数民族之一。

② 护乌桓校尉：简称乌桓校尉，官名，掌内附乌桓事务。

敖，出身骑郎，曾任太中大夫，后来出任校尉、中将军、骑将军；张骞，出身郎，曾任太中大夫，后来出任校尉、卫尉，封博望侯；李椒，以郎出任代郡太守；李蔡，以郎出任代相、轻车将军；程不识，先为太中大夫、长乐卫尉，后来出任边郡太守；李陵，以侍中身份出任骑都尉；李敢，以郎身份出任骠骑将军；苏武，以郎、中郎将、侍中身份出使匈奴；苏贤，以郎身份出任骑都尉；苏嘉，以郎身份出任奉车都尉；赵充国，以六郡良家子入选羽林卫士，后升为中郎、出任车骑将军长史；荀彘以侍中、御车身份出任左将军……这些出身于高级侍卫队的将领，为汉朝的江山社稷出生入死，立下了汗马功劳。

武帝通过建立高级侍卫队，培养一支强大而忠诚的军队，并将军权牢牢掌控在自己的手中。

## 4. 推行新的兵役制

为了能够满足庞大军事机构的兵员需要，武帝对汉朝建立以来所实行的兵役制，进行了大幅度的改革，建立和完善了征兵制度和民兵制度，形成了一种全新的募兵制度，有效扩大了兵源。

根据需要，武帝诏令在远离京师的边塞地区，颁布实行兵农合一的民兵制度。民兵制度，就是将大量平民迁移到边疆塞外，然后给予各种优惠政策，让他们在那里安居乐业。社会安定时期，他们就是从事生产的农民，而一旦发生战争，他们就是兵士。这些在边塞安家的居民，按照朝廷的军事编制制度组织起来，五家为伍，伍中有长；十长一里，里中有假士；四里一连，连中有假五百；十连一邑，邑中有假侯。朝廷负责挑选有能力的人做伍中之长、里中之假士、假中之五百、邑中之假侯等职务，并负责训练边疆百姓学习掌握骑射应敌的本领。

武帝还诏令，采用征发谪戍的办法来扩充兵员。谪戍就是指朝廷强制征发有罪的吏、亡命[①]、赘婿[②]、贾人、有市籍[③]的商人及其子孙等具有特殊身份的人，来承担战争和戍边任务。

武帝继承帝位后，边境战事频发，尤其是中期后农民多有逃亡，武帝多次采用征发谪戍的办法兴修工程、远征及戍边。

元狩五年（前 118 年），武帝迁徙天下奸猾的吏民到边疆，编入屯田民兵，解决边境地区兵力不足的问题。

元鼎五年（前 112 年），发生了南越国丞相吕嘉叛乱事件，武帝诏令伏波将军路博德等五位将军，率领大量服刑的有罪之人，以及江淮以南楼船士十万人，兵分五路讨伐吕嘉叛军。同时，武帝又诏令驰义侯何遗将巴蜀罪人与征发的夜郎[④]兵一起，下牂柯江（今广西省西南部的北盘江），在番禺（今广东省广州市境内）会合。元鼎六年，吕嘉被伏波将军路博德斩杀，吕嘉叛乱被平定。

元封二年（前 109 年），朝鲜王卫右渠攻打辽东，杀了辽东都尉，

① 亡命：因罪逃亡，脱离本籍。

② 赘婿：因家境贫困而入赘妻家的男子。汉朝时，赘婿是一种贱民，要为妻家服役，身份地位很低。

③ 市籍：商人户籍。汉朝实行重农抑商政策，商人地位低于一般编户居民，凡在市内从事商业者，需向政府登记，并缴纳市租，其专门户籍称为市籍。

④ 夜郎：指夜郎国，西南地区由少数民族的先民建立的第一个国家，在今贵州西南部。

武帝招募天下犯有死罪的人代服兵役，由左将军荀彘、楼船将军杨仆率领进攻朝鲜。

元封六年（前 105 年），昆明发生地方叛乱，武帝赦免了京师那些逃亡的没有户籍的人，命他们从军参加平叛。

太初元年（前 104 年），武帝派贰师将军李广利征发天下有罪的庶民出征大宛。

天汉元年（前 100 年），武帝征发谪民屯戍五原（今内蒙古包头西）。

天汉四年（前 97 年），武帝征发七科谪[①]、豪吏、恶少及勇敢之士等出朔方郡征讨匈奴。

武帝征发谪戍的办法，既是对征兵制的一种补充，又是征兵制转向募兵制的标志。应募与选募与征发七科谪同时进行，成为武帝实行募兵制的开端。武帝实行的募兵制，兵源主要包括两类：一是贱民；二是强悍之民。这些人，是典型的职业兵种，与普通服兵役的农民完全不同。这些人入伍后，以行军作战为职业，是皇帝的忠诚卫队。皇帝将这些人安插在边疆各地，有利于加强对军队的领导。

武帝时期，少数民族武装是重点兵源。楚汉战争时，高祖曾征发北方的楼烦[②]兵、东南的百越兵、西南的夷人等。武帝即位后，由于开疆拓土的胜利，少数民族地区陆续归降，需要更多的人去管理、统辖。在长期征讨匈奴的战争中，匈奴贵族又不断投降汉

① 七科谪：征发到边疆去服兵役的七种人，范围是：吏有罪，亡命，赘婿，贾人，故有市籍，父母有市籍，大父母有市籍。

② 楼烦：部族名，精骑射，从事畜牧。

朝，武帝使用少数民族将领和兵勇也实现经常化。在卫青统领的汉军中，将领公孙贺、公孙敖等都是义渠人。匈奴相国赵信投降后，被封为翕侯，元朔六年（前123年）为前将军，率部出击匈奴。在南方，武帝曾用越族将领领兵打仗，元鼎五年（前112年）吕嘉叛乱，武帝派五路大军去平叛，其中有三路由归汉的越人统领。

元狩三年（前120年），匈奴浑邪王投降汉朝并设置五属国后，武帝经常征发属国骑兵外出征战，而管理属国的官职称典属国。典属国最早设立于秦朝，负责掌管归降的部族。同年，武帝增设属国后，诏令设立都尉、丞、侯、千人等官职。而属官有九译令，负责翻译。后来，武帝不断征发属国骑兵参与战争。武帝时期，经常调动使用少数民族武装力量，南方主要使用越族的楼船兵，北方主要使用匈奴等族的骑兵，这些举措，有力增强了汉朝的军事力量。

# 第六章　面对危机，超常策略巧应对

## 1. 财政危机思对策

汉武帝即位后，思想上尊崇儒家学说，政治上强化皇权专制，军事上严控权力机构，改变了汉朝前几任皇帝“无为而治、休养生息”的治国策略。对此，《史记》中记载：“中国一统，明天子在上，兼文武，席卷四海，内辑亿万之众。”

汉朝建立后，从高祖到景帝的几任皇帝，都非常崇尚节俭，综合国力逐渐增强。项羽率兵进入咸阳后，将秦朝的宫殿几乎焚烧殆尽，只有位于长安的兴乐宫损毁程度不大。刘邦打败项羽迁都长安后，将兴乐宫稍加修复，改为长乐宫，就在这里处理朝廷事务。后来，高祖又诏命丞相萧何修建了未央宫。据《十二本纪·高祖本纪》中记载：高祖八年（前 199 年），萧何在建造未央宫时，高祖虽然知晓宫殿是在秦朝章台[①]的基础上建造的，但还是觉得规模过于宏大奢华，便责怪萧何道：“天下匈匈，苦战数岁，成败未可知，是何治宫室过度也？”

---

① 章台：秦朝宫殿名，以宫内有章台而得名。

文帝时期，一些大臣建议修建高台，以此来彰显皇帝的威仪。据《史记·孝文帝本纪》中记载，当工匠估算费用预算时，文帝得知修建高台竟然需要百斤黄金，便对身边的大臣说道："百金中民十家之产，吾奉先帝宫室，常恐羞之，何以台为！"

武帝即位后，改变了汉朝前几任皇帝崇尚节俭的传统，开始追求奢侈豪华，展示好大喜功的一面。

武帝看高祖时期修建的未央宫不顺眼，觉得它过于简陋，缺乏皇家宫殿的气派。于是，武帝诏令对未央宫进行重新修缮。未央宫修缮的主要建筑包括：北阙、东阙、前殿、宣室殿、温室殿、清凉殿、承明殿、金马殿、昆德殿、玉堂殿、白虎殿、金华殿、掖庭殿、椒房殿、昭阳殿、飞翔殿、增成殿、合欢殿、兰林殿、披香殿、凤凰殿、鸳鸯殿、石渠阁、天禄阁、麒麟阁、渐台……修缮一新的未央宫，成为能够充分彰显汉朝气魄的皇家建筑。

后来的太初元年（前 104 年），武帝又诏令在未央宫西部的上林苑，建造宏伟壮丽的建章宫。据《三辅黄图》中记载："周二十余里，千门万户，在未央宫西、长安城外。"建章宫与未央宫连通，长乐宫、未央宫、建章宫这三大宫殿区，构成了西汉的长安城，并被称为"汉三宫"。建章宫由庞大的宫殿群组成，建筑远比未央宫雄伟壮观。东西有二十余丈高的凤阙，阙上有铜凤，这里是武帝专门用来迎接仙人的场所。建章宫前的神明台以香柏为梁，故名柏梁台，是武帝召集群臣赋诗饮酒的场所。台上有一根高达三十余丈的铜柱，柱顶便是名扬天下的"仙人承露盘"，仙人像用铜铸成，掌上之盘则为玉盘。据《史记索隐·三辅故事》中记载："建章宫承露盘，高三十丈，大七围，以铜为之。上有仙人掌承露，和玉屑饮之。"

武帝不仅修建了雄伟壮观的建章宫，还修建许多其他新宫及亭苑。新宫包括：明光宫、寿宫、北宫、扶荔宫、思子宫、万岁宫、首山宫等；新殿包括：临华殿、温室殿、椒风殿、发越殿、蕙草殿等；新台包括：柏梁台、神明台、通天台等；所修建的新观包括：豫章观、飞廉观等；新苑包括：上林苑、甘泉苑、御宿苑、博望苑等；新池包括：昆明池、太液池、影娥池等。所有的宫、殿、台、观、苑、池，都建得极尽奢华，而且耗资巨大。

武帝在生活用品方面也出手阔绰。他所用的御床，是用七种宝石装饰而成，号称“七宝床”；他用的马鞍，也是用宝石制作而成，还用金银加以装饰。

武帝还不惜重金，赏赐公卿大臣和皇亲国戚，一次赏赐甚至达千万金。武帝做胶东王时，韩王信的曾孙韩嫣同他一起读书学习。韩嫣擅长骑马射箭，文才武略都比较精通，是非常难得的人才。武帝即位后，韩嫣成为汉朝讨伐匈奴功臣，并被擢升为上大夫。据《西京杂记》中记载：“韩嫣好弹，常以金为丸，所失者日有十余。长安为之语曰：‘苦饥寒，逐金丸。’京师儿童，每闻嫣出弹，辄随之，望丸之所落，辄拾焉。”

武帝先后两次赏赐东方朔黄金共一百三十斤，一次赏赐匈奴人金日磾黄金一千斤。武帝把母亲王太后与前夫金王孙所生的女儿、也就是自己同母异父的姐姐金俗接进长乐宫，一次赏赐给金俗奴婢三百人、良田百顷、上等府第一座，还赏赐了千万钱。

武帝即位后，在平定边患、开拓疆域方面取得突出业绩的同时，也在人力、物力和财力上付出了巨大的代价，尤其是军费开支非常巨大。而每次战事结束，武帝还要论功行赏。元朔五年（前124年），武帝就赏赐给大将军卫青及其下属的有功将士黄金二十余万斤。元狩四年（前 119 年），武帝赏赐给攻打匈奴的有功将士黄金五十万斤。

武帝还在兴修水利、救济灾民方面消耗了庞大的支出。

一笔笔庞大的支出，很快将汉朝建立后前任几位皇帝所积累的财富消耗殆尽，朝廷出现了比较严重的财政危机，让武帝逐渐陷入了没钱可花的境地。为了确保汉朝江山的稳固，确保皇权专制的稳固，武帝意识到，必须尽早采取措施，解决没钱可花的财政危机问题。经过反复与身边重臣研究商议，武帝逐渐明晰了应对财政危机的思路，从而制定并实施了一系列增加财政收入的政策。

## 2. 改革币制为重点

汉武帝深知，解决朝廷的财政危机，就是解决钱的问题。武帝首先想到的，就是改革币制，把它作为推进经济改革、化解财政危机重点。

货币俗称金钱，是在商品交换过程中从商品世界分离出来的固定地充当一般等价物的商品。货币的作用主要表现在三个方面：一是作为交换媒介，货币降低了产品交换成本，提高了交换效率；二是降低了价值衡量和比较的成本，为实现产品交换提供了便利；三是作为价值贮藏形式，货币提供了最具流动性的价值贮藏形式，丰富了贮藏手段。

秦始皇统一六国最大的贡献，就是下令实行书同文、车同轨、统一度量衡、统一币制。在币制方面，始皇废除了战国时期混乱的币制，规定货币只分为两等：一种是上币黄金，重一镒[①]；一种是下币铜钱，重半两，也称半两钱。钱币的重量必须与上面的文字相一致。由于人们都习惯使用铜钱，铜钱就成了通用货币。

汉朝建立之初，由于秦末经济的严重衰败，高祖不得不改革币制，规定上币黄金重一斤[②]。因秦代铜钱重半两，不便携带，高祖便下令可以民间铸币。当时，民间所铸的铜钱方孔大，周边像四片榆荚排开，因此称为榆荚钱或荚钱。高祖规定，榆荚钱重三铢[③]，但后来越铸越轻，有的已不到一铢。钱铸得越轻，对铸钱者虽然越有利，可钱的自身价值越来越小。由于当时物资匮乏，货币减重，商人囤积居奇，导致物价飞涨，甚至到了一万钱只能买一石粮食、一百金只能买一匹马的程度。

文帝五年（前 175 年），民间出现了大量的荚钱[④]，重量轻，价值小。文帝随即改革币制，铸四铢钱。四铢钱的币文虽为半两，但实际重量为半两的三分之一，因此又称为三分钱。文帝诏令允许民间仿造钱币，因此民间铸造的钱币越来越多。于是，太中大夫贾谊上奏力陈民间铸钱的三大危害：一是犯罪的人多。朝廷规定铸铜锡为钱，但很多人却掺杂铅铁，因此犯了伪造罪，要处以黥刑[⑤]。可因为掺杂铅铁可以获得丰厚的利润，因此犯罪的人越来越多。二是各郡国铸造的钱轻重不一，彼此交换起来特别麻烦。有的地方，根本不接受太轻或太重的钱币，给流通设置了障碍。

---

① 镒：重量单位，一镒二十两或二十四两。

② 斤：一斤等于十六两。

③ 铢：重量单位，二十四铢为一两。

④ 荚钱：重二点四铢，仅为半两的五分之一，也称为五分钱。

⑤ 黥刑：五刑之一，在犯罪的人前额刺字，并染上墨色颜料。

三是由于铸钱的利润远比种地高得多，导致社会上有很多的人不愿种地，而去采铜铸钱。贾谊建议把铸钱的铜统统收归朝廷，严禁民间铸钱。文帝不仅没有采纳贾谊的建议，还把一座铜山赏赐给了上大夫邓通，让他去铸钱，结果邓通大发了一笔横财。由于朝廷对民间开放铸钱权限，让铸钱的人获得了丰厚的利润。

景帝即位后，有人上书揭发邓通偷盗境外的铸钱获利，景帝借机没收了邓通的全部家产。中元六年（前 144 年），景帝诏令规定：私铸和伪造黄金者弃市[①]，并禁止开采黄金、珠玉作为货币使用。后元三年（前 141 年），景帝再次诏令规定，如果官吏征发民众开采黄金珠玉，就如同雇工开采黄金珠玉一样，犯贪污罪，而二千石的郡守知而不报者，与之同罪。

武帝即位后，很快意识到钱币不一、通货膨胀的严重性，把改革币制作为施政的重点策略。建元元年（前 140 年），武帝诏令销毁文帝和景帝时期流通的四铢钱，改铸三铢钱。同时，武帝诏令禁止民间铸钱，规定私自铸钱者处以死刑。建元五年（前 136 年），武帝又诏令停铸三铢钱，恢复铸四铢钱。

到了元朔年间，国库越来越空虚，财政的缺口越来越大，武帝花钱越来越捉襟见肘。元狩三年（前 120 年），武帝在未央宫召集群臣，商讨币制改革之事。据《史记·平准书》中记载，君臣在商议中确定："更钱造币以赡用，而摧浮淫并兼之徒。"商议的结果两种办法：一是靠发行新币来解决财政危机的燃眉之急；二是从富豪手中要钱。

君臣商议之中，御史大夫张汤向武帝提出了三点建议：一是

① 弃市：在人众集聚的闹市对犯人执行死刑。

发行白鹿皮币。就是以一尺见方的白鹿皮作为皮币，一张价值四十万钱。朝廷规定，王侯宗室朝见天子，敬献礼品时，要用皮币垫着所献之物。也就是说，诸王、列侯都要朝贺皇帝，礼物以前用苍璧，价值仅数千钱。如今附加了一张白鹿皮币，价值就马上增加了四十万钱。当时，汉朝共有诸侯王十八个，列侯二百零一个。仅皮币一项，朝廷一年就能获取八千七百六十万钱。二是发行白金币。白金币由银锡合金铸成，共分为三品：上品重八两，圆形，龙纹，面值三千万钱，称龙文币；中品重六两，方形，马纹，面值五百万钱，称马文币；下品重四两，椭圆形，龟纹，面值三百万钱，称龟文币。三是罢半两钱，行三铢钱。

武帝采纳了张汤的三点建议，于元狩四年（前119年）开始实施。其实，白鹿皮币是一种专门供应宗室的内部货币，在一张白鹿的皮上印刻各种花纹，就成了价值四十万钱的白鹿皮币。武帝让郡国诸王列侯朝见天子时，必须拿着白鹿皮币。而制作白鹿皮币的白色梅花鹿，只有皇室的御花园里养。显然，这是武帝利用白鹿皮币在公开掠夺诸王、列侯的财富，武帝由此发了一大笔“横财”。而白金三币里本没有多少金银，但币值却高得有些离谱，发行白金三币也让武帝赚得盆满钵满，不再为缺钱发愁。

### 3. 铸造发行五铢钱

汉武帝即位后，先后进行了六次币制改革，不仅成为汉朝改革币制次数最多的皇帝，也催生了多种货币品种，后来成为传世之宝。

建元元年（前 140 年）进行了第一次改革。武帝诏令铸造发行三铢钱，并与四铢钱等价流通。当时的一铢相当于一两的二十四分之一。这次改革币制，使三铢钱有了法定重量，进一步巩固了以铢为单位的钱币制度。

建元五年（前 136 年）进行了第二次改革。由于三铢钱与四铢钱通用，加之盗铸之风盛行，三铢钱的流通一直不太顺畅，于是武帝诏令：罢三铢钱，行半两钱。与文帝时期所行的四铢半两钱不同的是，武帝所行的半两钱铸有外郭。这一创造性的造型，有效地遏制了民间私铸行为。

元狩四年（前 119 年）进行了第三次改革。武帝诏令“县官销半两钱，更铸三铢钱”，也就是罢半两钱，行三铢钱，同时造白鹿皮钱和白金三品。为了抑制民间私自盗铸，诏令“盗铸诸金钱罪皆死”，就是被发现私铸钱币的一律处死。同时规定“文如其重”，就是铜币所刻的价值就等同于它的重量。

元狩五年（前 118 年）进行了第四次改革。武帝诏令“罢半两钱，行五铢钱”，就是废止了半两钱和三铢钱，全面推行法定重五克的五铢钱。还诏令“诸郡国铸五铢钱”，就是让地方郡国与朝廷共享“五铢钱”的铸造与发行权。铸币时采用全新的“周郭”造型，将圆边及其方孔设计成凸起的轮廓，以此来遏制民间私铸行为。当时，这种五铢钱被称为郡国五铢，也称为元狩五铢。

元鼎二年（前 115 年）进行了第五次改革。由于地方郡国出现奸臣铸造钱币现象，从而导致钱币多、分量轻，武帝便诏令京城钟官铸造赤侧五铢钱。同时规定，一枚赤侧五铢钱，可兑换五枚郡国五铢钱。这次改革币制，实际是为了堵塞第四次改革币制所出现的漏洞，将地方郡国铸造的五铢钱彻底排挤出市场，达到由朝廷独掌钱币发行的目的。

元鼎四年（前113年）进行了第六次改革。据《史记·平准书》中记载："于是悉禁郡国无铸钱，专令上林三官铸。钱既多，而令天下非三官钱不得行，诸郡国所前铸钱皆废销之，输其铜三官。"上林三官指的是均输、钟官、辨铜。均输就是均输令[①]，负责将地方郡国的制钱材料送往京城；钟官就是钟官令[②]，负责钱币铸造；辨铜就是辨铜令[③]，负责分辨别铜的种类。武帝不仅将铸币权收归朝廷，还专令上林三官铸币，所铸钱币被称为三官五铢，也称上林五铢。这次改革币制，明确五铢钱为唯一的法定货币，其余货币全部废除而且销毁。"专令上林三官铸"实际就是朝廷垄断了货币铸造权和发行权。此外，朝廷还规定，五铢钱的重量必须是在三克半到四克之间，并"输其铜三官"，不仅规定了五铢钱的重量，还垄断了铸造钱币的原料——铜。

武帝推行的第六次改革币制，无论是在货币发行制度上，还是在根除盗铸私铸乱象上，都是成功的。在货币发行制度上，武帝明确三官五铢钱为朝廷唯一的法定货币，严令禁止其他货币流通，从而达到了由朝廷独揽货币铸造与发行权的目的。同时，朝廷明确了上林三官为货币铸造与发行的直接管理机构，提升五铢钱质量和铸造速度提供了强大保障。在根除盗铸私铸乱象上，武

---

① 均输令：官名，大司农及水衡都尉都设有均输令，负责督领地方均输官，转运调剂郡国贡输之物，以节省运往京师的费用，减少物资损耗，并可从中谋利。

② 钟官令：官名，汉初时期属少府，武帝元鼎二年始属水衡都尉，主要职掌铸钱。

③ 辨铜令：官名，属水衡都尉，负责鉴别铜质好坏，为铸钱用。

帝巧妙地垄断了钱币铸造所需的原材料，直接向产铜的地方郡国派驻铜官，由铜官掌控所在地的铜矿，铜矿实际变成了朝廷所有，私人没有机会获得大量的铜，铸造钱币也就无法进行。即便是有了铜，铸造钱币也难以顺利进行。武帝制定了严格的铸造标准，导致三官五铢钱的铸造工艺非常烦琐。在重量上，规定每枚五铢钱的重量要达到三克半到四克之间，不能达到这个标准，就会被视为伪钱直接没收。在外观形状上，规定每枚五铢钱都要有内外郭，而且内外郭必须宽窄均匀，规矩整齐，记号一定要有穿上横和下半星两种等。这样的标准，往往让那些想私铸、盗铸钱币的人望而却步。因为这些人知道，烦琐的仿造程序所付出的成本，要远远高于成品本身的价值，不管在铸造的过程中怎样努力，但每枚五铢钱的价值只有五铢。

武帝六次改革币制，最大的成功就是铸行五铢钱。后来的西汉、东汉、蜀、魏、晋、南齐、梁、陈、北魏、隋等历代皇帝，都铸行过五铢钱，历时长达七百三十九年，五铢钱也被称为铸行数量最多、时间最长、最为成功的长寿钱。

武帝六次改革币制，让朝廷真正实现了对货币铸造与发行权的掌控，借助货币垄断权，朝廷的财政收入大幅度增加。据《汉书·食货志》中记载："自孝武元狩五年三官初铸造五铢钱，至平帝元始中，成钱二百八十亿万余云。"二百八十亿万这个数字，是一个非常令人惊讶的庞大数字，使汉朝达到了"民不益赋而天下用饶，利不用竭而民不知"的程度。意思是说，天下的财富日渐增多，可是老百姓的税赋却没有增加，国库里的钱越来越多，可是老百姓却没有觉得自己被剥夺了。

武帝全面掌控了货币铸造与发行权，也让朝廷彻底掌控住了地方郡国。由于地方郡国没有了稳定的财政收入，诸侯王想谋反简直难如登天，朝廷再也没有出现过“七国之乱”那样的乱象。

## 4. 发布算缗告缗令

在汉武帝推行币制改革的过程中，民间一度出现了大规模盗铸钱币的乱象。据《史记·平准书》中记载：“自造白金五铢钱后五岁，赦吏民之坐盗铸金钱死者数十万人。其不发觉相杀者，不可胜计。赦自出者百余万人。然不能半自出，天下大抵无虑皆铸金钱矣。”当时，总人口不足四千万的汉朝，盗铸钱币的人竟然多达数百万，可谓是全民性的犯罪活动。

为了遏制盗铸乱象，武帝处心积虑、费尽心机地采取了许多措施加以整治，可盗铸钱币的现象非但没有得到制止，反而更加猖獗，甚至连王侯大臣也参与其中。在盗铸钱币的案件中，竟有一百多位地方郡国的王侯被牵连其中，被武帝罢黜了爵位。

在打击盗铸钱币现象的基础上，武帝又颁布了算缗令和告缗令，来削弱富商大贾、高利贷者的经济实力，加快解决朝廷的财政危机问题。

算缗，就是国家征收的财产税；告缗，就是没收隐瞒向国家少缴纳、不缴纳财产税的有产者的财产。

高祖时期，朝廷实行与民休息的策略，只增收口赋和算赋，就是增收人头税。口赋是七到十四岁的未成年人，每人每年缴纳二十钱；算赋是十五岁到五十六岁的成年人，每人每年缴纳一百二十钱，称为一算。文帝时期，大幅降低了算赋标准，改一算为四十钱。景帝时期，朝廷实行赀算[①]纳官制度，就是资产达到一定的数额时，再交纳相应的财产税就可得官。据《汉书·景帝纪》中记载，后元二年（前142年），景帝诏令："今訾算十以上乃得官，廉士算不必众。有市籍不得官，无訾又不得官，朕甚愍之。訾算四得官，亡令廉士久失职，贪夫长利。"

元狩四年（前119年），山东发生了几十年一遇的严重水灾，七十多万灾民流离失所。面对严重的灾情，武帝将目标锁定了富商大贾的身上，想让他们为灾民解囊相助。但这些拥有大量财富的富商大贾却无动于衷，灾情发生后仍然过着极度奢侈的生活。他们不仅没有救苦救难的想法，而且还趁火打劫，囤积居奇，哄抬物价，大发国难财。

面对这一状况，武帝决心向这些富商大贾开刀。经过与御史大夫张汤、侍中桑弘羊等朝廷重臣精心谋划，武帝诏令实施新的算缗法令。新的算缗法令主要包括七项内容：一是凡属工商业主、高利贷者、囤积商等，不管有没有市籍，都要据实向官府呈报自己的财产数，并规定每二缗[②]征税一算（当时一算为一百二十钱）；二是一般的小手工业者，每四缗征税一算；三是除官吏、三老[③]和北边骑士外，凡是有轺车[④]的，每辆征税一算；四是商人的轺车，每辆征税两算；五是船长五丈以上的，每艘征税一算；六是隐匿

① 赀算：朝廷规定的纳官钱数。

② 缗：穿钱用的绳子，这里指成串的钱，一缗为一千钱。

③ 三老：官名，掌乡里教化。诏举年五十以上、有修行、能帅众为善者，置以为三老，每乡一人。

④ 轺车：一匹马拉的轻便小车。

应税物品不报的，或呈报不全不实的，罚戍边一年，没收全部财产。有敢于告发偷税漏税的，朝廷赏给他没收财产的一半；七是禁止有市籍的商人及其家属占有土地和奴婢，敢于违抗法令者，没收全部财产。

新的算缗法令，征税对象不仅包括富商大贾，还包括了商人、手工业主，但是不包括经营土地的地主，这些地主只缴纳轺车税。武帝这样做，主要是为了更好地推行重农抑商措施。地主依靠经营土地来生产粮食，如果对他们像对商人那样课以重税，就会影响农业生产，从而危及战时的粮草供应。

武帝实施算缗令，遭到了富商大贾的强烈抵制，他们用各种办法隐匿财产，达到逃税、避税的目的。对此，武帝发动了告缗运动进行打击。

元狩六年（前 117 年），武帝诏令由杨可主持告缗。告缗运动刚刚开始，就遭到了右内史义纵的反对。义纵认为告缗运动是严重的扰民行为，就命令自己的手下逮捕了杨可手下的执行官吏。武帝得知义纵的阻拦后，非常恼怒，立即派人抓了义纵，并毫不留情地将其处死。

为加大告缗运动的推进力度，元鼎三年（前 114 年），武帝发布诏令：凡是告缗的百姓，都可以得到被告发者的一半资财。诏令发布后，告缗运动很快在全国轰轰烈烈地开展起来。作为一个商人，如果被人告发并经查实，不仅要没收资财，还要立刻被拘入狱。此后三年，地方郡国中等以上的商人以及手工业主，几乎都被百姓告发过。

在告缗的过程中，难免会出现泥沙俱下、鱼龙混杂的现象。负责审理缗钱案的御史中丞杜周，恰恰是一名酷吏。每一个案件到了他的手上，几乎没有翻案的余地。随着案件的逐渐增多，在京城审案很容易造成积压，于是，杜周就派遣侍御史会同廷尉正[①]、廷尉监[②]等去各个郡国就地审理，加快案件的办结。

这次告缗运动，直到元封元年（前 110 年）才宣告结束，历时八年有余，没收了数以亿计的财产、数以千万的奴婢，比较大的郡县没收田地数百顷，比较小的郡县没收田地也有百余顷。同时，还没收了一大批房产。各种没收的动产，一部分被搬运到上林苑储存，一部分被划拨给水衡都尉、少府、太仆和大农[③]等机构，还让这些场所和机构组织人力，去经营管理没收的郡县土地。而那些没收的奴婢，主要被派到诸苑去做饲养牲畜及禽兽的饲养员，或被派到各官府衙门去做一些杂役事务。

武帝发动的告缗运动，实际是剥夺那些商富大贾从百姓身上盘剥来的财富，将其收归朝廷，成为一次空前的打击富商大贾的运动。这次运动，极大地增加了朝廷的财政收入，弥补了财政缺口，确保了朝廷在边疆战争和赈济灾民等方面的硬性支出，进一步强化了皇权专制。武帝还从没收的资财中拿出一部分资金，修建了专供朝廷军队练习水战的昆明池，建造了高十余丈的楼船和一座高数十丈的柏梁台，有力地推进了朝廷的军事制度建设。

但告缗运动也使许许多多中等以上商人及手工业主遭受破产，导致商业贸易及手工业制造迅速败落，谁也不敢再置办产业，极大地阻碍了商品经济的发展，社会危机日益严重。

---

① 廷尉正：官名，廷尉的副职，掌审判疑难案件，可代理廷尉参加诏狱会审。

② 廷尉监：官名，掌收捕罪犯，亦参议案例，审理疑狱。

③ 大农：即大司农。

# 第七章　增强财力，国有官营新渠道

## 1. 盐铁行业归官营

汉武帝通过颁布算缗令、推行告缗运动等强力措施，有力缓解了财政危机。但武帝觉得，要从根本上解决朝廷的财政收入问题，必须多措并举综合施策。在与朝廷重臣经过几番商议后，武帝决定施行盐铁官营，把富商大贾获取暴利的盐铁行业收归朝廷所有。

盐和铁是每个家庭生产、生活中不可或缺的必需品，直接关系社会民生。翻阅诸多史书，可以看出煮盐和冶铁行业在春秋时期就初见端倪，到西汉初年具备了一定的规模。盐铁行业关乎着百姓的生活水准和朝廷的经济命脉，盐铁价格的每一变化，对百姓的生产、生活必将产生巨大的影响，而掌控了盐铁行业的生产与流通大权，也就掌控了政治特权。

汉朝初年，盐铁行业一直由私人经营，朝廷仅负责设官收税。到了汉文帝时期，朝廷对煮盐、冶铁行业更加宽松放任，民间可以随心所欲地煮盐、冶铁甚至铸钱。一些人占据山海，垄断自然资源，或煮海制盐，或采矿冶铁，成就了大量的富商大贾，像梁国人孔仅、鲁国人曹邴氏、齐国人刀间等。由于经济实力不断增强，这些富商大贾普遍过着帝王般的生活，而且雄霸一方，形成割据势力。对这些富商大贾，武帝再也无法容忍，便发起了一场夺取煮盐、冶铁行业控制权的斗争。

武帝首先实行官营煮盐。元狩三年（前 120 年），武帝诏令齐国大盐商东郭咸阳担任大农丞，专门负责掌管官营煮盐。东郭咸阳经过几年的精心筹备，于元狩六年（前 117 年）向武帝奏报了一份官营煮盐的方案。这一方案主要包括两项内容：一是官府招募盐户煮盐，煮盐的费用自理，官府只提供生活费和煮盐的铁盆。供官方铁盆主要是为了控制生产量。铁盆的大小有一定标准，一天能煮多少盐可以比较准确地估计出来。这样，官府就能掌握盐户的生产量，以免出现多煮少缴的现象，从而杜绝私盐的生产。二是成品盐由官府统一收购，统一销售，盐价也由官府来定。如有变动，必须经过皇帝亲自批准。若有人敢私自煮盐，不仅要没收生产器物，还要处以釱左趾①的刑罚。

官营煮盐方案公布后，遭到诸多大盐商的强烈反对。为了平衡大盐商的利益，东郭咸阳推行官营煮盐政策时，趁机在地方郡国安插了一些大盐商的子弟，专门负责兼管当地的盐务。这些大盐商的子弟为了确保从煮盐业中谋利，做了许多假公济私的事情。武帝知道这件事后，立即罢免了东郭咸阳的官职。

元封元年（前 110 年），武帝诏令桑弘羊为治粟都尉②并代理大农令，负责整顿朝廷的财政经济。桑弘羊上任后，马上派出几

---

① 釱左趾：左脚带上铁锁。

② 治粟都尉：官名，掌管军粮。

十名大农部丞[①]，到地方郡国对盐官进行整顿。按照桑弘羊的规划，凡是产盐的地方郡国，都要设置盐官。经过一番整顿，朝廷把二十七个产盐的地方郡国分成三个重点地区，设置了三十五处盐官，有利强化了朝廷对煮盐业的管控。

冶铁行业与煮盐行业一样，是关乎国计民生的热门重点行业，经营冶铁行业，可以获得丰厚的利润，许多经营者因此发了大财，甚至达到了富可敌国的程度。

高祖建立汉朝后，将冶铁下放给私人经营，山泽资源任由民间自由开采。到了文帝时期，仍然将冶铁行业放任私人经营，地方郡国更是出现了大量的靠经营冶铁发家致富的商人。这些发了财的冶铁富豪，甚至狂妄到不把皇帝放在眼里。

元狩四年（前 119 年），武帝诏令孔仅出任大农丞，专掌官营冶铁事务。孔仅是南阳郡的冶铁富翁，家资千金。孔仅就任后，向武帝提交了官营冶铁的具体方案，内容包括：在产铁的地方郡国设置铁官[②]，而不产铁的郡国设置小铁官，这些铁管专掌冶铁事宜；铁的冶炼、铁器的铸造和销售均由官府经营，有敢私自冶铁者，釱左趾，并没收全部冶铁器具。

因为孔仅本身是冶铁富商，内心对官营冶铁商具有强烈的抵触情绪。他虽然向武帝提出了官营冶铁的方案，可当他到地方郡国落实官营冶铁政策时，也像东郭咸阳一样，趁机安排一批冶铁富商的子弟担任铁官，为各自谋取私利创造条件。结果，孔仅也像东郭咸阳一样，事情败露后被武帝罢黜了官职。

---

① 大农部丞：官名，属大农令，掌管郡国均输盐铁。

② 铁官：管理冶铁行业的机构。

随后，武帝再次诏令桑弘羊掌管冶铁事务。桑弘羊对孔仅设置的铁官进行了整顿扩充，在四十个地方郡国设置了四十八处铁官。这四十八处铁官中，仅黄淮一带就有三十九处。黄淮一带是当时最重要的农业区，在这一带设置了这么多的铁官，目的就是为了推进冶铁更好地相适应农业生产的需要。

但铁官的设置存在一定的薄弱环节。产铁的地方郡国都设置了铁官，而不产铁的地方郡国却没设置小铁官。极少数设置几处小铁官的郡国，都靠近出产铁矿的地方郡国。而出产铁矿的地方郡国，有的甚至设置了三四处铁官，所需的冶铁劳动力就多，这样，出产铁矿的地方郡国，就出现了劳动力短缺问题。于是，朝廷下令临时征调民工来满足用工需要。同时，在附近的地方郡国增设铁官，来分担一部分铸造压力。

铁官的管理是比较严格的。每处铁官都要管辖几个作坊，作坊按顺序编号。作坊所铸造的铁器上，都打上作坊的编号。像河南省南阳市北关瓦房庄出土的犁铧泥模上，就有“阳一”字样，表示此处是南阳郡铁官的第一号作坊。

官营冶铁制度的推出，有力推动了冶铁规模的迅速扩大，使冶铁行业变得人力充足、资金雄厚。冶铁行业通过明确系统的内部分工，逐步提高了冶铁行业的生产力水平和产品质量。官营冶铁的实施，推进了铸铁柔化技术、脱炭成钢技术的成熟，也推进了钢铁产品初步形成规格化和系列化。高超的冶铁技术，促进了各种铁器不断推陈出新，有效提升了社会生产力水平，极大增加了朝廷的财政收入，为社会经济的繁荣提供了强力支撑。

## 2. 均输平准两手硬

汉武帝在大力推行盐铁官营的基础上，对汉初以来一直实行的地方郡国与朝廷之间的贡输[①]政策进行改革，全面推行均输平准政策。

武帝实施均输平准政策，源于桑弘羊提出的建议。元鼎二年（前115年），武帝诏令桑弘羊为大农丞，成为大农令的副手，掌管会计事务。桑弘羊出任大农丞后，很快发现了贡输政策的弊症，便向武帝建议实施均输之法。

据《盐铁论·本议》中记载，桑弘羊解释均输之法时说："往者，郡国诸侯各以其方物贡输，往来烦杂，物多苦恶，或不偿其费。故郡国置输官以相给运，以便远方之贡，故曰均输。"

桑弘羊的建议被武帝批准后，随即进行了试点实施。按照方案，朝廷设置均输令，地方郡国设置均输官，均输令和均输官协调处理均输事务。均输令和均输官把各地运到京城的贡物，按照时价转运到价格较高的地方出售，再收购其他物品辗转贩运，最后把朝廷需要的物资运到京城。均输之法既可节省远方郡国的运输费用，又可使朝廷在贡物的辗转贩运中获得利益，最终得到质量好、实用性强的物资。

元封元年（前110年），武帝诏令桑弘羊出任治粟都尉并代理大农令时，均输法已经试行了五年，取得了比较成熟的经验，武帝诏命在地方郡国加以推广。桑弘羊上任后，在所有地方郡国

① 贡输：进贡输送方物。

都设置了均输官，并安排数十名大农部丞统一管理这些均输官。

均输政策全面推行后，仅仅一年就取得了非常成功的效果。山东的漕运由汉朝之初的数十万石，猛增至六百万石，朝廷下属的太仓和甘泉仓都堆满了粮食，所有的边疆郡国都拥有了足够的存粮，朝廷库存的帛计达到五百万匹之多。

实施均输法，实际是朝廷直接参与运输和贸易，从而控制运输和贸易权，在一定程度上打击囤积居奇、哄抬物价的不法商人。实施均输之法与实施官营煮盐、官营冶铁策略同步进行，既有效缓解了朝廷的财政危机，为征讨匈奴、赈济灾民提供了物质基础，也极大地减轻了偏远郡国的贡输负担。

在均输之法推行的过程中，一些弊端也随之暴露出来。朝廷原本要求把地方郡国的特产输运到京城，但一些均输官自作主张，舍弃农民自己生产的产品，索要农民并不生产的产品，还设法迫使农民贱卖货物来满足朝廷所需。在对土特产品的验收上，均输官也是非常挑剔，以此来刁难农民。在农民出卖货物时，均输官又往往施以各种欺诈手段压低价格，致使百姓遭受巨大损失。一些地方郡国在开展商品交易的过程中，出现了无序竞争现象，引起了物价波动。

这些在均输之法推行之初暴露出的问题，很快就引起了桑弘羊的高度警觉。元封元年（前 110 年），桑弘羊上书提出了在京城实施平准之法的建议。

据《史记·平准书》中记载，桑弘羊对平准之法是这样解释的："置平准于京师，都受天下委输。召工官治车诸器，皆仰给大农。大农之诸官尽笼天下之货物，贵即卖之，贱则买之。如此，富商大贾无所牟大利，则反本，而万物不得腾踊。故抑天下物，名曰平准。”

其实，桑弘羊建议推行平准之法，主要出于两点考虑：第一，由于统一铸造三官五铢钱和颁布实行告缗令，朝廷的财政危机得以缓解，国库日益充裕。因为上林诸官手中有钱，到市场上抢购货物成为常态，导致物价过度上涨，极大影响了百姓的正常生活。第二，均输之法推行实施，许多在地方郡国收购的货物要输运到京城出售。各个地方郡国的均输官要向大农上交的利润，通常以帛代替。而帛既可以作为特殊商品使用，也可以作一般商品在市场上出售。桑弘羊感到，用官府手中的货物来控制市场、平抑物价无疑是个好办法。

桑弘羊提出的平准之法，与战国初期李悝[①]的平籴法有着很大的相似之处。据《汉书・食货志》中记载，李悝对实施平籴法的原因是这样解释的：“籴甚贵伤民，甚贱伤农。民伤则离散，农伤则贫，故甚贵与甚贱，其伤一也。善为国者，使民毋伤而农益劝。”李悝建议君侯要了解当年粮食的丰歉情况，在丰收之年，以适当的价格从农民手中收购余粮；在歉收之年，以较公平的价格把粮食售出去。李悝把平籴法用在粮食的购销上，而桑弘羊则把平准法，用在了朝廷所能垄断的一切货物的购销上。

据《史记•平准书》中记载：“天子北至朔方，东到太山，巡海上，并北边以归。所过赏赐，用帛百余万匹，钱金以巨万计，皆取足大农。”在桑弘羊的主持下，平准之策取得了非常突出的成效。首先较好地平抑了物价，有利民众。其次是大农各官掌管天下货

① 李悝：又名李克，战国时期政治改革家、法家，曾任魏文侯相，所主持的变法被称为李悝变法。

物，通过贱买贵卖，增加朝廷的财政收入，缓解朝廷的财政危机，打击了富商大贾囤积居奇牟取暴利的行为。

武帝在朝廷出现严重的财政危机这个非常时期，通过实施均输和平准这两项政策，让朝廷垄断了运输和商贸，将本应由富商大贾获得的利润收归朝廷，在不增加百姓赋税的情况下，使朝廷的财政收支状况得到明显的改善，在一定程度上，满足了朝廷在内政外交上的庞大需求。据《盐铁论・本议》中记载："平准则民不失职，均输则民齐劳逸。故平准、均输，所以平万物而便百姓，非开利孔而为民罪梯者也。"

## 3. 酒类专卖抓在手

汉武帝为了显示自己的文治武功，于元封元年(前110年)三月，率领朝中重臣东巡泰山，派地方官员在岱顶立石。这次封禅仪式结束后，武帝在泰山下的明堂接受了群臣的朝贺，将年号元鼎改为元封，割泰山下的嬴县、博县奉祀泰山，两县合称为奉高县。经过这次封禅，泰山作为汉朝国山、神山的威仪，写入史册。

除了到泰山封禅外，武帝还经常到汾阴（今山西省万荣县西南）祭后土，到雍县（今陕西省宝鸡市凤翔区）祭五帝，到各个地方郡国祭名山大川。这些祭祀活动，每一次都耗费了大量的钱财，成为朝廷的一笔不小的支出。

同时，赈济灾民、宫廷供给、功臣赏赐等方面的开销也有增无减，这些都促使稍有缓解的财政危机进一步恶化。尽管治粟都尉桑弘羊等朝中重臣想尽一切办法改革旧弊、广开财源、增加收入，但财政总是处于一种入不敷出的状态。

为了解决朝廷的财政危机问题，武帝在总结官营盐铁经验的基础上，又发现了酒类买卖这个新目标。

中国自古就是酒文化的发源地，是世界上酿酒最早的国家之一。高祖建立汉朝以来，发生了许多与酒有关的故事。汉朝初期，由于经济落后，粮食匮乏，过紧日子成为上自当朝天子、下至黎民百姓的共同操守。为了减少对粮食的损耗，防止不轨之徒聚众闹事，高祖诏命相国萧何起草颁布了禁酒令。禁酒令主要包括两项内容：一是禁止民间私自酿酒；二是禁止聚众饮酒，并规定凡三人以上无故聚在一起饮酒的，罚金四两。

文帝即位后，再次颁布了禁酒令。据《文帝议佐百姓诏》中记载，文帝曾这样与大臣交谈："夫度田非益寡，而计民未加益，以口量地，其于古犹有余，而食之甚不足者，其咎安在？无乃百姓之从事于末、以害农者蕃、为酒醪以靡谷者多、六畜之食焉者众与？细大之义，吾未能得其中。"文帝是说，现在计算一下田地没有减少，统计百姓人口也没有增加。按照人口来算田地，比以前还有多余，但百姓吃的东西却非常不足，它的根源在哪里呢？难道是百姓从事商业损害农业的地方很多，还是做酒浪费的粮食很多，禽畜吃掉的粮食很多吗？大大小小的道理，我没能明白它的主要原因。经过调查研究，文帝最终于文帝后元元年（前 163 年），下诏颁布了禁止酒类买卖的法令。

景帝三年（前 154 年）夏，由于发生严重旱灾，景帝再次诏令禁止酒类买卖，让人们少酿酒，以便更好地节约粮食。

随着经济恢复，朝廷渐渐放宽了酒类买卖。景帝后元元年（前

143 年），朝廷废止了禁酒令。武帝即位后，曾多次诏令天下畅饮五天。如果遇到朝廷举行重大的礼仪活动，武帝还会尽显皇恩浩荡，给官民以牛酒[①]之类的赏赐。

禁酒令废止后，酿酒业得到了快速发展，酒类的酿造及买卖越来越红火，酿酒业成为能够获取颇丰利润的行业。

天汉三年（前 98 年）春，武帝诏命推行榷酒酤[②]”，禁止民间酿酒、卖酒，将酒类的酿造和买卖权收归朝廷所有。从此，酒类酿造和买卖成为大汉朝廷的官营行业。

武帝推行的榷酒酤，就是官府给民间作坊提供谷物、酒曲等原料，并规定统一的酿造工序，具体生产归民间作坊分散独立完成。而后，民间作坊将所出产品上交给官府，官府给民间作坊支付一定的酬金。推行榷酒酤制度，官府虽然没有垄断酒类的生产，但控制了全部产品，实行专卖，独自获取更高的利润。

榷酒酤政策的实施，使酒类行业成了朝廷财政收入的重要来源之一，官营酒类与官营煮盐、官营冶铁并称为朝廷官营“三业”，对缓解武帝时期的财政危机起到了巨大的助推作用。后来汉朝的几位皇帝，一旦遇到朝廷的财政出现危机时，就会推行武帝所实施的榷酒酤策略。不仅如此，后来的唐朝、宋朝和元朝，都大规模推行过榷酒酤制度，以此来解决朝廷财政的困难问题。

---

① 牛酒：牛和酒，专指用作馈赠、犒劳、祭祀的物品。

② 榷酒酤：酒类专卖，也称榷酤、酒榷。

## 4. 卖官鬻爵增收入

汉武帝大力推行算缗告缗、官营盐铁、均输平准、酒类专卖等各种改革措施，大力增加朝廷的财政收入，极大地缓解了日趋严重的财政危机。同时，武帝还采取卖爵、卖官、赎罪等措施，想方设法增加朝廷的财政收入。

卖官鬻爵始于惠帝时期，文帝和景帝时期得以延续。据《汉书·惠帝纪》中记载："元年冬十二月，赵隐王如意薨。民有罪，得买爵三十级以免死罪。赐民爵，户一级。"意思是说，惠帝元年（前194年）冬十二月，赵隐王如意去世。臣民犯罪，可以出买爵三十级的钱以赎死罪。赏赐民爵，每户一级。由此可见，"买爵"的策略在惠帝元年就已经开始实施了。"《汉书·惠帝纪》中还记载："一级值钱二千，凡为六万。"意思是说，当时花六万钱才可以赎买死罪。这六万钱，相当于一个丞相一个月的俸禄，相当于一个二千石之官四个月的俸禄，相当于一个二百石之官两年半的俸禄，相当于一个小吏五十年的俸禄。

惠帝实施买爵赎罪政策，可以带来两个好处。对于犯有死罪的人来说，可以用钱来赎罪，一级二千，出六万钱便可买爵三十级免死罪，从而获得自由；对朝廷来说，这既是一项惠及百姓的德政之策，又可得到一笔客观的财政收入，减轻朝廷的财政困难。

文帝即位后，卖爵赎罪制度有了新的变化。文帝诏令，凡缴纳粮食六百石的，可以得到上造[①]爵位；缴纳粮食增加到四千石

① 上造：爵位名，为二十等爵的第二级，仅高于公士。

时，可以获得五大夫[1]爵位；缴纳粮食增加到一万二千石时，可以获得大庶长[2]爵位。得到爵位的高低，完全按照缴纳粮食的多少来决定。

景帝后元二年（前 142 年）五月，景帝诏令：家产达到四万钱就可以当官。而在此之前，家产达到十万钱才可以当官。景帝降低将当官的标准，是为了让更多有学问、有才能但家产达不到十万钱的人具备了当官的资格，以此来扩大朝廷的选人范围。

武帝即位后更是采取了灵活的卖官鬻爵策略。元朔二年（前 127 年），为了缓解朝廷财政支出困难，武帝诏令：百姓能向官府缴纳奴婢的，可以终身免除租赋徭役；如果已是郎官的，立即增加品级，而纳羊者即可得到郎官。元朔六年（前 123 年），为解决朝廷出现的财政危机，武帝诏令：准许百姓出钱买爵位、出钱赎回被监禁的人、交钱免除罪行。据《资治通鉴》中记载：“六月，诏令民得买爵及赎禁锢，免臧罪。置赏官，名曰武功爵，级十七万，凡直三十余万金。诸买武功爵至千夫者，得先除为吏。”武帝共开武功爵十七级，总值三十余万金。其中，一级武功爵称为造士；二级武功爵称为闲舆卫；三级武功爵称为良士；四级武功爵称为元戎士；五级武功爵称为官首；六级武功爵称为秉铎；七级武功爵称为千夫；八级武功爵称为乐卿；九级武功爵称为执戎；十级武功爵称为政戾庶长；十一级武功爵称为军卫……第八级以上武功爵是专门用来奖励军功的，而第七级以下武功爵允许买卖，每一级武功爵定价铜钱为十七万钱。买武功爵到一定级别的，

① 五大夫：爵位名，为二十等爵的第九级。

② 大庶长：爵位名，为二十等爵的第十八级，仅次于彻侯、关内侯。

可以优先补吏。到七级千夫这个级别，可以优先出任上一级官员，并免除本人徭役，有罪的可以减刑二等。

元鼎二年（前 115 年），武帝诏令：允许吏缴纳谷物补官，缴纳谷物六百石可以补为郎官。元封元年（前 110 年），武帝采纳桑弘羊的建议，允许罪人以纳粮的方式赎罪，同时，允许百姓以缴纳粮食的方式免除终身赋役，不受告缗令的影响。天汉四年（前 97 年），武帝允许犯死罪的人缴纳 50 万钱就可免除死罪。

武帝时期的黄霸，是一个以钱物买官而后又为朝廷做出比较突出贡献的代表人物。黄霸出生于元光五年（前 130 年），自幼酷爱学习法律之学，胸怀大志，对做官怀有浓厚兴趣。最初，黄霸以待诏身份捐官做了侍郎谒者，但因自己的弟弟犯罪，被弹劾罢官。不久，黄霸又以缴纳粮食的方式求官，授补左冯翊二百石卒史，管辖沈黎郡（今四川省汉源县东北），掌管郡内钱粮事宜。在自己的任期内，黄霸秉公办事，无私无畏，任满后升迁为河东郡（今山西省西南部）均输长，掌管征收、买卖和运输郡内货物。天汉四年（前 97 年），黄霸因在任内政绩突出，而且清正廉洁，被武帝擢升为河南郡（今河南省洛阳一带）太守丞。黄霸熟稔法律条文，在任内勤于观察，待人接物温良谦让，处事议政合乎法度，顺应人心，深得太守信任和百姓爱戴。后来，黄霸在昭帝和宣帝时期，又先后被任命为太子太傅、御史大夫和丞相。

武帝时期，许多出钱买七级武功爵千夫的人，是为了免除徭役。人们都知道，征战沙场总是难逃一死。元光六年（前 129 年），骑将军公孙敖率领一万骑兵北伐匈奴，结果伤亡了七千人。元朔六年（前 123 年），右将军苏建率领领三千骑兵与匈奴伊稚斜单于激战一天，结果全军覆没。为了保全自己的性命，百姓只得用交钱买爵的方式达到保全性命的目的，这一策略，无疑让朝廷损失了相当数量的兵员，进而导致征发士卒时应征的人越来越少。

武帝卖官鬻爵所增加的财政收入，大部分用于军费、官俸和皇宫尤其是皇帝的自身消费。而卖官鬻爵只看钱财数量，不看德才素质，从而导致朝廷官员队伍鱼目混珠，官场风气严重腐败。卖官鬻爵虽然使朝廷的财政危机得以缓解，但也暴露出许多产生了重大影响的弊端，是一个弊大于利的消极策略。

# 第八章　重视民生，造福百姓给实惠

## 1. 兴修水利大动作

汉武帝深知“国以民为本、民以食为天”的道理，也深知发展农业生产、增加粮食产量的重要性。因此，武帝把兴修水利、增加灌溉面积作为提高粮食产量的重要保障措施加以推行，掀起了水利工程建设的一个新高潮。

元光三年（前132年），黄河发生了瓠子（今河南省濮阳市西南）决口，洪水泛滥，共有十六个地方郡国受灾，无数良田和庄稼被毁。灾情发生，武帝立即诏令主爵都尉①汲黯前往河南郡（今河南省洛阳一带）抗灾。汲黯来到河南郡后，立即率领士卒筑堤防洪，并要求河南郡守开仓赈灾。灾民们排队领取粮米时，汲黯说道：“这是当今皇上体恤百姓的疾苦，特下圣旨开仓赈济灾民。”被赈济的灾民无不感谢皇上赈济之恩，都纷纷加入到防洪筑堤的队伍之中。

当时，丞相田蚡为了保证自己食邑鄃县（今山东省夏津县东部）

① 主爵都尉：官名，位列九卿，掌诸侯国各王及其子孙封爵夺爵等事宜。

有个好收成，出于一己私利，坚决反对瓠子堵口。田蚡对武帝说：“江河之决，向来都是上天的安排，不应该用人力来堵塞。如果强行堵塞的话，未必合乎天意。”一些方士也跟着田蚡这么说。由于武帝深受天人感应思想的影响，就诏令不再继续堵塞决口。此后的二十多年，瓠子决口的受灾地区，常年都是颗粒不收。

元封二年（前109年），武帝诏命汲黯的弟弟汲仁和校尉郭昌，统领数万人填堵瓠子决口，并亲临堵口工地视察。经过紧张的施工，堵口工程最终获得了圆满成功。

高兴之时，武帝写下了两首《瓠子歌》。

之一：

瓠子决兮将奈何？皓皓旰旰兮闾殚为河！
殚为河兮地不得宁，功无已时兮吾山平。
吾山平兮巨野溢，鱼沸郁兮柏冬日。
延道弛兮离常流，蛟龙骋兮方远游。
归旧川兮神哉沛，不封禅兮安知外！
为我谓河伯兮何不仁，泛滥不止兮愁吾人？
啮桑浮兮淮、泗满，久不反兮水维缓。

之二：

河汤汤兮激潺湲，北渡回兮迅流难。
搴长茭兮沈美玉，河伯许兮薪不属。
薪不属兮卫人罪，烧萧条兮噫乎何以御水！
颓林竹兮楗石菑，宣房塞兮万福来！

经过武帝的不懈努力，经受了二十三年水淹之苦的黄河东南地区，终于消除了水灾。

元光六年（前 129 年），大农令郑当时向武帝提出了修筑漕渠的建议。郑当时发现，朝廷每年都要从关东地区漕运百万石粮食，供应京城。关东漕运粮食溯渭水西上，水道弯弯曲曲，航运之路极其艰难。据《史记》中记载，郑当时上奏武帝建议说："异时关东漕粟从渭中上，度六月而罢，而漕水道九百余里，时有难处。引渭穿渠起长安，并南山下。至三百余里，径，易漕，度可令三月罢；而渠下民田万余顷，又可得以溉田：此损漕省卒，而益肥关中之地，得谷。"武帝欣然采纳了郑当时的建议，立即诏令齐地著名的水利专家徐伯[①]勘探线路，并征发几万人开挖漕渠。经过三年的施工，漕渠如期竣工。漕渠起点是昆明池，然后经昆明渠流经长安北郊，穿过灞河经华阴进入渭河，全长三百里。漕渠竣工后，漕运由此变得非常便利。高祖时期，从关东运粮每年仅有数十万石，漕渠建成后猛增到四百万石，后来又增加到每年六百万石。

在开凿漕渠的同时，武帝诏令修建龙首渠。据《汉书》中记载："严熊言：'临晋民愿穿洛以溉重泉以东万余顷故恶地。诚即得水，可令亩十石。'于是为发卒万人穿渠，自征引洛水至商颜下。岸善崩，乃凿井，深者四十余丈。往往为井，井下相通行水。水隤以绝商颜，东至山领十余里间。井渠之生自此始。穿得龙骨，故名曰龙首渠。作之十余岁，渠颇通，犹未得其饶。"

而据《史记·河渠书》中记载，在修建龙首渠时，有人上奏武帝建议挖通褒斜水道来运输粮食。这个人在奏书中说："到蜀

① 徐伯：原本为水工，后来成为著名的治水专家、水利学家。

地要从故道走，故道多斜坡，弯曲而遥远。现在凿通褒水与斜水之间的河道，少斜坡，近四百里。而且褒水与沔水相通，斜水与渭水相通，都可以行船运粮。运粮从南阳上沔水，转入褒水，离开褒水到斜水，其间有一百多里，用车转运，从斜水下渭水。这样汉中的谷可以送到，山东从沔水运粮没有艰险，比经过砥柱方便。而且褒、斜木材竹箭丰富，可与巴蜀媲美。”武帝认为这个人说得很有道理，就采纳了他的建议，并任命太中大夫张汤的儿子张卯为汉中太守，并征发几万人修筑褒斜道五百多里。

元鼎四年（前 113 年），武帝诏令倪宽为左内史。倪宽上任后，向武帝提出了在郑国渠上游开凿渠道的建议，解决郑国渠南岸高卯之田的十年九旱问题。在得到武帝的同意后，倪宽随即征发民工在郑国渠上游修筑了六条渠道，史称“六辅渠”。从此，郑国渠两岸的高卯之地得到灌溉，使原来的郑国渠发挥了更大的效用。

为了督促各地官员重视兴修水利，发展农业生产，武帝特意下诏封赏倪宽。武帝在诏令说：“农为天下之本，有泉流灌溉，才能生育五谷。左内史所辖的地区，名山川原众多，应当予以充分利用，在这里通沟渠，蓄水源，可以预防旱灾。今内史辖区内的水稻田租太重，应酌量减轻。官吏百姓应当努力务农，发挥土地的潜力，公平地使用共同的水源，千万不要贻误了农时。”

太始二年（前 95 年），武帝又诏令对郑国渠进行了维修扩建。扩建工程由赵中大夫白公负责实施。白公征发民工在郑国渠以南再穿渠，引泾水从谷口（今陕西省礼泉县东北）起，到栎阳（今陕西省西安市临潼区）入渭水。渠长二百里，灌溉农田四千五百余顷，当地民众深受其利。为纪念白公的功绩，这条被命名为白公渠，也称郑白渠、白渠。

此外，武帝还诏令修建了灵轵渠、成国渠、漳渠等众多的水利工程，其数量之多、地域之广、规模之大，在汉朝建立以来都是空前的，形成了水渠纵横交错的农业灌溉格局，对农业生产的发展发挥了巨大的推动和保障作用。

## 2. 移民屯垦保边疆

汉武帝大力推行移民屯垦战略，以达到抵御匈奴、巩固国防、保卫边疆的目的。从元朔二年（前 127 年）第一次大规模移民十万人口到朔方郡（今内蒙古乌海市境内）开始，到征和四年（前 89 年）颁布《轮台罪己诏》为止，移民屯垦政策实施了三十八年之久。移民屯垦战略的实施，极大地解决战时的财政困难，促进了就地扩大农业生产，最大限度地解决了军民的粮食需要，有力巩固了朝廷权威和皇权专制。

汉朝建立之初，朝廷对土地的占有，主要体现在四种形式上：第一是公田，即属于各级官府的无主荒地、草地、山川、园林、池泽等，有的公田可以开垦；第二是各级官府直接经营管理的耕地、牧场、苑囿、池泽等；第三是地主占有和经营的耕地、牧场、山林、池泽等；第四是农民占有和使用的耕地、牧场、山林等。这四种土地占有形式，为后来的继任者实施移民政策奠定了土地基础。

文帝时期，朝廷采纳太常掌故[①]晁错的建议，实施了徙民实边、寓兵于农的政策。晁错一直反对朝廷对匈奴采取消极的和亲政策，强烈主张武力平定。文帝十一年（前169年），晁错呈交了《守边劝农疏》和《募民实塞疏》两份奏章，建议朝廷采取积极的防御策略。在《守边劝农疏》中，晁错分析了匈奴的活动特点，提出了徙民实边、寓兵于农的主张。在《募民实塞疏》中，晁错提出了两条建议：一是举朝廷之力安置好移民生活；二是将移民按照军事建制组织起来。晁错还呈交了《论贵粟疏》这份奏章，建议采取纳粟授爵的办法，吸引民间向边塞地区输纳粮食。这些建议，都被文帝采纳后付诸实施，成为朝廷的政策，对整个汉朝的经济发展和文景之治的形成起到了积极的促进作用。尤其是移民实边、寓兵于农政策的实施，不仅起到了防御匈奴的作用，还开启了移民屯垦政策的先河，并对后来朝代产生了巨大的影响。

武帝继承皇位后，不断为实施移民屯垦政策创造条件。一是三次将关东富商豪强迁徙到关中，把这些人留下的土地收归朝廷所有；二是采取强硬措施，打击诛杀地主豪强，没收他们的土地转为公田；三是不断开疆拓土，尤其在征讨匈奴取得胜利后，在边疆地区得到了许多可以开垦的土地。经过多年的不懈努力，使直接掌管的耕地、牧场、山林、池泽等土地，有了一个巨大的扩充，为实施移民屯垦政策积累了雄厚的土地基础。

武帝见时机成熟，便秉承文帝的做法，开始大力推行移民屯垦政策。元朔二年（前127年），匈奴悍然入侵上谷郡（今河北省怀来县境内）、渔阳郡（今北京市密云区一带）等地，杀害平

① 太常掌故：官名，掌管礼乐制度等。

民一千多人。武帝气愤至极，诏命将军卫青、李息出云中，到达朔方郡以北的高阙塞（今内蒙古阴山西长城口），又向西到达符离（今内蒙古河套北），斩杀匈奴军兵数千人，一举收复了河南地（今内蒙古河套黄河以南地区）。此后，武帝采纳卫青、李息两位将军的建议，诏令在河南地设置了五原郡。为了巩固对朔方郡和五原郡的统治，元朔二年夏天，朝廷征发民众十万人，浩浩荡荡低奔向朔方，在朔方开启了移民屯垦生涯。

元狩四年（前 119 年），山东境内遭遇了严重水灾，导致百姓流离失所。为了赈济灾民，武帝诏命使者调拨郡国仓库的所有粮食。但由于郡国仓库库存有限，根本不能解决百姓需要问题，于是，武帝便向地主富豪募捐，然后借贷给贫民。可是，灾民数量实在过多，救济起来简直是杯水车薪。武帝于是诏令，迁徙关东贫民七十二万五千人到陇西郡、北地郡、河西郡和上郡等地方郡国屯垦。这一年，大将军卫青和骠骑将军霍去病分别率军征讨匈奴，并取得重大胜利，导致漠南一带成了荒凉之地。武帝见时机已经成熟，便征发田官、卒、吏等五六万人迁移到漠南一带，开始大规模的移民屯垦。

元狩五年，武帝又徙天下奸猾之民到边地。后来的元鼎五年（前 112 年），武帝又在张掖、酒泉两地设立两郡，并在上郡、朔方、西河、河西等地开辟官田，诏令边塞的六十万守军去垦田。

元鼎六年，武帝又诏命汉军吏卒到令居（今甘肃省永登县西北）一带屯戍。后来，屯戍迅速扩大到上郡、西河及新建的武威、张掖、敦煌、酒泉四郡。在桑弘羊的谋划和组织下，这次大规模的军屯活动取得了圆满成功。六十万屯田吏卒一边从事农业生产，一边保卫边塞，有力地确保了征讨匈奴战争的胜利。

为了加快农业生产发展，武帝还诏令采取假民公田的措施。假民公田，就是官府将内地的一部分公田，以租借的名义分给丧失土地的农民耕种，然后收取假税，即田租，税率约为三十税一。

元鼎三年（前 114 年），武帝颁布告缗令，大举没收工商业主的大片土地。于是，水衡、少府、大农、太仆各置农官，在各郡县没收的土地上招募贫民耕种。同时，朝廷开放了一部分原来由官府掌握的园池、苑囿租给贫民耕种，官府只收取假税。

假民公田政策的实施，使大量丧失土地的农民重新获得了土地，大批流民能够自食其力，进而在一定程度上缓和了阶级矛盾。推行假民公田，使内地许多荒地得到开垦，从而扩大了全国的垦田面积。流民得到土地后，不再依靠国家救助，既节省了国家的财政支出，又为国家恢复和增加了税源，缓解了国家的财政紧张状况。

## 3. 赈恤灾民安百姓

汉武帝即位后，接连发生水灾、旱灾、蝗灾、地震等各种自然灾害，致使各种行业尤其是农业连续歉收，地方郡县出现了民不聊生的状况。

建元三年（前 138 年）春，黄河水泛滥于平原县，民众受灾大饥；建元四年（前 137 年）六月，发生旱灾；建元五年（前 136 年），发生蝗灾；建元六年（前 135 年），河内发生火灾；元光三年（前 132 年），黄河出现瓠子决口，附近十六个地方郡国受灾长达二十多年；元光五年（前 130 年），接连发生蝗灾和风灾；元光六年（前 129 年），接连发生旱灾和蝗灾；元朔五年（前 124 年），爆发旱灾；元狩四年（前 119 年），关东发生水灾；元狩六年（前 117 年），发生蝗灾……

接连发生的数十起自然灾害，主要体现四个特点：一是多样性。水灾、旱灾、震灾、虫灾、风灾、霜灾、雹灾、疫灾、雪灾等各种常见的自然灾害，都在武帝时期发生过；二是季节性。灾害大多集中在夏秋两季；三是严重性。灾害波及范围之广、造成影响之恶劣，前所未见；四是多发性。灾害连季、连年，几乎是多个自然灾害同时或交错发生。

灾害的接连发生，导致地方郡县不断出现大量的贫民、饥民、流民。元鼎二年（前 115 年），平原郡、渤海郡、泰山郡和东郡等地发生旱灾，道路两旁饿死的饥民无计其数，惨不忍睹。元封四年（前 107 年），关东地区因遭受各种自然灾害而导致的流民多达二百万人，其中无户无籍的流民就达四十万人。出现这么多的饥民、贫民和流民，导致地方郡县形成了“城郭仓廪空虚，民多流亡”（《汉书·万石卫直周张传》）“天下虚耗，人复相食”（《汉书·食货志》）的局面。

在灾害频发的情况下，救济灾民、收拢民心、维护稳定，成为武帝必须处理的重点事务。武帝是一位有担当的皇帝。他采取多种措施，推行赈灾恤民政策，为灾民办实事。据《汉书·武帝纪》中记载，建元元年（前 140 年）四月初九，武帝诏令：“古之立教，乡里以齿，朝廷以爵，扶世导民，莫善于德。然则于乡里先耆艾奉高年，古之道也。今天下孝子顺孙，愿自竭尽以承其亲，外迫公事，内乏资财，是以孝心阙焉。朕甚哀之。民年九十以上，已有《受鬻法》，为复子若孙，令得身帅妻妾，遂其供养之事。”

元朔元年（前 128 年），武帝诏令：“夫本仁祖义，褒德禄贤，劝善刑暴，五帝三王所繇昌也。朕夙兴夜寐，嘉与宇内之士臻于斯路。故旅耆老，复孝敬，选豪俊，讲文学，稽参政事，祈进民心，深诏执事，兴廉举孝，庶几成风，绍休圣绪。”（《汉书·武帝纪》）意思是要以仁义为基准，来褒扬有德之士，任用贤良之才，激扬从善之风，惩治不法之徒，这是五帝三王之所以昌盛的经验。朕朝思暮想希望和天下有志之士共同走上这条康庄大道。因此嘉惠老人，优待孝敬老人的人，选拔才能卓越的人，宣讲文章之学，共商国政大计，祈求能符民望，多次诏令主事官员，提倡并推举孝廉，以致蔚然成风，以继承先圣美好伟大的业绩。

元鼎二年（前 115 年），江南发生水灾时，武帝诏命：“今水潦移于江南，迫隆冬至，朕惧其饥寒不活。江南之地，火耕水耨，方下巴蜀之粟致之江陵，遣博士中等分循行，谕告所抵，无令重困。吏民有振救饥民免其厄者，具举以闻。”（《汉书·武帝纪》）意思说，当前水涝之灾移到江南，寒冬就要到来，朕担忧江南百姓饥寒交迫。江南地区，火耕水耨，刚刚从巴蜀运粟米粮食到江陵，派遣博士中等人分别到各地巡视检查，告知灾民蜀粮已到，不要加重百姓负担，使他们困苦。官吏和百姓有能救济灾民使灾民摆脱饥寒困境的，要将其事迹详报朝廷。

武帝深知“得民心者得天下”的道理，即位后一直重视朝廷的赈灾救济事务。建元六年（前 135 年），河内（今河南省焦作市）发生火灾，烧毁了千余家房舍。武帝随即诏令汲黯前去视察。汲黯经过河南（今河南省洛阳市一带）郡时，见沿途还有万余家百姓遭受水灾和旱灾，回来就向武帝禀报说：“家人失火，屋比延烧，不足忧也。臣过河南，河南贫人伤水旱万余家，或父子相食，臣谨以便宜，持节发河南仓以振贫民。臣请归节，伏矫制之罪。”（《史记·汲黯传》）武帝认为汲黯的做法是贤德之举，不但没有治汲黯的罪，反而奖赏了他。

武帝救济灾民的同时，还采取“徙民垦田、假民于田”等有力措施，鼓励灾民进行生产自救。武帝颁布诏令，禁止官员对屯田、假田的流民进行剥削，禁止征收各种赋税，禁止侵扰流民等。武帝还制定并颁布了《流民法》，以此来安抚流民，禁吏重赋。

元鼎后期，武帝还对一些郡国的田租实行减免政策。元鼎六年（前 111 年），武帝下诏减免左内史、右内史地区的田租；元封四年（前 107 年）三月，武帝诏令免除了汾阴、夏阳、中都三县及杨氏邑（今河北省宁晋县）的租赋；元封五年（前 106 年），武帝诏命免除了荆扬郡、江淮郡等地方郡国的租赋；天汉三年（前 98 年），武帝下令免除了泰山郡、北地郡和常山郡等地方郡国的田租。

武帝实施一系列赈恤灾民措施，让受灾百姓适时得以安定，从而避免了颠沛流离状况的发生。百姓能够在土地上安心劳作，无疑稳定了社会秩序，也让皇权专制得以巩固。

## 4. 尊老释奴行仁义

汉武帝大力传承和弘扬高祖以来汉朝几代皇帝的尊老传统，强力主张实施奉养老人的优抚措施。据《汉书·刘彻传》中记载：

“夏四月己巳，诏曰：‘古之立教，乡里以齿，朝廷以爵，扶世导民，莫善于德。然则于乡里先耆艾，奉高年，古之道也。今天下孝子顺孙愿自竭尽以承其亲，外迫公事，内乏资财，是以孝心阙焉。朕甚哀之。民年九十以上，已有受鬻法[①]，为复子若孙，令得身帅妻妾遂其供养之事。’”意思说，建元元年（前 140 年）夏四月初九，武帝颁布诏令说：“古代立的规矩，乡里以年龄为准，朝廷以爵位为重，治理国家教化民众，要把德行置于重要位置。可以说在乡里中尊重长者，奉养老人，是古代的遗教。今日天下的孝子贤孙愿意尽心尽力赡养自己的长辈，然而他们外迫于公事繁忙，内乏于资财，因此是心有余而力不足。朕深为同情。百姓年龄在九十以上的，朝廷已有给其米粟以为糜粥的制度。现增加免除其子或孙的徭役这一新的法令，让他们率领妻子儿女履行奉养老人的职责。”

高祖建立汉朝以来，朝廷一直重视尊老养老。在高祖颁布的养老诏令中，凡是八十岁以上的老人，均可享受“养衰老、授几杖，行糜粥饮食”（《礼记·月令》）的待遇。吕后执政期间，规定五级爵位的大夫年满九十岁、四级爵位的不更年满九十一岁、三级爵位的簪袅年满九十二岁、二级爵位的上造年满九十三岁、一级爵位的公士年满九十四岁以及普通农民年满九十五岁者，每月都可以领取一石米。

文帝元年（前 179 年），皇帝刘恒在诏令颁布的《养老诏》中说：“老者非帛不暖，非肉不饱，今岁首，不时使人存问长老，又无布帛酒肉之赐，将何以佐天下子孙孝养其亲？”文帝规定，

---

① 受鬻法：官府定期向高龄老人提供粟米，用以养老的一项福利制度。

凡年过八旬的老人，每人每月可领取一石米、二十斤肉、五斗酒。凡年过九旬的老人，还可以额外享受三斤絮、二匹帛。当时，每个成年人每月食量大约在一石五斗左右，而年过八旬的老人，每月一石米便足够他们食用的。此外，对于九十岁的老人，可以免去一子的赋役；对于八十岁的老人，可以免去二人的算赋。文帝还在《养老诏》中说："今闻吏禀当受鬻者，或以陈粟，岂称养老之意哉！"

武帝时期，对尊老养老更加重视。建元元年（前 140 年）初，武帝诏令：凡是年满八十岁的老人，免除全家两口人的赋税；凡是年满九十岁的老人，免除全家所有人的兵役。同年四月，武帝诏令：家里的老人已经九十岁以上，有子即免其子的赋役，无子即免其孙子的赋役，让他们带领妻妾执行供养之事。元朔二年（前 127 年）十一月，武帝诏令：厚待老人，孝敬老者。元狩元年（前 122 年），武帝诏令：派遣谒者赏赐九十岁以上老人，每人两匹帛、三斤絮；八十岁以上老人，每人三石米。元封二年（前 109 年），武帝诏令：赐予八十岁以上老人，每人四石米。

为了解决鳏寡孤独老人的生活问题，武帝还推行了尊奖孝悌力田[①]政策。早在文帝时期，朝廷就非常重视解决鳏寡孤独老人的生活问题。文帝十二年（前 168 年），朝廷就派遣谒者赏赐孝者，每人五匹帛，悌者力田两匹帛；文帝十三年（前 167 年），皇帝诏令在改革刑罚和减轻田租的同时，将布、帛、絮赏赐给天下所有鳏寡孤独老人。武帝即位后，更加关心鳏寡孤独老人的生活疾苦。

元狩元年（前 122 年），武帝诏令："朕嘉孝弟力田，哀夫

① 孝悌力田：是指孝顺父母，尊敬兄长，努力务农。

老眊孤寡鳏独或匮于衣食，甚怜愍焉。其遣谒者巡行天下，存问致赐。”（《汉书·刘彻传》）武帝推行尊奖孝悌之策，意在倡导一种良好的社会风气。如果在家族内部能够做到躬行孝悌，那么，在社会上就能对上级官员忠顺。而力田是指尽力从事农业生产。古来一直重视以农为本，搞好农业生产，也就奠定了社会稳定的基础。汉朝建立后，在乡、里两级都设有掌管孝悌力田的乡官，专门负责督导孝悌、力田两方面的事务。

据《汉书·刘彻传》中记载：“皇帝派专使赏赐县三老、孝子布帛，每人五匹；赏赐乡三老、尊敬兄长的人、用心耕田的人布帛，每人三匹；赏赐九十岁以上的，以及孤独无靠者，每人布帛二匹，棉絮三斤；对八十以上的，每人赐米三石。蒙受冤屈失掉常业的，专使要向上级报告解决。县乡要即时就地赏赐，不要进行会聚而延误赏期。”

在尊孝悌恤鳏寡的赏赐方面，武帝的力度远远大于汉朝建立以来几位先皇的力度。元狩六年（前 117 年）六月，武帝派遣博士褚大等六人巡行天下，慰问鳏寡废疾，并借贷给无以自振业者；元封元年（前 110 年）四月，武帝泰山封禅后，下诏要求对封禅沿途所到的博县（今山东省泰安县）、奉高（今山东省泰安东部）、历城（今山东省济南市）、蛇丘（今山东省肥城市）、梁父（今山东省新泰市）等县七十岁以上的孤寡老人，每人赐帛两匹；元封二年（前 109 年）四月，武帝赏赐高龄鳏寡孤独老人每人四石米；元封五年（前 106 年），武帝南巡封禅泰山后，赏赐给沿途诸县鳏寡孤独者帛，赏赐贫穷者粟；元封六年（前 105 年），武帝巡幸河东拜祭后土，赏赐天下贫民每人帛一匹；太始三年（前 94 年），武帝巡幸东海、琅琊等地，赏赐所到之地的鳏寡孤独者每人帛一匹。

总之，武帝非常重视抚恤鳏寡孤独、尊奖孝悌力田，让许多贫穷农民得到了实惠，有力促进了稳定社会，确保了君权威严。

# 第九章　匈奴起乱，初期平定遭挫折

## 1. 匈奴崛起成祸患

汉武帝继承皇位后，为了让北方边境地区百姓免受匈奴的侵扰，不惜动用大量的兵力、物力和财力，实施大规模的讨伐匈奴行动。

匈奴是一个比较古老的游牧民族。据《史记·匈奴列传》中记载："匈奴，其先祖夏后氏之苗裔也，曰淳维。唐虞以上有山戎、猃狁、荤粥，居于北蛮，随畜牧而转移。"意思说，匈奴的始祖是夏后氏的后裔，名叫淳维。在尧帝和舜帝之前，拥有山戎、猃狁、荤粥三个部族，居住在北方的蛮荒地带，随着畜牧活动而转移。

战国中期，匈奴部族逐渐迁移到长城以北地区。作为游牧民族的匈奴人，一直擅长骑马射箭，民风特别剽悍。秦始皇统一六国后，匈奴头曼单于也统一了匈奴各部落，建立了统一的政权，匈奴就此进入了奴隶制社会。头曼单于不仅制定和建立了刑法和监狱，还以侵略和掠夺为基本国策，下令在战争中的俘虏全归俘获者所有，成为俘获者的私人奴婢。有了这样一个特殊的激励政策，匈奴官兵在战争中个个奋勇争先，表现得异常残酷凶悍。

当时，匈奴的国家统治机构，是一套完整的军事机构。据《史记·匈奴列传》中记载，头曼单于完全按照军事系统的建制，设置了左右贤王、左右谷蠡王、左右大将、左右大都尉、左右大当户、左右骨都侯等，总计二十四个首领。这些首领，官级大的率领一万多骑兵，官级小的率领数千骑兵。所有的首领，还各自设置千长、百长、什长、裨小王、相、都尉、当户、且渠等级别的官职。二十四个首领都直接听从单于的指挥调遣，各自的官职可以世袭。在匈奴，挛鞮氏、呼衍氏、兰氏、须卜氏等家族并称为四大贵族，而单于由大贵族挛鞮氏世袭。

景帝时期，御史大夫晁错在《上书言兵事》中指出："今匈奴地形、技艺与中国异。上下山阪，出入溪涧，中国之马弗与也；险道倾仄，且驰且射，中国之骑弗与也；风雨罢劳，饥渴不困，中国之人弗与也：此匈奴之长技也。"意思说，如今匈奴地形技艺与中原不同。上下山坡，出入溪涧，中原的战马不如匈奴的战马；险道倾侧，边奔跑边射箭，中原的骑手不如匈奴骑手；风雨疲劳，饥渴不困乏，中原人不如匈奴人。以上这些，就是匈奴的长技。

匈奴虽然人口和地域都远不及中原大地，但匈奴人的野蛮、凶悍，却让中原汉人心怀恐惧。匈奴的日渐崛起，对中原地区形成了极大的威胁。匈奴骑兵所到之处，肆意践踏庄稼，疯狂劫夺财产，残酷杀掠汉人，尤其是把大批汉人野蛮掳去，变为奴隶。战国时期，与匈奴相邻的燕国、赵国和秦国，都曾遭到过匈奴的侵扰，这三国既要逐鹿中原地区，又得时刻防御来自匈奴的侵扰，常常是顾此失彼。秦始皇统一中原后，甚至不惜以举国之力修筑万里长城，来抵御匈奴的威胁。

秦二世皇帝元年（前209年），头曼单于被长子冒顿射杀，意外暴死于“窝里斗”。匈奴的一代枭雄，就这样黯然从历史舞台谢幕。

头曼被乱箭射杀后，他的长子冒顿自立为匈奴单于。冒顿即位不久，东胡[①]王趁他立足未稳之时，派使者去索要千里马。年轻有为的冒顿，深知什么叫作忍辱负重、韬光养晦，就不顾群臣的强烈反对，将千里马送给东胡王。结果，东胡王却得寸进尺，竟然提出了索要头曼单于阏氏的要求。这样的无理要求，引起了匈奴左右大臣极度愤慨，纷纷要求冒顿单于出兵攻打东胡。可冒顿单于还是选择了忍让，竟然将头曼单于阏氏送给了东胡王。从此，东胡王认为冒顿软弱可欺，根本不把他放在眼中。没多久，冒顿就稳固了统治，并在觉得军备足够强大时，伺机发动了攻打东胡的战争。结果，东胡军队在毫无防备的情况下迅速溃败，东胡王被斩杀，东胡民众和所有财产都成了匈奴的战利品，东胡就此灭亡。冒顿单于又乘势攻打大月氏，大月氏战败后无奈西迁，匈奴因此强盛起来。

随后，冒顿单于又向西征服了楼兰、乌孙、呼揭等众多小国，向北征服了浑窳、屈射、丁零、鬲昆、薪犁等小国，向南吞并了楼烦、白羊等地区，势力越来越强大。经过多年连续不断的掠夺，匈奴逐渐形成了一个拥有几十万人口，东接朝鲜，北至西伯利亚，西达葱岭、横跨蒙古高原、与羌相接，向南与汉王朝相接的一个北方最强大的国家。

高祖建立汉朝初年，由于国势衰弱，百业待兴，根本没有足

---

① 东胡：当时的少数民族，因居于匈奴之东而得名。

够的能力抵御匈奴。为了求得北方边疆的暂时安宁，高祖以来，汉朝只得实施和亲政策，选取汉家女子嫁给匈奴单于为阏氏，还要附带赠送匈奴千金，同时每年都要奉送大量的丝织品、酒、米等物资。不仅如此，汉朝还要开放关市，允许匈奴和汉朝在关市通商。这些忍辱负重的政策，即便是给汉朝带来了巨大的损失，但仍然无法满足匈奴贵族的贪欲，没能实现北方边疆的安宁和北方百姓生命财产的安全。

到了文景之治时期，汉朝的国力虽然快速强大起来，但文帝和景帝一直遵循无为而治的治国方略，尽一切可能避免与匈奴爆发大规模的战争。但是，征讨匈奴，实现北部边疆的安定，一直是包括文帝和景帝在内的汉朝建立以来几任皇帝的心中夙愿。

## 2. 倾听战和大辩论

对于匈奴的背信弃义、违约犯边，汉武帝非常气愤，几次想派兵征讨，但每次都能冷静下来。他觉得，朝廷政局尚待稳定，武力征讨匈奴的时机尚未成熟。武帝强忍心中怒火，依旧延续高祖以来的和亲政策，以确保边境的稳定与安宁。

建元六年（前 135 年），匈奴军臣单于派使者到长安请求和亲。军臣单于是老上单于的儿子，冒顿单于的孙子。文帝时期，军臣单于放弃和亲，派兵入侵汉朝的上郡（今陕西省榆林市东南）及云中（今内蒙古托克托县东北）。景帝时期，军臣单于与汉朝恢复和亲。

对军臣单于请求和亲一事，武帝没有马上给予答复，而是把这件事交给朝中重臣来讨论决定。武帝也想借此机会，了解一下朝中重臣对匈奴的态度。

在讨论是否和亲这件事时，朝中重臣明显分成了赞成和反对两大派别，而且两派的观点针锋相对，各不相让。赞成派的代表人物是御史大夫韩安国，反对派的代表人物是大行令[①]王恢。

反对和亲的代表人物王恢认为，匈奴背信弃义、反复无常，和亲政策无法彻底解决匈奴的侵扰问题，必须以武力征服匈奴。

御史大夫韩安国反驳王恢说："在千里沙漠中作战，对匈奴骑兵来说易如反掌，而对汉军来说却无疑是困难重重。军臣单于依仗强大的骑兵威力，怀着永不满足的贪婪心理，侵扰边郡地区，掠夺汉民财物。匈奴骑兵的行动速度非常快，不是用武力能够轻易解决的。如果皇上派大军征讨匈奴，首先要跋涉数千里。这样一来，官兵还没打仗，就已经累得疲惫不堪，战争的主动权完全掌握在匈奴的手中。如果他们想应战，就可以调集精锐骑兵，来攻击已经疲惫不堪的汉朝大军；如果他们不愿应战，就会逃得远远的，使得汉朝大军徒劳而返。依臣之见，还是和亲为上策。"

在韩安国的一番劝说下，武帝同意了军臣单于提出的和亲请求，并派人找来一个民间女子，将她打扮成公主，然后嫁给了军臣单于。

元光元年（前134年），王恢再次奏请武帝征讨匈奴。此时，武帝也觉得征讨匈奴的时机已经成熟，非常认可王恢提出的建议，便召集朝中重臣进行商议。

---

① 大行令：官名，曾叫典客，掌管少数民族事务。

王恢首先说："臣以为，匈奴屡屡冒犯汉朝边郡，应该立即发兵征伐，狠狠教训一下匈奴军队。"

韩安国立即反驳说："臣以为，眼下不可以派兵征讨匈奴。高祖实施的与匈奴和亲政策，已有五代人因此受益。孝文皇帝也延续与匈奴的和亲政策。臣以为，两位圣上的做法都足以效法，因此还是不派兵征讨为好。"

王恢说："臣闻有'伊五帝之不同礼，三王亦又不同乐'之说，这不是有意不同，而是时代不同了。高祖南征北战几十年，之所以忍辱负重，不报白登之围的深仇，不是汉朝力量不够，而是为了休养生息，顺应天下的愿望，更好解决百姓温饱。如今汉朝已经强大起来，可边郡一带却饱受匈奴的威胁，镇守边郡的兵士伤亡惨重，甚至连运送兵士尸体的棺材都在道路上排成队，实在令人痛心。臣以为，应该选派精兵强将征伐匈奴，避免悲剧继续上演。"

韩安国再次反驳说："臣听说，没有十倍的好处不能轻易改变旧业，没有百倍的功利不能随意改变常规。古代的君王在考虑国家大事之前，首先要祭问祖庙，改变大政要先占算龟筮，以表示慎重。夏、商、周盛世时期，都不要求夷狄[①]归顺中国，这并不是因为自身的能力不能制服夷狄，而是因为夷狄所处的地方太偏远，民智太落后，没有这个必要。如今，匈奴的军队擅长骑射，勇猛凶悍，难以制服。如果发兵征伐匈奴，就会使边郡地区百姓长期处于一个不能耕种纺织，而支援汉军打仗的状态。臣认为，还是不要轻易派兵与匈奴刀枪相见。"

对赞成和亲派和反对和亲派之间的激烈争论，武帝一直在认

---

① 夷狄：也称夷翟，泛指汉族之外异族人。

真倾听。他觉得，对怎样平定匈奴侵扰这么大的事情，应该让朝廷重臣充分发表意见，在广泛讨论的基础上确定最终的策略。

据《汉书·卷五二》中记载，为了坚定武帝打击匈奴的决心，大行令王恢分析说："臣闻凤鸟乘于风，圣人因于时。昔秦穆公都雍，地方三百里，知时宜之变，攻取西戎，辟地千里，并国十四，陇西、北地是也。及后蒙恬为秦侵胡，辟数千里，以河为竟，累石为城，树榆为塞，匈奴不敢饮马于河，置烽燧，然后敢牧马。夫匈奴独可以威服，不可以仁畜也。今以中国之盛，万倍之资，遣百分之一以攻匈奴，譬犹以强弩射且溃之痈也，必不留行矣。若是，则北发月氏可得而臣也。臣故曰击之便。"

而御史大夫韩安国劝谏武帝以和为贵，说道："臣闻用兵者以饱待饥，正治以待其乱，定舍以待其劳，故接兵覆众，伐国堕城，常坐而役敌国，此圣人之兵也。且臣闻之，冲风之衰，不能起毛羽；强弩之末，力不能入鲁缟。夫盛之有衰，犹朝之必莫也。今将卷甲轻举，深入长驱，难以为功；从行则迫胁，衡行则中绝，疾则粮乏，徐则后利，不至千里，人马乏食。兵法曰：'遗人获也。'意者有它缪巧可以禽之，则臣不知也；不然，则未见深入之利也。臣故曰勿击便。"

最后，王恢向武帝诚恳建议道："臣今天说的攻打匈奴的事，并不是说要孤军深入去打击匈奴老巢，而是要顺着匈奴单于的想法，用好处把他们引诱到边境。我们事先遴选一些勇猛的骑兵和壮士，分别埋伏在边境各处，并派出部队把守险要之地。等我们部署妥当，把匈奴单于引诱而来，就可以派伏兵将匈奴包围。这样一来，万无一失，必能活捉军臣单于！"

经过一番争论，武帝最终采纳了王恢等反对和亲派的建议，决定废止和亲政策，以武力反击匈奴，从根本上根除匈奴侵扰的后患。至此，赞成和亲派与反对和亲派的争论宣告结束，朝廷上下统一了武力征讨思想。

## 3. 马邑之围空手归

经过数年的精心准备，元光二年（前 133 年），汉武帝诏令实施大行令王恢提出的对匈奴的马邑（今山西省朔州市）之围。

马邑之围也称马邑之谋、马邑之战。据《史记·韩长孺列传》中记载：“元光元年，雁门马邑豪聂翁壹因大行王恢言上曰：‘匈奴初和亲，亲信边，可诱以利。’阴使聂翁壹为间，亡入匈奴，谓单于曰：‘吾能斩马邑令丞吏，以城降，财物可尽得。’单于爱信之，以为然，许聂翁壹。聂翁壹乃还，诈斩死罪囚，县其头马邑城，示单于使者为信。曰：‘马邑长吏已死，可急来。’于是单于穿塞将十余万骑，入武州塞。”

由此可见，马邑之围这一计划，是马邑富豪聂翁壹献给大行令王恢的。

王恢将马邑之围计策奏报给了武帝，武帝也觉得这个计策非常可行。元光二年（前 133 年）六月，武帝诏令卫尉李广为骁骑将军、太仆公孙贺为轻车将军、大行令王恢为将屯将军、太中大夫李息为材官将军，诏令御史大夫韩安国为护军将军并总领诸将，率大军三十万埋伏于马邑的山谷之中。武帝又派聂翁壹以商人的身份，带着许多丝绸、茶叶等货物，到北部边郡与匈奴交易。聂翁壹拜见了军臣单于时非常神秘地说："我可以斩杀马邑令丞，然后将城池献给单于，城中所有的财物就都属于您的了。"军臣单于是一个及其贪欲的人，对聂翁壹的话信以为真，便让聂翁壹回去依计行事，他自己马上集结兵马，只等聂翁壹动手就发兵接应，占领马邑。

聂翁壹回到马邑后，把几个死囚犯的人头割下来，高高悬挂在马邑的城门之上，大声对军臣单于派来的人说："我已经取了马邑令丞等人的人头，你等速速去请单于进城。"匈奴使者见血淋淋的人头高挂，深信不疑，立即飞驰去向军臣单于报信。

军臣单于听了使者禀报后，立即率领十万匈奴大军向马邑杀奔过来。一路上，军臣单于没遭到一个汉军的阻击，而且原野上虽然牛羊成群，却不见不到一个放牧的人，不禁疑心顿起。起了疑心的军臣单于率军走到武州（今山西省左云县南部）后，不仅立即命令兵马停止前进，还带兵攻取了不远处的一个汉朝亭堡。这些亭堡，是汉朝用来瞭望敌情、联络消息的，每一百里设置一个，每个亭堡由亭尉和一些士兵把守。

军臣单于攻下亭堡后，抓住了亭尉，把刀架在他的脖子上威逼着说："你赶快把真实情况老老实实地告诉我，我会重重地奖赏你，可要是你敢撒半句谎，我就砍掉你的脑袋送你去见阎王。"

被俘的汉军亭尉早已吓得半死。他以为军臣单于早已知道汉军的伏击计划，就把汉军引诱匈奴军队进入马邑的汉军包围圈、然后全部歼灭的作战方案，完完整整地供了出来。军臣单于一听，简直是怒火万丈，他暴跳如雷地说："好你个汉武帝，我跟你要求和亲你假意同意，暗地里却派兵来歼灭我，幸亏我看出了汉军的阴谋。"军臣单于立刻下令，全军后队变前队火速撤退。军臣单于逃回自己的境内后，内心非常庆幸地对臣下说：“我不仅发现情况有些异常，还抓到了汉军的亭尉，这是上天不灭我匈奴大军，不灭我军臣单于啊！上天叫亭尉说了实话，我不能不赏他。”军臣单于立即派人把那位汉军亭尉请来，将他封为匈奴“天王”，从此尽享荣华富贵。

将屯将军王恢按计划把大军埋伏在马邑附近，自己率领约三万人从代郡出发，从北边迂回，目的是截断匈奴军队的退路。可正在行军时，却意外收到了军臣单于已统率大军紧急撤退的消息。王恢率领不足三万人马，根本无法与匈奴的十万骑兵对抗。为了保全自己和汉军将士的性命，王恢不敢下令追击匈奴军队，只好向马邑撤退。

而此时，护军将军韩安国率领三十万汉军，在马邑周围埋伏，等待匈奴军队的到来。可是一直到下午，也没看见一个匈奴人马的影子。韩安国有点儿等不及了，就派士兵前去打探，结果与往回撤退的将屯将军王恢相遇，才知道匈奴军队已经在军臣单于的带领下逃回匈奴境内了。韩安国得到这个消息后，大为震惊，不得不临时改变计划，统率汉军向匈奴方向追击。可汉军一直追到边界上，也没见到匈奴军队的影子。无奈之下，韩安国统率汉朝三十万大军，垂头丧气地返回京师。

武帝第一次出兵征伐匈奴就以失败而告终，内心极为生气。武帝觉得，马邑之围的计策是大行令王恢献上的，而且面对匈奴军队时畏惧撤退，不敢追击，导致这次出征无功而返。于是，武帝下令将王恢打入大牢，等待时机把他斩首。

王恢进入大牢后，觉得自己一定是死罪难逃，内心非常焦急。他偷偷找人传话，让家人准备千金去求丞相田蚡帮忙，跟武帝通融一下，从而保住自己的性命。

田蚡接到王恢家人送的礼金后，却不敢直接去找武帝，而是找到了武帝的母亲、自己同父异母的姐姐王太后。田蚡对王太后说："马邑之围本来是为江山社稷着想，王恢向皇上提出这个计划，也是为了汉室的江山永固。现在，如果把王恢斩首，这就等于替匈奴雪恨。军臣单于得知王恢被斩首，一定会非常高兴。"

王太后知道田蚡的用意，也知道王恢是主战派的代表人物，就把田蚡说的话，原原本本地跟武帝讲了一遍，希望武帝看在她的面子上饶恕王恢，宽大处理。可武帝似乎主意已定，就对母亲王太后说："马邑之围，是王恢提出来的。虽然计划没有取得成功，但我并不会强迫追究他的责任。可问题是军臣单于逃跑时，王恢带领人马在后面包抄，没有出击匈奴军队，而是下令撤退，眼睁睁地放军臣单于逃回去。三十万大军空手而归，不杀掉王恢，怎么向天下人交代？"

王太后非常了解武帝为了自己不失面子，绝对不会吝惜臣下的性命。她无奈地把武帝说的话转告给丞相田蚡。王恢在狱中知道这样一个结果后，深知自己已经没有生路，心中悲愤交加，在狱中绝望自尽。至此，马邑之围黯然收场。

## 4. 龙城之战见英雄

汉武帝怎么也没想到，经过精心谋划的马邑（今山西省朔州市）之围不可思议地以失败收场，不免让他感到非常懊恼，也让他征伐匈奴的自信心受到了沉重的打击。

武帝暂时放弃了征讨匈奴的想法，匈奴军臣单于却不买武帝的账，开始在汉朝的边郡起事。军臣单于侥幸逃脱马邑之围后，不仅断绝了与汉朝的和亲政策，而且不断派兵侵扰汉朝边郡，肆意掠夺财物和人口。

匈奴的频繁侵扰，让武帝再次感到如鲠在喉。他知道，匈奴军队善于骑射，异常勇猛，经常以小股队伍出击，来得快走得也快，而且是今天在一个地方掠夺，明天又跑到另一个地方掠夺，汉朝军队很难对他们发起精准打击。因此，想制服匈奴军队，绝不是一蹴而就的事。这也逼迫武帝下决心积蓄力量，以战时的状态训练军队，为将来大举反击匈奴积蓄力量。

元光六年（前129年），军臣单于统率匈奴大军，对汉朝发动了大规模的入侵。匈奴骑兵如入无人之境，一路飞奔，烧杀抢掠，先头部队一度攻打到了上谷郡（今河北省怀来县东南）。武帝怒不可遏，立即召集朝臣中的武将商议对策。经过紧急谋划，武帝决定对入侵的匈奴军队予以反击。于是，武帝诏令太中大夫卫青为车骑将军，率领一万骑兵直奔上谷郡；诏令太仆公孙贺为轻车将军，带领一路人马从云中郡（今内蒙古托克托县东北）出发；诏令骑郎公孙敖为骠骑将军，带领一路人马从代郡（今河北省蔚县境内）出发；诏令未央宫卫尉李广为骁骑将军，带领一路人马从雁门郡（今山西省代县）出发。卫青所率骑兵负责从正面迎击匈奴军队，而公孙贺、公孙敖和李广带领的三路人马，都作为卫青从正面迎敌的策应。

有了马邑之围的教训，武帝总是担心各路人马会吃亏，于是又诏令只允许这四路人马在关市[1]附近寻找机会迎击匈奴，不要离开关市太远。

汉军与匈奴两军交战，实际也是一个斗智斗勇的过程。军臣单于毕竟是一个久经沙场的军事行家。他探听到武帝派出四员大将分兵四路北上，马上根据汉军的推进线路，重新调整了匈奴各路人马的配置。军臣单于知道，在汉军四员大将中，李广不仅资格最老，而且骁勇善战，因此，军臣单于将优势兵力集中起来，用以迎击李广率领的汉军队伍。

李广是秦朝名将李信的后代，李家几代人都是行伍出身，高超的射箭技艺一代代地传承下来。李广的箭术，几乎达到了百发百中的程度。文帝十四年（前 166 年），李广从军征伐匈奴，交战中射杀了数十名匈奴骑兵，表现异常勇猛。战争结束后，李广被文帝封为中郎，从此侍从在文帝左右，时常随文帝外出打猎，总能一箭猎杀大型猛兽。

景帝时期，李广跟随太尉周亚夫一举平定了七国之乱。不久，景帝诏令李广为上谷郡太守。他上任后，凭借自己高超的武艺，多次带兵与匈奴骑兵交战。后来，景帝又诏令他为雁门郡太守、代郡太守和云中郡太守。

武帝即位后，诏令李广为未央宫卫尉。这次抗击匈奴，武帝对李广委以重任，诏令他带领一万兵马直奔雁门郡，在正面迎击匈奴军队。

军臣单于知道李广所部是汉军主力，就把匈奴大部分优势兵力，集中在雁门郡这一带，目的就是给李广当头一击。军臣单于

① 关市：汉朝和匈奴在边界一带进行商品交易的场所。

在雁门郡北部设置了一个伏击圈，准备在伏击圈内活捉李广，并迫使他投降匈奴，变成匈奴军队的一员猛将。

李广率领大军从雁门郡北上，几乎是连战连捷。杀得兴起时，李广甚至忘记了整个队伍的接续推进，身边的将士越来越少。岂不知，李广的所向披靡，正是军臣单于设好的引诱圈套，让他舒舒服服地进入匈奴军队的包围圈。当李广意识到情况不妙时，匈奴骑兵突然喊杀声震天。李广还没来得及下令撤退，就被匈奴骑兵射伤跌落马下，匈奴士兵立即将他捆绑起来，启程去向军臣单于请赏。

半路上，匈奴士兵放松了对李广的警惕性，李广趁机抢了身边匈奴骑兵的弓箭和骏马，掉转马头拼命往回跑。他一面打马飞驰，一面弯弓搭箭，很快就将追在身后的几个匈奴骑兵射落马下。匈奴士兵见同伴纷纷跌落马下，不敢再轻易追击，只好眼睁睁地看着李广飞奔而去。

李广误入匈奴军队的包围圈时，从代郡出发的公孙敖所部遭遇了匈奴的一支主力骑兵，结果被匈奴骑兵一阵冲杀，一万兵马死伤达七千多人。公孙敖率领不足三千残兵左突右冲，最终逃了回来。而从云中郡出发的公孙贺，一路上竟然连个匈奴士兵的影子也没遇到。他本想在附近找到匈奴军队决战，可在行军路上得到了李广与公孙敖两路兵马吃了败仗的消息，心里便有些害怕，担心匈奴军队回兵围攻他这一路兵马，就立即下令班师回朝。

武帝所派的四路大军，只有直奔上谷郡的车骑将军卫青率部一直打到龙城（今内蒙古赤峰市境内）。因为匈奴军队大部分被调到雁门郡去围歼李广所部，对年轻的卫青过于轻视，守卫龙城的匈奴士兵仅有区区几千人，因此造成后防空虚。卫青率领一万人马形成了以多攻少局面，杀俘匈奴士兵七百多人。军臣单于闻听龙城老窝遭袭，马上命令军队紧急撤军。

这次龙城之战，匈奴取得了巨大的胜利。而汉朝军队这边，李广和公孙贺所部均吃了败仗，损失惨重。对于李广和公孙敖两位败将，按照汉朝军法理应斩首，但武帝念及他们以往的功劳，允许他们纳金赎为庶人。

但龙城之战汉军也获得了一个意外收获，就是车骑将军卫青一路所向披靡，充分展示了骁勇善战的军事能力，因此被武帝封为关内侯。卫青在龙城之战中所取得的胜利，成为汉朝军队自高祖以来，第一次取得迎战匈奴的胜利，逼迫军臣单于命令大军紧急撤退。卫青的胜利，让武帝坚定了征讨匈奴的信心，也坚定了征讨匈奴的决心。

# 第十章　循序渐进，大军北上平匈奴

## 1. 反击夺取河南地

元光六年（前 129 年），军臣单于统领十万匈奴大军，悍然发起对汉朝的大规模侵略。由于军臣单于在战术上轻视汉军将领卫青，结果导致匈奴大军的老窝龙城（今内蒙古赤峰市境内）被卫青所部袭击，不得不紧急退兵。

元朔元年（前 128 年），军臣单于经过一年的厉兵秣马，再次指令匈奴骑兵万人，对汉朝的辽西郡（今辽宁省义县西部）进行侵扰。匈奴骑兵不仅杀害了辽西郡太守，还虏走汉朝官军两千余人。匈奴骑兵又攻入渔阳郡（今北京密云县西南），击败渔阳郡守军千余人，并将在渔阳郡担负守备任务的御史大夫韩安国团团围住，险些让韩安国所部全军覆没。随后，匈奴骑兵又攻入了雁门郡（今山西省代县），肆意残杀掠夺汉朝百姓千余人，让无数的汉朝百姓逃离家园。

武帝得到奏报后，立即召集朝廷重臣商议对策。经过商讨，武帝决定出兵抵御匈奴的来犯之敌。武帝诏令关内侯卫青率领三万大军出雁门郡、诏令太中大夫李息率领一队人马出代郡，对入侵的匈奴军队加以反击。卫青、李息协同作战，一举斩首俘虏匈奴士兵数千人，将匈奴入侵者打回草原牧区。

随后，武帝诏令李广为右北平郡（今内蒙古宁城县西南）太守。元光六年时，李广因龙城之战惨败险些被武帝斩首，武帝念其以往战功，允许他纳金赎为庶人。但李广在兵败逃回时，利用弓箭射杀匈奴骑兵，几乎是百发百中，匈奴士兵都非常惧怕他，称他为“飞将军”，因此，武帝认为李广具有军事方面的使用价值，就将纳金赎为庶人的李广召回朝廷，担任右北平郡太守。此后多年，匈奴军队一直不敢侵扰右北平郡。

元朔二年（前 127 年），匈奴骑兵再次入侵上谷郡和渔阳郡，残杀掠夺两郡吏民一千多人。武帝得到奏报后，再次诏命卫青和李息再次统率大军出征北上，征伐匈奴。大军出发前，武帝与卫青、李息两位将军进行了一番战前谋划，明确了这次征战的战略战术。君臣商议后决定，这次征伐不再像以往那样，匈奴骑兵在哪入侵汉朝大军就到哪救援、就到哪里还击，而是运用声东击西的战术，给匈奴军队以致命性打击。武帝诏令卫青、李息率领汉朝骑兵数万人，先朝东北方向行进，摆出援救上谷、渔阳两郡的架势，以此来迷惑匈奴军队。然后，两路大军转而北上，出云中郡后再向西行进，最终目标是夺取河南地（今内蒙古河套黄河以南地区）。出发时，卫青、李息两位将军将队伍弄得浩浩荡荡、旌旗招展，显然是给匈奴军队看的。

匈奴军队见汉朝大军向东行进，认定汉军是来解救上谷和渔阳两郡。匈奴士兵将这一消息禀报给了军臣单于后，军臣单于立即调集军队，准备在上谷、渔阳两郡迎击汉军。但卫青和李息率领的汉军途中突然向北，队伍也变得静默起来。出云中郡后队伍又突然向西，一路沿黄河默默西进。行军千余里后，汉朝大军先后袭取了西北要塞高阙（今内蒙古乌拉特后旗境内）和陇西（今甘肃省兰州市境内）。此时，匈奴军队在上谷和渔阳两郡遭到了汉朝军吏的顽强抵抗。而匈奴军队万万没有料到，汉军竟然不顾上谷、渔阳两郡的安危，转而袭击匈奴防御空虚的西部地区，不免阵脚大乱，一时不知如何应对。

在高阙，卫青和李息率领的汉军打得匈奴军队大败而逃。紧接着，汉军又乘胜前进，沿黄河南下陇西，由北向南展开迂回作战，毫不留情地袭击寄牧于河南地的匈奴部落。匈奴部落的守军根本没想到汉军会从北面杀过来，只稍作抵抗就大败溃散。卫青和李息所部一路追杀，匈奴士兵很快就死伤了五千余人。此时，屯居河南地的匈奴楼烦王、白羊王见大事不妙，赶忙带领部下渡过黄河逃出河南地。卫青和李息所部乘势追击，再次歼灭匈奴士兵数千人，并缴获牛羊百余万头。至此，被匈奴占领长达八十余年的河南地一举被汉军收复。

秦朝时期，内史蒙恬统率三十万大军经过浴血奋战，从匈奴手中夺取了河南地。秦朝末年，农民起义接连爆发，秦朝统治摇摇欲坠。而抗击匈奴的名将蒙恬被秦二世胡亥和丞相赵高陷害致死后，匈奴趁机出兵，袭击并夺取了河南地，秦朝的戍卒纷纷逃到中原。从此，匈奴占领河南地长达八十多年。这一次，卫青和李息联手采取声东击西的策略，一举从匈奴手中夺取了河南地。

在正确的战略战术引领下，卫青和李息所率领的汉军取得对匈奴作战的重大胜利，不仅歼灭了数量庞大的匈奴军队，还夺去了秦朝时失去的河南地这一军事要地。对此，武帝非常高兴，对出征将士进行论功行赏。战功显赫的关内侯卫青被封为长平侯，食邑三千八百户。他手下的校尉苏建被封为平陵侯、校尉张次公被封为岸头侯。太中大夫李息被封为关内侯。卫青和李息手下的士兵也都得到了应有的封赏。从此，整个汉朝军心大振。

卫青与李息联手夺取河南地，一举扭转了多年来大汉王朝与匈奴作战处于下风的不利形势，不仅解除了匈奴从西部地域对汉朝京师的威胁，而且河南地如同一把尖刀一样直接插入了匈奴腹地，为后来进一步歼灭匈奴创造了进兵条件。河南地从此进入汉朝版图，成为汉朝与汉匈作战的一个转折点，开启了汉朝对匈奴大举进攻的新时代。

汉朝掌控了河南地的主权后，中大夫主父偃向武帝建议说，河南地的战略地位非常重要，应该在河南地设立朔方郡，修建朔方城，并修复秦朝大将蒙恬所修的长城。武帝采纳了主父偃的建议，诏令设立朔方郡，诏令平陵侯苏建带领十多万人修筑朔方城，同时修复秦朝时期的长城。

但河南地主要屯驻戍卒，大多地方罕有人烟，因此，戍卒所需军粮几乎全部从内地调运。为了更好地以民养兵，减轻朝廷的财政支出负担，武帝诏令，在河南地实施大规模的移民戍边政策，总计向朔方郡移民达十万人之众。这些庞大的移民，亦农亦兵，不但增强了边防实力，而且也帮助一部分没有土地的农民解决了生活问题。

实施大规模的移民政策，昔日荒凉的河南地迅速充满了一派生机。大片土地被开垦，牧场得到充分的利用。河南地由于地处黄河南岸，有着较为便利的灌溉条件，而且土地肥沃，被开垦的土地一派郁郁葱葱的景象，昔日的荒凉之地，成了塞北明珠。武帝还诏令将秦朝时期的九原郡，改称五原郡（今内蒙古乌拉特前旗东南），以便更好地治理河南地。

武帝在河南地推行的一系列措施，有力地增强了汉朝对匈奴入侵的防御能力。

## 2. 高阙之战凯旋归

汉武帝元朔二年（前 127 年），匈奴军臣单于病逝，在位长达三十四年。

军臣单于是匈奴的第四代单于，历经汉文帝、汉景帝、汉武帝等三代汉朝皇帝。军臣单于在任期间，先后于文帝后元四年（前 160 年）、景帝元年（前 156 年）、景帝二年（前 155 年）、景帝五年（前 152 年）、武帝建元元年（前 140 年），一次迎娶文帝宗女、三次迎娶景帝宗女、一次迎娶武帝宗女为阏氏，同时还得到了汉朝赠送的大批物品，向大汉王朝要足了面子。尤其是景帝，曾眼含热泪将自己的亲生女儿、年仅十五岁的南宫公主送给了军臣，成为匈奴单于的阏氏。即使是这样，军臣单于仍带领匈奴骑兵不间断地侵扰汉朝边郡，肆意掠夺牲畜、财物和民吏，成为汉朝的心头之患。

军臣单于病逝后，匈奴内部为争夺单于之位发生了严重的武力冲突。军臣单于生前，立自己的儿子于单为太子，将来由于单继承单于王位。但军臣单于病逝后，他的弟弟，垂涎单于之位多年的左谷蠡王伊稚斜率先下手。伊稚斜倚仗自身强大的军事力量，宣布自立为单于，继承匈奴王位。

可太子于单不甘心让叔叔就这样夺去了本该属于自己的单于之位，便与叔叔展开了一场激烈的争斗。但由于于单的实力过于弱小，刚一动手就被伊稚斜打得大败。于单觉得自己在匈奴已无立足之地，就逃到汉朝境内，请求归降汉朝。武帝为了用于单牵制伊稚斜，同意他归降汉朝，并封他为涉安侯。可于单不习惯中原的生活，加之心情极度郁闷，仅仅过了几个月就死于中原异乡。

伊稚斜继承单于之位后，武帝的母亲王太后王娡去世。武帝非常敬重自己的母亲，同时又出于一种孝礼，便诏令天下，汉朝两年内不对外动兵。

可伊稚斜单于偏偏是一个好战分子，他上任后就开始谋划夺回刚刚丢失的河南地，为死去的匈奴将士报仇雪恨。当他得知武帝两年内不对外动兵时，觉得是个难得的机会，就亲率数万匈奴骑兵入侵代郡，不仅杀了代郡的太守，而且杀掠代郡民吏一千多人。不久，伊稚斜单于又命令匈奴骑兵入侵雁门郡，再次杀掠雁门郡民吏一千多人。

元朔四年（前 125 年），伊稚斜单于得寸进尺，命令三万匈奴骑兵分别攻打代郡、定襄郡（今内蒙古呼和浩特境内）、上郡，杀掠三郡民吏数千人。同时，匈奴右贤王对河南地展开攻击行动。在匈奴，右贤王被称为右屠耆王。在匈奴语中，“屠耆”是“贤”的意思，因此汉人将右屠耆王称为右贤王。右贤王是匈奴单于手下的最高官职，由单于弟子来担任，地位仅次于由“太子”兼任的左贤王。右贤王一般统辖万余骑兵，管辖区域在单于西方，占据着匈奴最大的地域。右贤王下置千长、百长、什长、裨小王、相、都尉、当户、且渠等官属，来管理各级军政事务。

广袤的河南地正是匈奴右贤王的属地，失去河南地就等于断了右贤王的重要财路，右贤王对夺取河南地的汉军非常痛恨。因此，右贤王趁机攻打河南地，他甚至带兵攻到了朔方城下，差一点儿就攻下了城池，让汉朝军民损失惨重。

最初，武帝还是坚守两年内不对外动兵的诏告。但匈奴骑兵的穷凶极恶，终于让武帝忍无可忍，从而废止了不对外动兵的诏告，并集中汉朝的优势兵力，给匈奴军队以致命打击。

元朔五年（前 124 年）春，武帝诏命车骑将军卫青率领三万精锐骑兵，从高阙（今内蒙古乌拉特后旗境内）出兵，袭击匈奴右贤王所部；诏令卫尉苏建为游击将军、左内史李沮为强弩将军、太仆公孙贺为骑将军、代国之相李蔡为轻车将军，率领四万大军，从朔方（今内蒙古乌海市境内）出兵然后再经高阙出击匈奴；诏令大行令李息、岸头侯张次公为将军，率领三万大军，从右北平郡（今内蒙古宁城县西南）出兵，袭击并牵制匈奴左贤王所部。汉朝十万大军在九位将军的率领下，威武浩荡地开向征讨匈奴的战场。

此时，刚从河南地大掠一番返回高阙境内王庭的匈奴右贤王，得到了卫青率领汉朝骑兵出兵高阙的消息，依旧安然地沉浸在举杯庆功的喜悦之中。在他看来，自己的王庭距离汉朝的京师有一千多里，卫青率领汉军长途行军，至少也得十几天时间才能进入高阙之地。他甚至带着蔑视的口气说："按照汉军一贯拖拖拉拉的行军速度，到达王庭附近还早着呢！你们这几天只管吃饱喝足、养足精神，十几天过后我们再骑上战马，把那些瘦弱的汉军打得哭爹喊娘。"

然而，就在匈奴军队还沉浸在大吃大喝的喜悦之中时，右贤王的王庭已经被卫青率领汉军团团包围。惊慌之中，右贤王带着年轻的小妾和几百名心腹骑兵，抄以往准备的秘密通道，趁夜色逃出包围圈。卫青得到匈奴右贤王逃跑报告后，立即下令让轻骑校尉郭成带领一队人马追击，但由于路况不太熟悉，最终还让右贤王逃脱了。

随后，游击将军苏建、强弩将军李沮、骑将军公孙贺、轻车将军李蔡四位将军，也率大军赶到高阙增援卫青。在卫青的统领下，汉军很快将匈奴军队打得一败涂地，活捉了十多位右贤王手下的副王，还俘获了匈奴军民一万五千多人，缴获了马牛羊等牲畜近百万头。

高阙之战激烈进行中，李息、张次公两位将军率领较少的汉军兵力，在右北平郡一带游弋，来牵制匈奴左贤王所部，使汉军得以集中精锐主力攻击匈奴右贤王所部，迅速歼灭了右贤王的全部主力，汉军取得了征伐匈奴的重大胜利。

汉军凯旋后，武帝非常高兴，诏令卫青为大将军，加封食邑八千七百户；诏令卫青的长子卫伉、次子卫不疑、三子卫登分别为宜春侯、阴安侯、发干侯。卫青的三个儿子在这次高阙之战中并未立功，可依然被武帝破例一起封侯，足以表明武帝对卫青的满意程度。

在封赏卫青的同时，他手下的三位校尉也得到封赏。武帝诏令俘虏了匈奴右贤王了阏氏的校尉李朔为涉轵侯，加封食邑一千三百户；诏令校尉赵不虞为随成侯，加封食邑一千三百户；诏令校尉公孙戎奴为从平侯，加封食邑一千三百户。

高阙之战的胜利，武帝还封骑将军公孙贺为南窌侯；封轻车将军李蔡为乐安侯；封将军李沮为关内侯，食邑三百户；封将军李息为关内侯，食邑三百户；封校尉豆如意为关内侯，食邑三百户。同时，对所有的参战士兵也大加赏赐。

## 3. 定襄胜利有遗憾

元朔五年（前124年），汉朝在征讨匈奴的高阙之战中大获全胜，整个汉朝一片欢腾。这一胜利，对于汉朝来说，意义重大，影响深远。

而高阙之战的失败，让所有匈奴人无不为之沮丧。尤其是伊稚斜单于，几乎无法接受。匈奴原本对汉朝一直占有主动权，却被汉武帝打了一个措手不及，导致匈奴军队损兵折将，损失惨重。伊稚斜单于无法咽下惨遭失败这口气，于当年秋天再次入侵汉朝边郡代郡（今山西省代县境内），杀掠民吏一千多人。

匈奴的倒行逆施，不仅激起了汉朝百姓的无限愤慨，更让武帝愤怒不已。元朔六年（前 123 年）春，武帝诏命大将军卫青，与中将军公孙敖、左将军公孙贺、前将军赵信、后将军李广、强弩将军李沮、右将军苏建一起，统率汉朝大军由定襄郡（今内蒙古呼和浩特境内）出兵，再次大规模北伐匈奴。

匈奴军队见汉朝大军大规模北上作战，马上从几个月前侵占的汉朝边郡撤军。但此时撤军显然是为时已晚，汉朝大军已经逼近，匈奴军队遭到了汉军强势追击，数千匈奴士兵被汉军歼灭。由于汉军过于强大，匈奴军队只能撤退到距离边境较远的地域避战。卫青见匈奴军队远远避战，也只好率领汉军后退到边境地带静观其变。

元朔六年秋，卫青再次率领公孙敖、公孙贺、赵信、李广、李沮、苏建等六位将军，统率汉朝大军出定襄郡、过阴山山脉（今内蒙古中部一带）北伐匈奴。这一次，卫青统率的汉军又打了匈奴军队的一个措手不及。匈奴军队虽然负隅顽抗，但实力远远不是汉军的对手，被汉军斩杀的官军达数千人。卫青率领汉军挥师进发，迅速推进一百多里后，才停止进攻安营扎寨。

在队伍休整的过程中，卫青与其他几位将军对发动新的战事进行一番精心谋划。随后，大将军卫青命令前将军赵信、右将军苏建率领三千名骑兵，作为汉军攻打匈奴军队的开路先锋。赵信是一个非常特殊的人物。他原本是匈奴的相国，但后来投降了汉朝，并被封为翕侯，对匈奴的情况比较熟悉。卫青又命令公孙贺、公孙敖、李广、李沮四位将军各带一队人马，分头出兵侦察，寻找并确定匈奴军队的位置。

黄昏时分，当公孙贺、公孙敖、李广和李沮四位将军，各自带领人马返回营地后，赵信和苏建两位将军却一直没有返回，让卫青不免有些担心。第二天早上，苏建竟然孤身一人返回营地。原来，苏建所部与大股的匈奴军队遭遇，不幸全军覆没。按照汉朝军法，兵败逃回的苏建理应斩首，但卫青觉得苏建多年为朝廷建功，因此没有杀他，而是将他囚禁于军中，待班师回朝后交给武帝处置。后来，汉军班师回朝后，武帝念苏建平时一片忠心，同时觉得苏建在遇到匈奴军队时双方兵力相差悬殊，根本无法取得胜利，准许苏建自赎死罪为平民。而另一位将军赵信在行军中遭遇匈奴军队主力，战败被俘后投降匈奴，被伊稚斜单于封为自次王[①]，从此

① 自次王：匈奴官名，地位仅次于单于。

为匈奴伊稚斜单于征战效劳。

这次出征匈奴，卫青的外甥霍去病也在卫青的帐下。在大汉王朝，霍去病与舅舅卫青有着“卫霍”之称。霍去病出生于建元元年（前140年），是平阳侯府的女奴卫少儿与平阳县小吏霍仲孺的私生子。但霍仲孺当差期满时，回到平阳县就与在长安平阳公主府的卫少儿失去联系，因此，霍去病一直不知道自己的父亲是谁。后来，霍去病成为汉朝的骠骑将军，才与父亲霍仲孺相认。

建元二年（前139年），卫少儿的妹妹卫子夫被武帝临幸，后来进入皇宫。元朔元年（前128年），卫子夫被立为皇后。霍去病凭借卫子夫的关系，年幼时就成为皇帝外戚家族的一员，过上了上流社会的生活。少年之时，霍去病就擅长骑射，武帝非常喜欢他，甚至让他做了自己的近臣侍中。

这次北伐匈奴，年仅十八岁的霍去病被武帝任命为剽姚校尉[①]，随自己的舅舅、大将军卫青一起出击。卫青深知武帝的用心良苦，就授予霍去病壮士称谓，允许他率领八百精锐骑兵先行汉朝大军数百里，相机迎战匈奴士兵。据《汉书·卫青霍去病传》中记载，这一次虽然是霍去病的第一次统兵，却率领队伍一举“斩首捕虏二千二十八级”，其中包括匈奴的相国、当户等高级官员，还斩杀了匈奴单于伊稚斜的祖父辈籍若侯产[②]，并俘虏单于的叔父罗姑比。汉朝大军凯旋后，武帝非常高兴，将南阳郡穰县的庐阳乡（今安徽省合肥市境内）、宛县的临駣聚（今河南省邓州市境内）合并为冠军侯国，然后封霍去病为冠军侯，加封食邑二千五百户。

① 剽姚校尉：官名，武帝专门为霍去病设置的官职，意为勇猛劲疾的校尉。

② 籍若侯产：籍若侯为封号，产是名。

连续两年征伐匈奴，汉朝取得了前所未有的胜利，共消灭匈奴官军一万九千多人。在元朔六年的定襄郡战役中，虽然取得了斩杀匈奴官军一万多人的重大胜利，但却损失了赵信、苏建所统率的精锐骑兵三千多人，尤其是赵信投降了匈奴单于。在武帝看来，定襄郡这次出兵虽然功劳不小，但却让两路兵马全军覆没，应该算一次功过相抵之战，因此，武帝只赐给卫青以千金，并未加封于他。

武帝除了加封剽姚校尉霍去病外，还加封校尉张骞为博望侯。建元三年（前 138 年），武帝诏令张骞第一次出使西域，途中被匈奴俘获扣留了长达十多年，这也让张骞熟悉地掌握了匈奴的地形。他从匈奴逃脱后，辗转一年多才重回京师长安，在卫青的手下担任校尉。这次出兵定襄郡，就是依靠张骞引领才确保了汉军赢得最终的胜利。

按照卫青的建议，武帝还重赏了上谷郡太守郝贤，封他众利侯。在这次定襄郡战役中，郝贤四次跟随卫青出战，共杀俘匈奴官军一千三百多人，功劳很大。

## 4. 远征大漠赢大捷

继高阙之战后，元朔六年（前 123 年）秋天的定襄之战，再一次让匈奴损失惨重。但匈奴军队也有所斩获，其中最大的斩获就是收降了赵信。伊稚斜单于知道赵信是一个熟悉汉朝内情的将军，为了拉拢赵信，伊稚斜单于不仅加封赵信为自次王，还将自己的姐姐嫁给了赵信，可谓是用心良苦。赵信也是感动不已，从此便死心塌地地追随伊稚斜单于。

赵信向伊稚斜单于建议说，汉军不擅长大规模长驱直入，匈奴应将优势兵力全部转移到大漠以北地区，汉军如果谋求与匈奴主力队伍决战，就必须途径大漠及沼泽地带。而处在大漠以北的匈奴军队可以养精蓄锐、以逸待劳，有足够的力量将远道而来、粮草不济、疲惫不堪的汉军打个落花流水。

伊稚斜单于采纳了赵信的建议，将匈奴优势兵力迁移到大漠以北地区。由于匈奴军队远离汉朝边塞，汉军多次征讨都无功而返，让汉武帝觉得很是无奈。武帝只得诏令汉军操练兵马、积聚力量，等待时机发兵漠北。

此时，匈奴伊稚斜单于也趁机休整军队，汉朝与匈奴的边界出现了一年多无战事的和平景象。

元狩二年（前 121 年）春，战事再起。武帝诏令十九岁的霍去病为骠骑将军，率领一万多骑兵，从陇西郡（今甘肃省临洮县一带）出发，过焉支山（今甘肃省山丹县一带），六天时间急行军一千多里，进入匈奴休屠王[①]领地，一举斩杀折兰王、卢侯王，俘虏了执浑邪王子及相国、都尉，同时杀俘匈奴士兵八千多人。

元狩二年夏，霍去病和公孙敖再次率领一万多骑兵，从陇西郡、北地郡（今甘肃省环县东南）出击，越居延泽（今内蒙古额济纳旗北部），行进二千多里，一直打到了祁连山，俘虏匈奴士

① 休屠王：也称屠各王，匈奴王族称号，统领休屠部、独孤部、屠各部。休屠：今甘肃省武威市。

兵三万多人，包括裨小王[①]以下官职人员七十多人。

同时，武帝还诏令郎中令李广和博望侯张骞出右北平郡（今内蒙古宁城县西南），攻打匈奴右贤王。但李广进入匈奴境内后，所率领的四千名骑兵被匈奴的四万名骑兵包围，激战两天汉军死伤过半。李广急中生智，采用圆阵应敌。不久，张骞带领援军杀到，两股人马合力击退了匈奴军队。

霍去病春夏两次出征匈奴，两次大胜而归，让武帝喜出望外，诏令加封霍去病食邑五千户。同时，武帝还诏令，凡是跟从霍去病一直攻打到小月氏[②]的人，均拜爵为左庶长[③]。而行军迟缓、延误战机的博望侯张骞，按军法理应处斩，但武帝念援救李广有功，准许他自赎死罪为庶人。而李广虽然兵马损失过半，但也让匈奴军队付出了沉重的代价，功过抵消不赏不罚。

经过霍去病的两次征战，祁连山、焉支山从此划归汉朝。伊稚斜单于对浑邪王、休屠王的表现大为不满，让浑邪王、休屠王二人感到极度恐慌，觉得伊稚斜单于随时就要干掉他们。元狩二年秋，二人密谋降汉。大行令李息得到浑邪王、休屠王降汉的消息后，立即把匈奴使者送到长安。武帝担心匈奴诈降，就命霍去病率兵迎降。半路上，休屠王突然反悔，浑邪王毫不迟疑地杀了休屠王，并收拢了他的部下。霍去病率部渡过黄河时，恰逢浑邪王率部赶来会合。浑邪王的一些部下看到威武雄壮的汉军后，心里感到恐

---

① 裨小王：即小王，也称裨王。匈奴官制自左、右贤王以下置二十四长，诸长下则置裨小王。

② 小月氏：汉文帝初年，月氏的一部分人没有西迁，而是进入南山，与羌人杂居，称小月氏。

③ 左庶长：爵名，为二十等爵第十级，主要用来奖赏有军功的人。

惧，勒转马头落荒而逃。霍去病当机立断，率领部下冲入匈奴军中，让浑邪王安抚身边的部众，自己率军追击逃跑的匈奴士兵，斩杀逃跑的匈奴士兵八千多人，逃跑局势很快得到控制。随后，浑邪王率领四万多匈奴将士归降汉朝。

浑邪王归降后，武帝封他为漯阴侯，食邑万户；封浑邪王属下的裨小王呼索尼等四人为列侯。武帝诏令，将塞外陇西、北地、朔方、云中、代等五郡设为属国，专门容纳浑邪王四万降众，“五属国”由此而来。汉朝从此控制了河西地区，版图进一步向西域延伸。

在封赏浑邪王的同时，武帝还增封霍去病食邑一千七百户。

元狩三年（前 120 年），伊稚斜单于指派数万匈奴骑兵，分别入侵右北平郡、定襄郡等地，杀掠民吏一千多人。

元狩四年（前 119 年）春，愤怒的武帝诏令卫青率领五万骑兵出定襄郡、诏令霍去病率领五万骑兵出代郡，共同越过大漠征伐匈奴。武帝又诏令郎中令李广为前将军、诏令太仆公孙贺为左将军、诏令主爵都尉赵食其为右将军、诏令平阳侯曹襄[①]为后将军，各路大军皆由卫青调度指挥。同时，武帝还诏令征调数十万步兵转运粮草。

面对来势汹汹的汉朝大军，内心有些畏惧的伊稚斜单于立即征求赵信的意见。赵信献计说：“汉朝军队越过大漠，即使人马再精壮，也会疲惫不堪，我们只管坐等收拾他们。”于是，伊稚斜单于将所有精兵强将部署在大漠以北，等待汉军的到来。

霍去病率领五万骑兵北进二千多里后，与匈奴左贤王所部展

---

① 曹襄：汉武帝的姐姐平阳公主与平阳侯曹时的儿子。

开交战。战斗中，霍去病大军一举歼灭匈奴兵士七万多人，俘虏屯头王、韩王等三人，俘虏将军、相国、当户、都尉等八十三人。霍去病乘胜追击至狼居胥山（今蒙古国的肯特山），并在那里举行了祭天封礼。随后，又在姑衍山（今蒙古国的汗山）举行了祭地禅礼。

此次大漠远征，霍去病率领汉军将匈奴军队彻底逐出漠南，漠南地区再无匈奴王庭。将伊稚斜单于赶到了漠北，彻底改变了汉朝长期处于守势的状况，换来了漠南边境的长久安全。

同时，卫青率领五万骑兵出塞一千多里，与匈奴主力部队展开交战。卫青命前将军李广与右将军赵食其两军合并一起，从匈奴军队的右翼包抄；他本人率领左将军公孙贺、后将军曹襄共同从正面迎击匈奴主力部队。

伊稚斜单于见汉朝大军兵强马壮，根本不像赵信所说的那样疲惫不堪，自觉形势对匈奴军队极为不利。傍晚时分，伊稚斜单于乘坐六头骡子拉的车子，在数百名精锐骑兵的保护下，冲开汉军的包围圈，向西北方向逃奔。

黄昏之时，卫青得知伊稚斜单于已在天黑前逃走，立即派出轻骑兵连夜追击，自己率领大部队紧随其后。

天亮之时，汉军追了二百多里也没追到伊稚斜单于，但一路斩杀俘获匈奴兵士一万九千多人，还攻下了真颜山（今蒙古国纳柱特山）下的赵信城，缴获了大量匈奴积存的粮食。

而前将军李广和后将军赵食其所部，都没能赶上与匈奴主力部队作战。卫青回营后立即质问李广和赵食其。李广惭愧地说：“是我的罪过，因为我迷了路。”李广深知罪责难逃，悲愤地引刀自刎。李广不仅作战勇敢，而且为官廉洁，爱护部下。李广自刎的消息传出后，汉军上下一片哭泣。武帝得知李广自刎的消息，赐李广的儿子李敢为关内侯，加封食邑二百户。

远征大漠赢得胜利，让武帝兴奋不已，立即进行了封赏。武帝诏令封大将军卫青为大司马①，诏令骠骑将军霍去病的俸禄与大将军一样，并为霍去病建造豪华府第。对霍去病的部将，武帝也进行了特别的赏赐：封右北平郡太守路博德为邳离侯、封卫山为义阳侯、封复陆支为杜侯、封伊即轩为众利侯、加封从票侯赵破奴食邑三百户。

元狩六年（前 117 年），年仅二十四岁的霍去病英年病逝。伤痛欲绝的武帝在茂陵东边为霍去病建造了一座象征祁连山的大墓，谥号景桓侯。

## 5. 诏令苏武使匈奴

元狩四年（前 119 年），经过一场大漠之战，汉朝与匈奴的军力都消耗巨大，各自的国力也大幅减弱，似乎都无力再挑起战事，双方以一种特殊的默契进入休战状态，汉朝与匈奴的边界地区迎来了一个难得的和平安宁时期。

元鼎三年（前 114 年），伊稚斜单于病逝，在位 12 年，他的儿子乌维即位，是为乌维单于。乌维即位后，汉朝与匈奴边界依然安定。

① 大司马：官名，执掌军政大权，常授掌权的外戚。

元鼎六年（前 111 年），武帝诏令浮沮将军公孙贺、匈河将军赵破奴各自率领一支兵马出塞，寻找匈奴残部予以歼灭。可公孙贺所部和赵破奴所部深入漠北地区数千里，也没见到一个匈奴士兵的影子，两支队伍无奈班师回朝。

元封元年（前 110 年），武帝亲率十八万骑兵北巡朔方郡（今内蒙古乌海市境内）。武帝诏令郭吉为汉朝使者，前往匈奴单于庭[①]对乌维单于说："单于若是能与汉战，大汉天子亲自率兵在边塞等候；单于如果不能战，就应该向汉朝臣服，何必受远亡漠北之苦呢？"郭吉的话让乌维单于愤怒不已，不仅扣留了他，还将他流放到北海（今俄罗斯西伯利亚境内的贝加尔湖）。

元封六年（前 105 年），继任匈奴单于之位仅仅十个年头的乌维去世，他十五岁的儿子乌师卢即位，因年幼号称"儿单于"。儿单于生性暴躁，不仅喜好杀伐，而且喜怒无常，导致匈奴的内部很不安定，尤其是匈奴左大都尉与儿单于严重不和。

太初元年（前 104 年）冬，匈奴遭遇了几十年一遇的特大雨雪，牲畜不是被饿死就是被冻死，直接导致了匈奴的民心涣散。左大都尉密谋杀掉儿单于，然后投降汉朝。武帝得知左大都尉欲投降汉朝，非常高兴，立即诏令公孙敖在塞外修筑受降城，准备接纳左大都尉来降。武帝还诏令赵破奴率领二万兵马增援左大都尉。可儿单于很快就发现左大都尉的阴谋，立即斩杀了他，并发兵迎击赵破奴。赵破奴所部被匈奴军队追杀，全军覆没后，赵破奴被俘。儿单于率领匈奴骑兵围攻受降城，久不能攻下后撤回单于庭。

太初三年（前 102 年），年仅十八岁的儿单于乌师卢突然病逝，

---

① 单于庭：匈奴单于的牙帐。

他的叔父、乌维单于的弟弟右贤王呴犁湖继承单于之位。

呴犁湖即位后，武帝随即诏令光禄勋徐自为率领人马出五原塞[①]，修筑长达一千多里的城障防线。武帝还诏令游击将军韩说、长平侯卫伉统领精兵驻守边郡要塞，诏令强弩都尉路博德率领人马在居延泽（今内蒙古额济纳旗境内的居延海）修筑防塞工事。

太初三年秋，呴犁湖单于命令匈奴军队南下，破坏徐自为在五原塞刚刚修筑的城障防线。同时，又命令右贤王攻打酒泉郡和张掖郡。匈奴军队准备押解数千民吏返回时，汉军如天兵一般杀到，匈奴军队只得放弃掠获的汉朝民吏，立即逃回匈奴老窝。

太初四年（前 101 年）冬，即位不到两年的呴犁湖单于病逝，呴犁湖的弟弟、左大都尉且鞮侯继承单于之位。

且鞮侯即位后，武帝颁布诏令："高皇帝遗朕平城之忧，高后时单于书绝悖逆。昔齐襄公复九世之仇，《春秋》大之。"（《史记·匈奴列传》）显然，这是武帝在表示解决匈奴问题的决心。

且鞮侯单于深知匈奴不是汉朝的对手，立即把匈奴扣留的不肯投降的汉朝使者送回汉朝，使一直被匈奴扣留的路充国等人回到大汉。武帝也是以礼相待，诏令暂缓对匈奴的军事行动。

为了表示汉朝对匈奴的友好，天汉元年（前 100 年），武帝诏令苏武为中郎将，作为使者前往匈奴，副中郎将张胜、属吏常惠等人与苏武同行。同时，苏武要把汉朝扣留的匈奴使者送回匈奴，为且鞮侯单于带上一份厚礼。

苏武的父亲是汉朝曾经的右将军苏建，多次随大将军卫青北

① 五原塞：五原郡边塞的统称，今内蒙古大青山西端、乌拉山南麓及阴山南坡一带。

伐匈奴，战功卓著。苏武年轻时官拜郎中，后升任移中监[①]。苏武到达匈奴后，首先拜见了且鞮侯单于，并献上礼物。但且鞮侯单于不是一个表里如一的人，对苏武的态度极为傲慢。而此时，匈奴内部有人要谋杀单于的近臣卫律，竟将苏武连累进来。卫律原是汉人，被武帝诏令出使匈奴，后来投降匈奴，被封为王。卫律有个叫虞常的部下对他的投降非常不满，而虞常与这次出使匈奴的副中郎张胜曾经是好朋友，虞常便暗地与张胜商议斩杀卫律。事情败露，张胜受到牵连。苏武知道自己必然被株连，谋求自杀时被张胜、常惠阻止。

恼怒至极的且鞮侯单于，想斩杀苏武和张胜等汉使。他身边的谋士马上劝阻说："张胜只是参与谋杀卫律之事，并没有危害单于的动机和行为，不该将他和汉使一并杀掉，而逼迫他们投降匈奴是上策。"且鞮侯单于采纳了谋事的建议，立即指派卫律去劝降苏武等汉使。副中郎张胜禁不住卫律的恐吓，很快就投降了。而苏武却大义凛然地对卫律说："我如果屈节辱命，即使活下来又有何颜面回到汉朝呢？"说完，苏武便拔剑自刎。卫律立即叫来王庭里的医生，将苏武抢救过来。

苏武的大义气节让且鞮侯单于敬佩不已。当苏武的伤势稍有好转后，且鞮侯单于再次指派卫律对他进行劝降。卫律亲手斩杀了虞常，逼迫苏武投降。可苏武面不改色地怒骂卫律道："你为人臣子，不顾恩义，背叛君主和父母，投降匈奴做了俘虏。而我不会像你一样投降，你杀了我，让汉朝与匈奴马上开战，必然会加速匈奴的覆灭。"

---

① 移中监：官名，负责管理皇家马厩。因马厩在移园中，故称移中。

且鞮侯单于知道苏武的一番表达后，更想得到苏武。于是，且鞮侯单于下令将苏武囚禁在一个地窖内，不给他吃喝。苏武卧草嚼雪，与毡毛一起吞下，熬过数日不死。后来，且鞮侯单于又下令将苏武迁至北海（今俄罗斯西伯利亚境内的贝加尔湖），不仅让他放牧公羊，还说等这些公羊产子后才放他归汉。

北海一带根本没有粮食，苏武只能依靠挖掘野鼠储藏的果实来充饥。他牧羊的时候，时刻都把汉节[①]带在身边。过了五六年，且鞮侯单于的弟弟于轩王到北海打猎时，非常仰慕苏武的气节和才干，就给了他不少衣服和食物。又过了三年，于轩王大病临终前，赐给苏武许多牲畜及帐篷等物资。但这些牲畜和物资大多被丁灵人[②]偷走，苏武再度陷入极度穷困之中。

天汉二年（前 99 年），且鞮侯单于又指派刚刚投降匈奴的汉将李陵劝降苏武，但苏武依然大义凛然地表示，自己愿肝脑涂地，以死报国，让李陵羞愧难当。苏武在北海艰难度过十九年后，最终于汉昭帝始元六年（前 81 年）有幸回到了长安。

① 汉节：汉朝皇上所授予的符节。

② 丁灵人：又称丁令、丁零等，北方民族名。

# 第十一章　远征西域，彰显汉军震慑力

## 1. 征战错用李广利

天汉元年（前 100 年），言行不一的匈奴且鞮侯单于，将汉武帝派往匈奴担任使者的苏武扣留，标志着匈奴与汉朝再次决裂，重回对抗的状态。且鞮侯单于的出尔反尔，让武帝彻底失去了耐性。他再次意识到，解决匈奴问题，必须依靠强大的军事行动才能实现。

天汉二年（前 99 年）五月，武帝诏令贰师将军李广利率领三万名骑兵出兵酒泉郡。李广利是武帝宠姬李夫人的哥哥，太初元年（前 104 年）和太初三年（前 102 年）两次领兵征伐大宛。这次李广利出征匈奴，武帝诏令李陵负责押运粮草。李陵是曾经的汉朝郎中令李广的孙子，也像当年的爷爷那样骁勇善战，可他不愿接受押运粮草的差事，强烈要求到前线去冲锋陷阵。武帝告诉他朝廷已经没有多少兵马了，他表示愿意带领少量的兵马出征。武帝最终还是同意了李陵的请求，但让强弩将军路博德率领一支人马在半路接应。当年九月，武帝诏令李陵率领五千余名步兵，从居延塞（今内蒙古额济纳旗东南）出征；诏令路博德进兵西河郡（今黄河晋陕峡谷两岸），两个人分开出兵。

李陵出发时，贰师将军李广利所部正与匈奴右贤王所部在天山脚下激战。李陵急行军三十多天后抵达浚稽山（今阿尔泰山脉中段），并立即派人把所经过的山川地形画图上报给武帝。武帝看到画图后，心里非常高兴，但后悔只让李陵带了五千多人马，而且还是步兵。

在浚稽山，李陵所部被且鞮侯单于率领的三万名匈奴骑兵包围。李陵毫不畏惧，指挥将士列队应敌，很快就斩杀了数千匈奴士兵。且鞮侯单于得到战报后，大惊失色，急忙命令左、右贤王统领八万余名骑兵共同围攻李陵。李陵自觉寡不敌众，带领汉军边战边退，数日后退到一个山谷之中。看到部下伤亡惨重，李陵下令：三次受伤的将士坐车；两次受伤的将士赶车；一次受伤的将士持兵器继续战斗。下令的第二天，李陵就率部斩杀了三千多名匈奴士兵，最终从浚稽山南面成功突围。且鞮侯单于率领匈奴骑兵追赶，李陵所部埋伏在树林中，又斩杀了数千匈奴士兵。

且鞮侯单于怀疑李陵的撤退是一个诱敌深入的计策，就命令匈奴军队收兵。此时，李陵手下有个叫管敢的小官因为被自己的上司训斥，一怒之下投奔了匈奴军队，并报告说汉军使用的箭已所剩无几，而且没有增援的队伍。且鞮侯单于听后喜出望外，立即挥军发起猛攻。李陵射出最后一支箭后，命令将士砍下车辐作为兵器抵御匈奴兵士，并率领队伍再次撤到一个山谷之中。且鞮侯单于指挥匈奴军队将李陵所部团团包围后，从山上向汉军滚石头，汉军死伤无数。李陵见状绝望而悲伤地说："陵无颜回报陛下矣！"说完率部投降匈奴。李陵率领五千余名汉军，斩杀了一万多名匈奴兵士，只有四百多人逃回了塞内。

李陵投降匈奴，让武帝大为震怒。此时，太史令司马迁为李陵说情道："李陵虽然惨遭失败，但也斩杀了一万多名匈奴兵士，功劳足以传扬天下。李陵不死而降敌，是想立功抵罪来报答大汉朝廷。"而武帝正在气头上，觉得司马迁所说不仅仅为李陵开脱，而是在讥讽李广利过大于功。这次征战，李广利虽然一路斩杀匈奴兵士一万余人，但自身却损兵折将两万多人。为此，武帝诏令，将司马迁下狱并施以宫刑[①]。同时，又诏令杀李陵一家老小。

天汉四年（前 97 年），武帝诏命："贰师将军（李广利）将六万骑、步兵十万，出朔方（今内蒙古乌海市境内）。强弩都尉路博德将万余人，与贰师会。游击将军说（韩说）将步骑三万人，出五原（今内蒙古乌拉特前旗东南）。因杅将军敖（公孙敖）将万骑、步兵三万人，出雁门（今山西省代县）。"（《史记·匈奴列传》）这次征伐匈奴，武帝共派出二十四万大军，分四路杀入漠北，摆出了与且鞮侯单于决战的架势。

且鞮侯单于听说汉朝二十四万大军北伐，立即下令将匈奴的粮草辎重全部撤到余吾水（今蒙古国中北部的图拉河）以北，而自己带领十万人马屯兵余吾水以南区域。李广利率军与匈奴军队大战了十多天后，自觉难以取胜，便下令退兵回朝。其他三路汉军也以败军之态收兵回朝。

太始元年（前 96 年），在位五年的且鞮侯单于去世，他的长子左贤王狐鹿姑即位。狐鹿姑继承王位后，忙于巩固自己的统治地位，武帝也获得了休养兵马的喘息机会。

---

① 宫刑：又称蚕室、腐刑、阴刑、椓刑，是阉割男子生殖器、破坏女子生殖机能的一种肉刑。

征和二年（前 91 年）九月，匈奴军队再次入侵上谷郡和五原郡，杀掠民吏千余人。征和三年，匈奴军队入侵五原郡和酒泉郡，斩杀了汉朝的两位都尉。武帝忍无可忍，于是诏令贰师将军李广利率领七万兵马出五原郡；诏令御史大夫商丘成率领两万兵马出西河郡；诏令重合侯马通率领四万兵马出酒泉郡，三路大军合力出征匈奴。

狐鹿姑单于听说汉朝十三万大军出击匈奴，立即命令将粮草辎重转移到郅居水（今蒙古国色楞格河）北部，自己率兵在郅居水以南与汉军交战。这一次，准备充分的李广利一举打败了匈奴右大都尉和卫律率领的人马，并乘胜追击到范夫人城（今蒙古国达兰扎兰加德城西北）。

就在李广利率领汉军连战连捷时，却传来他的妻子因牵涉巫蛊案被投入大牢的消息，有人借机劝说李广利投降匈奴。李广利最初不为所动，决心立下大功替妻子赎罪。他立即挥兵渡郅居水北上，与匈奴左贤王、左大将所率领两万兵马交战，一举斩杀了匈奴左大将，并斩杀匈奴兵士数千人。汉军长史担心李广利将七万汉军挥霍殆尽，便与人密谋逼迫李广利撤军。事情败露后，李广利杀了长史，然后引兵南撤。当李广利率军行进到燕然山（今蒙古国中部的杭爱山）时，被狐鹿姑单于率领的军队追上。结果，汉军被匈奴军队打得大败，李广利最终投降匈奴。

李广利投降后，狐鹿姑单于变得更加嚣张。政和四年（前 89 年），狐鹿姑单于派遣使者到汉朝不仅要求和亲，还要求汉朝向匈奴纳贡。此时，武帝刚刚下了轮台罪己诏，无力再出兵讨伐匈奴，而匈奴那边实际也是强打精神。武帝虽然没有同意狐鹿姑单于的要求，但匈奴也未敢对汉朝发起攻击，双方再次进入休战状态。

## 2. 张骞出使大月氏

汉武帝在采取军事行动解决匈奴问题的过程中，还不失时机地选派官员出使西域，加强汉朝与西域诸国的联系，积极促进汉朝与西域地区经济文化的往来交流。

西域有狭义和广义之说。狭义的西域，是指玉门关（今甘肃省敦煌市西北）和阳关（今甘肃省敦煌市西南）以西、葱岭（今帕米尔高原）以东、巴尔喀什湖[①]以东以南、白山（今新疆天山）南北一带地区。广义的西域，泛指葱岭以西，包括中亚、南亚和西亚一带广大地区。武帝重视与西域各国发展关系，所指的显然是广义的西域。

汉朝建立初期，西域共有三十六国。当时，匈奴冒顿单于开始入侵西域，许多西域国家都臣服于匈奴，不仅接受匈奴的管制，还要给匈奴上缴赋税。匈奴甚至在西域国家设置“僮仆都尉[②]”，掌管匈奴与西域各国关系事务。

当时，从敦煌郡出发，过玉门关、阳关去西域各国，可以选择南、北两条道路。南路首先过楼兰国（今新疆罗布泊西北岸），然后沿着南山北麓西行，经且末国（今新疆且末县西南）、于阗国（今

① 巴尔喀什湖：又名巴勒喀什池，地处哈萨克斯坦东南部，汉代中国西北边境的天然分割线，1864 年由清朝割让给沙皇俄国。

② 僮仆都尉：匈奴官名，在匈奴人心目中，僮仆是奴隶之义，官名僮仆都尉，就是把西域各国视为匈奴的僮仆。

新疆和田地区境内）到达莎车国（今新疆莎车、麦盖提县一带），再翻越葱岭西行可达大月氏国（今新疆伊犁一带）和安息国（今伊朗）；北路首先过姑师国（今新疆吐鲁番盆地），然后沿这北山南麓北行，经龟兹国（今新疆库车县一带）、姑墨国（今新疆阿克苏市境内）到达疏勒国（今新疆喀什市一带），然后翻越葱岭可达大宛国（今乌兹别克斯坦费尔干纳盆地）和康居国（今巴尔喀什湖和咸海之间）。

建元三年（前 138 年），武帝从投降汉朝的匈奴兵士的口中，了解到大月氏国与匈奴之间有很深的仇恨。大月氏人原本住在河西走廊一带。汉文帝六年（前 174 年），大月氏被匈奴老上单于打败后，大月氏人逃到伊犁上游建立新的家园。文帝后元三年（前 161 年），老上单于再次攻打大月氏，杀了大月氏国王，并用大月氏国王的头骨制成酒器。大月氏人无力抵抗匈奴的侵略，只得再次西迁。他们非常痛恨匈奴，时时都在梦想着打回河西老家。武帝因此决定，挑选熟悉西域情况的官员出使大月氏国，联合他们共同抗击匈奴。

可朝中了解西域情况的官员少之又少。武帝在朝中实在找不到能担此重任的官员，便诏令从民间招募出使西域的能人。诏令发出后，郎官张骞第一个报名应募。武帝觉得，张骞具有坚韧不拔的意志和开阔的心胸，这正是出使大月氏国所需要的品格，当即决定由张骞担任使者。

建元三年（前 138 年），武帝诏令张骞为使者、堂邑父[①]为向导和翻译，共同率领一百多人出使大月氏国。张骞一行从陇西郡

① 堂邑父：又名甘夫，匈奴人，汉人堂邑氏的奴仆。

出发，经过河西到盐泽（今新疆若羌县罗布泊）路段的匈奴地盘时，被匈奴军队俘虏，并被押解去见军臣单于。当时汉朝与匈奴执行和亲政策，军臣单于知道张骞一行的目的是出使大月氏后，没杀掉张骞等人，而是把他们全部扣留。军臣单于知道张骞是难得的人才，就将一个匈奴女子许配他为妻。张骞始终是身在匈奴心在汉，从不表示投降匈奴。张骞在匈奴滞留长达十年，与匈奴的妻子生育了一儿一女。

张骞一直为不能完成武帝交给的使命而焦急。匈奴兵士每天都在严密监视他，他根本没有逃脱的机会。他没有自甘暴弃，总是尽自己的努力，做一些了解掌握匈奴各个方面情况的事情。

元光六年（前 129 年），张骞趁匈奴兵士放松对他监视之机，召集所剩不多的部众迅速逃离匈奴，一路向西狂奔了数十天，首先到达大宛国。大宛国王早就想与汉朝建立联系，见汉朝使者到来，非常高兴，立即宰杀牛羊盛情招待。当得知张骞要去大月氏国，大宛国王派出最好的向导将张骞送到了康居国。随后，康居国又将张骞一行送到了大月氏国。

当时，大月氏国的国都蓝氏城（今阿富汗北部巴里黑省境内）距离汉朝长安约一万六千里。大月氏国土地肥沃，山水秀美，人们过着十分安静的生活。在得知张骞此行的目的是联合大月氏国一起抗击匈奴，大月氏国王觉得汉朝离他们太远，而他们已完全适应并喜爱新领地的环境，就毅然谢绝了张骞的邀请。张骞心里非常难受，整整十年的等待付诸东流，觉得对不起武帝的信任。

在大月氏国逗留期间，张骞曾过妫水（今乌兹别克斯坦的阿姆河）南下，抵达大夏国（今阿富汗一带），考察当地的风土人情。

元朔元年（前 128 年），张骞一直没能等来大月氏国王的回心转意，便动身回国。张骞一行并未从原路返回，尽量选择远离匈奴的边界道路行进。但张骞不知道匈奴已将边界向西南方向扩展，张骞一行再次落入匈奴兵士的手中。

汉武帝元朔二年（前 127 年），匈奴军臣单于病逝。张骞趁军臣单于的弟弟左谷蠡王伊稚斜与太子于单争夺单于之位的动乱机会，带领匈奴妻子和堂邑父等人逃离匈奴，回归汉朝。此次出使西域，张骞一行历时长达十二年之久。出发时的一百多人，回来时只剩他和堂邑父二人。张骞回归后，武帝大为感动，诏令张骞为太中大夫，诏令堂邑父为奉使君。

张骞长达十二年的西域之行，虽然被匈奴扣留了十年之久，但他仍然到达了大宛、康居、大月氏、大夏等西域四国，并了解了与这四个国家近邻的五六个西域大国的基本情况。尽管未能联合大月氏国共同抗击匈奴，但依然取得了突出的成果，不仅促进了汉朝与西域国家的往来联系，也翻开了汉朝与中亚、西亚乃至南欧国家交往的新篇章。

张骞归来不久，将自己十二年的见闻详细记录整理后奏报给武帝，让汉朝君臣比较全面地了解了西域的真实状况，为朝廷制定西域政策提供了可靠的依据。



## 3. 和亲争取乌孙国

自元光二年（前 133 年）起，汉武帝就开始不断地征伐匈奴。经过元光二年（前 133 年）的马邑之战、元朔二年（前 127 年）

的河南之战、元狩二年（前 121 年）的河西之战、元狩四年（前 119 年）的漠北之战等几次大的战役，汉朝军队给匈奴以巨大的打击，使其元气大伤，几乎濒临崩溃。当匈奴悟出自己不是汉朝的对手时，开始实施向西转移策略。可武帝知道，这是匈奴谋求对西域诸国的强化控制，以养精蓄锐，将来东山再起时决战汉朝。武帝意识到，必须堵住匈奴西撤的退路，不给匈奴以喘息的机会，这样才能彻底解决匈奴问题。

为了实施好围堵匈奴向西转移的策略，武帝经常在宫中召见张骞，向他询问西域诸国的详细情况。张骞建议，汉朝应该拉拢联络乌孙国（今新疆阿克苏地区一带）共同抗击匈奴。

乌孙国是由游牧民族乌孙在西域建立的行国，立国君主是猎骄靡。乌孙国王称为“昆莫”或“昆弥”。汉文帝时期，被匈奴击溃的大月氏攻击乌孙族的牧地，乌孙族战败后，首领难兜靡被大月氏人杀害。乌孙族余部被匈奴冒顿单于收留。后来，难兜靡的儿子猎骄靡在军臣单于的支持下，率领乌孙人远征大月氏国，大获全胜，猎骄靡就在那里建立了乌孙国，成为乌孙国首位昆莫。猎骄靡带领乌孙人逐渐积聚发展，变得越来越强大。通过乌孙国，匈奴间接控制了从乌孙国到安息国（今伊朗）的交通要道。

张骞向武帝建议说：“现在，匈奴军队已被汉朝大军击败，原乌孙国的居住地已经空闲下来。乌孙人非常留恋故地，也非常贪恋财物，如果汉朝以财物作为利诱，乌孙人都愿意迁回故地。然后，大汉公主再嫁给乌孙国昆莫为夫人，实现两国和亲，这样就相当于斩断了匈奴的一只臂膀。两国结盟后，乌孙国以西的大夏诸国，都会主动归附汉朝。”

武帝采纳了张骞的建议。元狩四年（前 119 年），武帝诏令张骞为中郎将出使乌孙国，并给张骞配备了三百名随从，每名随从配备两匹马。武帝还给张骞准备了价值数千万的金币丝帛及数万牛羊，诏令多位手持汉节的副使与张骞同行。此时，河西走廊畅通无阻，张骞一行不再像出使大月氏那样，躲避匈奴兵士的围堵，也不再为粮草发愁。张骞率队浩浩荡荡地向前进发，很快就来到乌孙国的首都赤谷城（今吉尔吉斯斯坦伊塞克湖东南一带）。

张骞一行到达乌孙国时，正赶上乌孙国内部闹分裂。乌孙国太子蚤刚刚去世，昆莫猎骄靡答应太子让他的儿子军须靡继任太子，却引起了太子弟弟大禄的极为不满。大禄手中握有兵权，计划起兵斩杀军须靡。猎骄靡为了保护孙子军须靡，给他一万多骑兵让他到别的地方自立门户，而猎骄靡自己也另掌一万多骑兵自保。显然，这是将乌孙国一分为三。作为昆莫，猎骄靡已不能直接控制乌孙国的所有兵力。

失去乌孙国三分之二的兵力，猎骄靡没有心情顾及对外联盟的事情。而乌孙国的大臣一向惧怕匈奴，更不敢贸然表态与汉朝联盟。面对张骞的联合抗敌邀请，猎骄靡与乌孙国大臣一直摇头谢绝。

张骞的心中很是不快，不觉又回想起遭到大月氏国回绝的事情。他觉得，不能这样无期限地等待。于是，他立即指派手下的副使，分别出使大宛国、康居国、大月氏国、大夏国、安息国、身毒国（今印度境内）、于阗国等西域诸国。张骞的做法，开创了汉朝与西域诸国建立外交关系的新局面。

元鼎二年（前 115 年），张骞怀着没能与乌孙国达成结盟的遗憾返回汉朝，仍然受到了武帝的热情迎接，被任命为大行令[1]，

---

① 大行令：官名，掌管朝廷与属国交往等事务。

进入九卿之列。元鼎三年（前 114 年），张骞病逝时，武帝准许他归葬故乡汉中郡（今陕西省城固县境内）。过了一年，张骞派出的多位副使相继返回汉朝。这些副使前往的西域诸国，都派人随同汉使来长安朝见进贡，汉朝与西域的往来关系从此建立起来。

这次，乌孙国昆莫猎骄靡也派数十名使节跟随张骞来到长安。乌孙国使者见大汉王朝国势强盛，马上禀报给昆莫猎骄靡。猎骄靡当即表示，愿意考虑与汉朝结为联盟，并派使者到长安朝见进贡。

匈奴伊稚斜单于得知乌孙国欲与汉朝结盟，并派使者给汉朝进贡，非常愤怒，誓言用武力摧毁乌孙国与汉朝结成的联盟。猎骄靡深知乌孙国不是匈奴的对手，再次派使者到长安，请求立即与汉朝结为同盟，共同抗击匈奴。同时，猎骄靡还向武帝提出了和亲请求。武帝答应了猎骄靡的请求，但前提是猎骄靡先行聘礼，然后嫁公主。

猎骄靡答应武帝的条件后，反倒让武帝犯起愁来。武帝犯愁的原因有两个：一是猎骄靡年纪太大，活不了多久；二是乌孙人的生活习惯与汉人不同，汉人不适应。选定哪位公主嫁给猎骄靡呢？想来想去，武帝将目标锁定在江都王刘建的女儿细君的身上。刘建是武帝的侄子，元狩二年（前 121 年）曾经谋反，事情败露后自杀身亡，被废除了燕王身份，他的女儿也不再是翁主①的身份。

为了与乌孙国和亲结盟，武帝封细君为公主。元封六年（前 105 年），猎骄靡以千匹马为聘礼，武帝随后将细君公主嫁给他，并赐予丰厚的嫁妆及随从数百人。此时，匈奴伊稚斜单于也将一个女子嫁给了猎骄靡。猎骄靡一并迎娶后，称细君公主为右夫人，

---

① 翁主：刘姓诸侯王女儿的称号。

匈奴女子为左夫人。按照匈奴人尚左的习俗，猎骄靡显然偏重于讨好匈奴。乌孙国与匈奴和亲，说明乌孙国与匈奴还未达到决裂的程度。

细君公主嫁给猎骄靡后，仿照汉宫的模式建造了属于自己的宫室。她还按照武帝的吩咐，经常把带来的钱财和丝绸，赐给猎骄靡身边的大臣，以此联络感情。不久，猎骄靡逝世，他的孙子军须靡即位。按照乌孙国的风俗，细君公主要改嫁给军须靡，而在汉人眼中，这属于乱伦。细君公主很为难，就上书长安向武帝请示，武帝回复说："从其国俗，欲与乌孙共灭胡。"细君公主只得从命。她嫁给军须靡后，生育了一个女儿，于太初四年（前101年）病逝。

细君公主病逝后，乌孙国昆莫军须靡请求武帝再嫁一位公主给他。武帝从汉朝大局考虑，将楚王刘戊[①]之女解忧公主嫁给了军须靡。刘戊是"七国之乱"的祸首之一，叛乱被平定后自杀。解忧同细君一样，被武帝后封为公主，然后嫁给军须靡，并赐给她一份丰厚的嫁妆。军须靡死后，他的弟弟翁归靡继承昆莫位。按照乌孙国习俗，解忧公主又改嫁给了翁归靡。

武帝推行与乌孙国的和亲政策，有力巩固汉朝与乌孙国的友好关系，使乌孙国成为汉朝在西域牵制匈奴的一支重要力量，也促进了双方的经济、文化交流。

张骞先后两次出使西域诸国，推进了汉朝与西域诸国的物质文化交流，开辟了东起长安、经过河西走廊、穿过塔里木盆地、翻过帕米尔高原、通向中亚和西亚、直达地中海东岸的中西通路，全长达一万四千多里，成为著名的"丝绸之路"。同时，许多西

① 刘戊：高祖刘邦四弟楚元王刘交之孙，楚夷王刘郢客之子。

域地区此后逐渐纳入了汉朝版图。

## 4. 讨伐楼兰和姑师

从元狩四年（前119年）开始，汉武帝每年都派使者团出使西域诸国，一年少则五六批，多则十几批。使者团的增多，让通往西域道路上的诸国增加了大量的接待支出，而处于汉朝通往西域咽喉要道上的楼兰（今新疆罗布泊西北）、姑师（今新疆吐鲁番市西北）两国，接待负担尤其繁重。

对于汉朝来说，楼兰、姑师两国的地理位置非常重要。楼兰地处西域的最东边，是汉朝通往西域必经的关口。而姑师又称车师，处于汉朝通往西域北道的要冲。这两个西域小国，都曾是匈奴的属国。

由于武帝不断增加派往西域的使者团，需要招募大量的使者，这也导致了使者素质和能力的良莠不齐。那些个人品格较差的使者，对武帝赠送给西域诸国的丰厚礼物垂涎三尺，私自将礼物占为己有的现象时常发生。一些使者出使时，在西域诸国低价强买特色货物，然后回到中原转手倒卖，从中牟利，严重损害了使者团的整体形象。一些使者还凭借大汉朝廷的雄厚实力，在西域诸国干一些仗势欺人的勾当，引起了西域诸国的强烈不满。

西域诸国深知汉朝离他们路途遥远，对汉朝使者的各种事务鞭长莫及，时常断绝对汉朝使者的食物供应，一些使者团甚至在出使途中出现了忍饥挨饿的现象。出现这种局面，既有使者团本身素质不高的原因，也有沿途诸国歧视汉使的原因。而距离西域诸国较近的匈奴，不仅经常派兵杀掠汉使，还利用西域诸国对汉使不满的情绪，挑唆西域诸国阻拦并攻掠汉使。匈奴主要拉拢楼兰和姑师两国作为他们的耳目，刺探汉使的往来行踪，以便精准地向汉使团发起攻掠。汉使团半路上一旦遇到匈奴的攻掠，就会落得个人财两空。

由于楼兰、姑师两国完全站在匈奴一边，甘愿为匈奴充当刺探、提供情报，让汉朝使者的生命财产安全时时受到威胁。这样的情况，引起了武帝的高度警觉。在武帝看来，通往西域的道路对汉朝十分重要，如果道路被阻断，与乌孙国的和亲政策就会失去作用，必须采取强硬措施，确保通往西域道路的畅通。

元封三年（前 108 年）腊月，武帝诏令从骠侯赵破奴率领数万大军奔赴匈河水（今蒙古国西南的拜德拉格河），征讨骚扰汉朝使者的匈奴兵士。匈奴兵士听说汉朝数万大军前来讨伐，心中大为惶恐，立即向西北方向转移，让赵破奴所率扑了个空。

随后，赵破奴按照之前的部署，率部讨伐楼兰和姑师两国。赵破奴佯装班师回朝，以此来迷惑楼兰、姑师两国。本来，楼兰和姑师两国的国王都为数万汉朝大军前来征讨惶恐不安，得知赵破奴班师回朝，心中大喜，因此放松了戒备。

据《资治通鉴》中记载，赵破奴率领大军向东走了一程后，见天色已晚，便下令就地安营扎寨。但赵破奴没有歇息，随即带领装束整齐的七百名骑兵悄悄地向西急驰，消失在黑夜之中。紧接着，汉军大部队也迅速结集，悄悄向西进发。

此时，楼兰国王为解除汉军征讨的危机高兴不已。为了抵御汉军的征讨，楼兰国王命令手下加固了城防体系。同时，加强了与匈奴的联系，并与匈奴约定，如果汉军攻击楼兰，匈奴军队就从背后包围汉军，与楼兰军队里应外合，一举歼灭汉军。当楼兰国王得知汉朝军队班师回国，料定汉军已是粮草不足不敢恋战，立即吩咐设宴欢庆。

此次跟随赵破奴出征的王恢，是汉朝出使西域的常客。武帝时期，汉朝出了两个王恢，另一个王恢是元光二年（前133年）谋划“马邑之围”的大行令，已自杀而死。此王恢多次被武帝诏令出使西域，对西域诸国的情况比较了解。在出使西域的路上，王恢多次遭到楼兰和姑师两国的劫掠，因此掌握这两个小国的城防及地形状况。赵破奴率领七百名精锐骑兵，在王恢的带领下抄一条捷径路线行进，清晨时分便到达了楼兰国的王城之下。而王城中的兵士根本没有想到汉军此时从天而降，被赵破奴率领的骑兵一通砍杀，死伤无数。赵破奴率领汉军奋勇追杀，一路几乎没遇到楼兰兵士的抵抗。

当赵破奴进攻到楼兰国王的宫殿时，楼兰国王才从睡梦中惊醒，立即起身命令人马抵抗汉军。但楼兰兵士很快就被汉军杀得七零八落。楼兰国王见大事不妙，想择路逃亡，可四周都被汉军包围，根本无路可逃，楼兰国王最终被汉军擒拿。

随后，汉军大部队也及时赶到，迅速控制了楼兰国的局势。汉军在楼兰国补充了大量的粮食和马匹后，立即向姑师国进发。

姑师国王听说汉军攻破了楼兰国，并生擒了楼兰国王，心中万分惊恐，急忙命令手下去向匈奴求救。让姑师国王感到失望的是，匈奴得知汉朝大军已经攻破了楼兰国，不敢与汉军直接交战，没有答应姑师国王的增援请求。

姑师是个小国，很快就被汉朝几万大军团团围住。虽然姑师国守军拼命抵抗，但在强大汉军的连续攻击下，渐渐失去抵抗能力。

不久，姑师国的城防系统被攻破。姑师国王见大势已去，立即带领心腹卫士杀开一条血路，向北落荒而逃。随后，汉朝大军完全占领了姑师国。

楼兰和姑师两国被汉军占领后，直接打击了与汉朝作对的西域势力，尤其让那些摇摆不定的西域势力感受到了汉朝的强大，不敢再轻易冒犯汉朝使者。同时，像大宛国、乌孙国这样的西域大国，也被汉军的强大威力所震慑，再也不敢轻视汉朝使者。

汉军大军班师回朝后，武帝非常高兴，诏令封赵破奴为浞野侯、封王恢为浩侯。

元鼎六年（前 111 年）秋，武帝从武威郡（今甘肃省武威市）、酒泉郡（今甘肃省酒泉市）划出一些地块，增设了张掖郡、敦煌郡，把汉朝的防线进一步向西推进，从而增强汉朝对西域东西交通要道的控制。武威、酒泉、敦煌、张掖等“河西四郡”的设立，确保了东西方的交通要道牢牢地掌握在汉朝手中，有力增强了汉朝西部边防的守卫力量。

此后，武帝又诏令在河西一带鼓励民吏开垦田地，大力兴修水渠，发展农业生产，增加西北边郡的粮食供给。武帝还诏令鼓励边郡民吏修建了许多亭、障等边防要塞，使西域地区的警戒系统日趋完善。

## 5. 两次西征大宛国

元封三年（前 108 年），从骠侯赵破奴率领汉朝大军征服了楼兰和姑师两个西域王国。随后，汉朝将下一个征服目标锁定在了大宛国。

大宛国位于帕米尔高原西麓、锡尔河中上游，国都为贵山城（今乌兹别克斯坦卡散赛），距离汉朝京师长安一万二千多里。大宛国盛产葡萄，也盛产苜蓿，尤其盛产汗血马。汉朝使者将葡萄和苜蓿在长安种植，获得成功。汉武帝饶有兴趣地亲自种植葡萄和苜蓿，还将自己在上林苑的离宫命名为“葡萄台”。

武帝两次诏令张骞出使西域，都去过大宛国，促成了汉朝与大宛国互派使者。

武帝一向爱马，尤其喜爱宝马。张骞出使西域回来后曾对武帝说：“大宛国盛产宝马。因为宝马出的汗是红色的，因此被当地人称为‘汗血马’。”武帝一直记着张骞说过的话，心里总想得到一匹汗血马。

太初元年（前 104 年），武帝诏令壮士车令为使者，携带贵重礼品前往大宛国生产宝马的贰师城（在今吉尔吉斯斯坦西南），以求换取汗血马。面对车令的请求，大宛国王毋寡竟然不知如何应对，便召集大宛国诸位大臣商议。

大宛国诸大臣普遍认为，汗血马是大宛国的国宝，不能轻易送给汉朝。再说，汉朝离大宛国那么遥远，而且路途艰险，奈何不了我们，我们不必理会。

毋寡听信诸位大臣的意见，拒绝了汉朝使者车令换取汗血马的请求。当车令离开大宛国踏上回归的路途时，大宛国王毋寡立即命令东部边境的守将郁成王堵截车令。车令一行被郁成王团团围住后，由于兵力相差悬殊，汉朝使者团被郁成王杀了一个干干净净，所带贵重物品也被全部掠去。

武帝得知车令一行全部被斩杀的消息后，誓言发重兵西征大宛国，不仅要得到汗血马，还要踏平大宛国。

此时，曾被武帝诏令出使过大宛国的汉朝将军姚定汉建议说："大宛国兵力薄弱，只需派去三千人马，用强弓硬弩攻击他们，就可将他们全部俘获。"

武帝采纳了姚定汉的建议，决定将这个非常容易得到的功劳，送给自己宠姬李夫人的哥哥贰师将军李广利。太初元年(前104年)，武帝诏令李广利率领六千骑兵及从西域诸国俘获的兵士数万人征讨大宛国。武帝还诏令赵始掌管军中的军事刑法、诏令浩侯王恢为向导、诏令李哆为校尉掌管行军作战事宜。

李广利率领汉军西出玉门关后，遭到了沿途诸国的联合抵制，导致汉军队伍挨饿受冻，又缺乏饮水，减员非常严重。队伍到达大宛国的郁成城（今乌兹别克斯坦境内）时，仅剩几千人马。李广利带领仅存的人马向郁成城发起攻击，结果被大宛国守军杀得大败。随后，李广利引兵撤退。

据《史记·大宛列传》中记载，太初三年（前102年），李广利率领残部退入汉朝的敦煌郡后，派人上书武帝说："到大宛道远乏食，士卒不怕打仗，却怕饿肚子。兵太少，不足以攻克大宛都城，希望暂且罢兵，再派士兵前去攻打。"武帝根本没有料到汉军会败得这么惨，内心极其愤怒，不仅诏令使者在玉门关拦阻李广利所部，还下令说："军士敢入关者，斩！"李广利不敢返回京师，只得暂时留驻在敦煌郡。

李广利兵败郁成城后，武帝觉得，讨伐大宛国被打败，必然导致西域诸国的连锁反应。不仅不能得到大宛国的汗血马，还会导致汉朝使者团遭到乌孙国、轮台国（今新疆轮台县东南）等西域诸国攻掠。基于这种想法，武帝全力准备再次征伐大宛国。

太初四年（前 101 年），武帝诏令仍由李广利统率大军西征。为了保证此次出征取得胜利，武帝诏令专门组织了一支强大的队伍负责转运粮草，组建了一支工兵队伍破坏大宛国都城的水源。同时，武帝诏令在酒泉郡和张掖郡一带，屯驻了一支多达十八万人的队伍，准备随时支援西征大军。

李广利率领汉军到达大宛国的都城贵山城时，三万大军迅速将贵山城包围起来。围城四十多天后，汉军攻入外城，生擒了大宛国猛将煎靡。大宛国兵士见自己的首领被汉军捉拿，都惊慌失措地逃入内城。

当时，大宛国的达官贵人在秘密商议时认为：汉军来攻城，是因为国王毋寡不仅不答应汉朝用贵重物品换取汗血马，而且还将汉朝使者团杀个精光。现在，如果我们杀掉毋寡，并向汉军进献汗血马，汉军就一定会退兵。如果汉军不退兵，我们再以死相拼也不迟。

于是，达官贵人合力杀死了国王毋寡，派人持其人头向李广利求和。李广利答应退兵后，确立对汉朝友好的昧蔡为大宛国王，并让昧蔡派遣自己的儿子到汉朝充当人质。汉军挑选了数十匹上等汗血马和三千多匹中等汗血马，在李广利的率领下班师回国。

汉军征服大宛国后，西域诸国的王公贵族纷纷派遣子弟跟随汉军回到中原，留在汉朝充当人质，同时为武帝敬献贡品，以表达对汉朝的一片忠心。

武帝两次派兵西征大宛国，历时长达四年，损失官兵达五万多人，而且还耗费了大量钱物。虽然付出了比较沉重的代价，但对汉朝控制西域诸国、斩断匈奴防御臂膀具有重大的战略意义。

西征大军凯旋后，武帝诏令贰师将军李广利为海西侯，加封食邑八千户；诏令随军出征的赵始成为光禄大夫、上官桀为少府、李哆为上党太守。

从此，汉朝与西域诸国的来往更为频繁。为了减轻沿途诸国的接待负担，武帝加大了对汉朝使者团的供给力度。武帝诏令把亭障从玉门关向西延伸，沿盐泽以北一直修到渠犁（今新疆库尔勒地区）和轮台（今新疆轮台县东南）两国，并驻兵防守，从而加强了汉朝在西域的军事渗透，确保西域交通要道的畅通无阻。同时，武帝还诏令在渠犁和轮台两国屯田，就地解决汉朝使者的粮食供给问题。为了管理好屯田士卒，武帝诏令设置“使者校尉”。

从此，汉朝与西域诸国的商路也正式开通，东西交往更加频繁，各族人民之间的往来更加密切，极大地推进了经济文化的交流。

# 第十二章　恩威并施，扫除隐患安边疆

## 1. 讨伐西羌除边患

汉武帝对匈奴的态度一直比较强硬，多次大规模派兵征讨匈奴。在征讨匈奴的过程中，武帝还积极派使者出使西域诸国，扩大汉朝在西域诸国的影响力，大力发展与西域诸国的友好关系。其中，处理、解决、发展与西羌的关系，是武帝实施西部友好战略的一个重要组成部分。

西羌起源于居住在赐支河（今青海省海南州境内）与湟水（今青海省东部境内）之间地区的羌族，是当地的土著人与外迁来的苗民长期共同生活形成的群体。早在战国时期，羌族就达到了相当兴盛的程度，形成了众多部落，活动范围逐渐向祁连山地区扩展，并沿着扁都口（今青海省祁连县东南）、霍城（今甘肃省山丹县境内）一带，逐渐进入河西地域（今甘肃省中西部一带）。

羌族人自称为“尔玛”“尔麦”“日玛”“日麦”，其实，这只是同一名称在不同地区的不同语音变化，都是“天之子民”的意思。据史料记载，西羌部落多达一百五十多个。一部分部落用动物来称呼，像白马羌、牦牛羌、参狼羌、黄羝羌、黄羊羌等；一部分部落用地名来称呼，像勒姐羌、卑浦羌、南山羌、当阗羌、滇那羌等；一部分部落用人名来称呼，像先零羌、烧当羌、牢姐羌、沈氐羌、彡姐羌等。

西羌族不仅部落繁多，而且各部族人在酋长的带领下，相互攻杀掠夺，连年交战不断。起初，诸羌之中最为强大的是先零羌。先零羌居住在大榆谷（今青海省贵德县和尖扎县一带）地区，因为那里水草丰美，自然条件比较优越，造就了整个部落的繁盛强大。先零羌对外侵略汉朝边境，对内并吞弱小诸羌，一时成为诸羌之中的霸主。但后来居住在大允谷（今青海省贵德县北部）的烧当羌变得强大起来，先后击败了先零羌和卑浦羌，并逐渐迁移到了大榆谷，成为诸羌之中的新霸主。另一个比较强大部落是居住在小榆谷（今青海省海南州南部）的种羌。种羌北与烧当羌相邻，对外号称拥有十万兵马。

秦末汉初，西羌人逐渐活跃于政治和军事舞台，但随着匈奴的迅速崛起，西羌部落不得不臣服于匈奴。到了汉景帝时期，羌族首领留何率领族人请求归顺汉朝，并为汉朝守卫陇西（今甘肃省天水市和兰州市一带）要塞。景帝诏令将留何及部落一起迁移到陇西郡（今甘肃省临洮县一带），与汉人混合居住，共同守卫西北边郡。

武帝即位后，摒弃了对匈奴的和亲政策，接连采取强大的军事行动，让一直臣服于匈奴的西羌部落感到不安。尤其是元狩二年（前 121 年）秋，匈奴浑邪王率部众投降汉朝后，西羌部落感到了极大的恐惧与不安。武帝在大规模派兵与匈奴交战的过程中，逼迫西羌部落逐步向西迁移，这也导致河西一带的人烟更加稀少。

为了加强对河西地区的控制和防卫，武帝趁河西羌人部落西迁之时，诏令设立了武威郡和酒泉郡，将河西一带正式划入汉朝的版图。同时，武帝诏令将内地汉人大量迁移到河西地区，开垦荒地发展生产，同时派兵驻守两郡，为实施西域发展战略和继续征伐匈奴创造有利条件。

武帝在河西设立武威郡和酒泉郡，无疑在西羌与匈奴之间设置了一道屏障，使西羌与匈奴不能顺畅往来，切断了西羌与匈奴联合起来对付汉朝的直接通道。

虽然汉朝在切断西羌与匈奴的相互联系上采取了重大措施，但还是发生了让武帝没有意料到的事情。元鼎五年（前 112 年）九月，曾经相互掠杀的先零羌、封养羌和牢姐羌等诸羌部落冰释前嫌，结成了一个诸羌联盟。诸羌联盟成立后，不仅与匈奴暗中勾结，还集结了十万多诸羌人马，攻打汉朝的边界郡县令居县（今甘肃省永登县西北）和安故县（今甘肃省临洮县南部），一举包围了袍罕（今甘肃省临夏县东北）。匈奴也趁机出兵攻打五原郡（今内蒙古包头市九原区西北），杀死五原太守，还劫掠了上千民吏。

武帝得到禀报后，既震惊又愤怒。同年十月，武帝诏令将军李息与郎中令徐自为，共同率领十万汉军征伐西羌。

这次大规模讨伐，是汉朝首次对西羌采取军事行动。由于汉军队伍过于强大，让原本结构松散的西羌部落，很快就发生了严重的内部分裂。交战之中，以先零羌为首的一部分诸羌人马投降汉军，袍罕之围随即被解除。而以封养羌和牢姐羌等为主另一部分诸羌人马，在战乱中逃离河西和湟水一带，向更遥远的西部迁移。

元鼎六年（前 111 年），武帝诏令在西羌居住地区设置护羌校尉，持节统领内附汉朝的诸羌部落，并大量迁徙汉人到河西空地，有力地强化汉朝对西羌的监督与管理。从此，西羌对汉朝边界郡县的侵掠患基本消除。

后来，汉朝又在设立河西四郡的基础上，增设了一个面积辽阔、几乎包括所有西羌部落的金城郡（今甘肃省永靖西北），并设立十三个下辖县，建立了以护羌校尉为依托的郡县管理制度，河西地区所有西羌部落的居住地区，都正式划入了汉朝版图。

## 2. 果断铲除东越王

讨伐西羌诸多部落取得胜利后，汉武帝又开始向南展开军事行动，目的是平定越族诸国，实现南部边郡的长治久安。

越族是华夏族的一支。越国是古代活跃在东南地区的诸侯国，建国初期国都定于会稽山（今浙江省绍兴市境内）中。战国时期，越国人联合齐国攻打楚国，结果越国战败，越王无彊被楚军斩杀，越国大片土地被楚国吞并。无彊战死后，落败南逃的越王子孙为争夺王位相互攻击，谁也不让步，最终建立了许多王国，“百越”由此而来。这些王国，比较强大的有两个：一个是无彊长子玉建立的闽越国；另一个是次子蹄建立的东瓯国。蹄建立东瓯国后，改国姓为欧阳，自己的名字也改成了欧阳蹄。

秦始皇统一六国后，将两国的国王废为君长。后来，因闽越君长无诸、东瓯君长欧阳摇助刘邦夺取天下有功，高祖复立无诸为闽越王，封管闽中故地，并建都于冶城（今福建省福州市）；封欧阳摇为海阳侯。惠帝三年（前 192 年），欧阳摇又被惠帝晋封为东海王，并建都于东瓯（今浙江省温州市一带），俗称“东瓯王”。

景帝即位后，吴王刘濞拉拢无诸和欧阳摇的继任者欧阳复贞造反。无诸坚定拒绝，而东瓯王欧阳复贞和弟弟欧阳贞鸣却追随刘濞造反。刘濞兵败后逃亡到东瓯国，结果被欧阳贞鸣斩杀。刘濞死后，景帝赦免了欧阳兄弟二人的造反之罪，封欧阳复贞为彭泽王，封欧阳贞鸣封为平都王。

刘濞的儿子刘驹逃亡到闽越国后，经常劝说闽越王派兵攻打东瓯，替他的父亲报仇。建元三年（前 138 年）七月，无诸的继位者驺郢终于在刘驹的劝说下兴兵攻打东瓯。东瓯彭泽王欧阳复贞立即派人向武帝求救。武帝诏令中大夫严助持节调遣军队，然后南下救援东瓯。闽越王驺郢听说朝廷派兵救援，立即撤兵。

但汉军退兵后，闽越王又向东瓯发起攻击，并将东瓯王欧阳贞鸣斩杀。欧阳贞鸣的儿子欧阳望继承王位后，不堪闽越国的侵掠，便上书武帝请求内迁。武帝批准了欧阳望的奏请，将东瓯居民全部迁移到江淮流域的庐江郡（今安徽省庐江县西部），封欧阳望为广武侯，东瓯国从此消失。

建元六年（前 135 年），闽越国发兵攻打南越。南越起初为南越国，又称南粤国。汉高祖十一年（前 196 年），高祖派遣大夫陆贾出使南越。南越武王赵佗在陆贾的劝说下，接受高祖赐给的南越王绶印，正式成为大汉王朝的藩属国。高祖去世后，赵佗宣布脱离汉朝，改称“南越武帝”。文帝元年（前 179 年），文帝派陆贾再次出使南越国，劝说赵佗除去帝号归复汉朝。建元四年（前 137 年），赵佗去世后，其孙赵昧即位。

武帝看到南越遭到闽越国攻击的奏报后，立即派出两支大军南下增援。一支由大行令王恢率领，从豫章郡（今江西省南昌市境内）出发；另一支由大农令韩安国率领，由会稽郡（今浙江省绍兴市境内）出发。两支队伍由东西两路齐头并进，合力出击闽越国。

得知汉朝两路大军夹击压境，闽越国内一片惶恐不安。此时，图谋想当国王的闽越王驺郢的弟弟余善，暗地里对宰相和宗族们说："国王不经天子同意，擅自发兵进攻南越，因此遭到天子派两路大军前来讨伐。现在，如果我们杀掉国王，向汉朝天子谢罪，请求汉朝天子罢兵，也许我们的国家就能保住了。"余善很快就带人杀了哥哥驺郢，并派使者把驺郢的人头献给了汉朝的大行令王恢。王恢随即向大农令韩安国报告，又派人带着闽越王的人头向武帝报告。

武帝看到驺郢的人头后，随即诏令王恢和韩安国率部撤兵。武帝说："驺郢是战争的罪魁祸首，但他的儿子、无诸的孙子繇君丑没参与谋乱。"于是，武帝诏令繇君丑为越繇王，诏令余善为东越王。显然，闽越国的大权实际掌握在东越王余善的手中。

东越王余善怨恨武帝没有立他为闽越王，便暗地里勾结反对汉朝的势力，筹划伺机谋反。元鼎五年（前 112 年），余善借南越丞相吕嘉造反之机上书朝廷，请求统领八千人马征伐吕嘉。当余善率部到达南海郡揭阳县（今广东省潮汕一带）时，以海上有大风为由命令军队停止前进，并暗中派人给吕嘉通风报信。

元鼎六年（前 111 年），楼船将军杨仆奏请武帝准许他攻打意欲谋反的东越王余善，但武帝没有准奏，而是诏令他派出一支军队，由大司农张成、前山州侯刘齿统领，进驻梅岭古道（今广东省南雄市至江西省大余县一带）静观东越王余善的动向。此时，余善暗自派兵在汉军经过的路上埋伏狙击，还封手下的将军驺力为吞汉将军。驺力率部在梅岭古道偷袭汉军，杀死了众多的汉军将士，导致张成和刘齿连连败退。

驺力获胜后，余善非常高兴，立即刻了一枚“武帝”玺，宣布自立为东越帝，并公开反汉。余善称帝后，武帝勃然大怒，立即派出四路大军征讨余善：横海将军韩说率领大军自句章（今浙江省宁波市西北）入海，从海上发起攻击；南越国降将戈船将军严、下濑将军甲从若邪（今浙江省绍兴市南部）、白沙（今江西省南昌市东北）南下攻击；楼船将军杨仆从武林（今江西省余干县北部）东进攻击；中尉王温舒自梅岭向东攻击。

余善立即派兵在险要处抗击汉军。交战中，余善手下的徇北将军守武林，打败了楼船将军杨仆手下的几位校尉，并斩杀了长吏①。杨仆随即派手下的勇猛军卒辕终古斩杀了守武林。横海将军韩说率部由海上发起攻击，越衍侯吴阳率领七百名越军起义，然后反攻汉阳（今福建省浦城县北部）的越军，并与建成侯敖、繇王居股一起杀掉余善归降汉朝。

平定余善的东越后，武帝对所有的立功者进行了封赏：诏令繇王居股为东成侯，加封食邑万户；诏令建成侯敖为开陵侯；诏令越衍侯吴阳为北石侯；诏令横海将军韩说为按道侯；诏令横海校尉福为缭嫈侯；诏令东越将军多军为无锡侯；诏令钱唐（今浙江省杭州市）军卒辕终古为御儿侯。

汉朝大军平定余善的东越后，武帝下令将闽越民众全部迁移到江淮之间，所属之地并入会稽郡。

---

① 长吏：地位较高的县级官吏。

## 3. 整肃南越归大汉

铲除东越王余善后，汉武帝又抓住时机，对南越国进行了整肃，使南越国属地划入汉朝版图。

其实，早在元鼎四年（前 113 年），武帝就诏令朝中大臣安国少季，与辩士[①]谏大夫终军、勇士魏臣等人一起出使南越国，去劝谕南越国君主赵兴和他的母亲樛太后，入大汉朝廷觐见天子，目的就是让南越国归附汉朝。

樛太后在嫁给赵兴的父亲、南越国第三任君主赵婴齐之前，曾与安国少季有过一段恋情。武帝觉得，派安国少季出使南越国，有利于说服樛太后和南越王赵兴归附汉朝。

安国少季到达南越国后，果然让樛太后触景生情，对安国少季一行顾得格外周到。当时，南越王赵兴还处于年少之时。作为汉人的樛太后，感念与安国少季的故交，极力劝说南越王和诸位重臣归附汉朝。在安国少季的建议下，樛太后上书给武帝，请求比照内属[②]诸侯王，三年向朝廷进贡一次，并除去边界的关塞。武帝欣然应允，诏令赐给南越丞相吕嘉银印，赐给南越诸位重臣内史印、中尉印、太傅印等，废除南越原来的黥刑[③]、劓刑[④]，比照诸侯王使用汉朝刑法。武帝还诏令汉安国少季等汉朝使臣，留在

---

① 辩士：有口才、善辩论的人。

② 内属：归附朝廷为属国或属地。

③ 黥刑：又叫墨刑、黵刑、刺字，就是在犯罪人的脸上刺字，然后涂上墨炭，是犯过罪的标志，以后再也擦洗不掉。

④ 劓刑：一种割掉鼻子的刑罚。

南越安抚民吏。

吕嘉是南越国的三朝丞相，拥有强大的政治背景。吕氏宗族中，历朝历代在朝中为官的人达七十多人，宗族中有许多男人娶了南越王的女儿为妻，许多女人嫁给了王室子弟为妻。这样的背景，让吕嘉在南越拥有极高的地位，甚至比国王更有威望。

吕嘉表面上听樛太后和南越王的话，可内心却极力反对归附汉朝。吕嘉让自己的弟弟统领重兵守候在他的住处，自己称病不去见太后、国王和汉使，这样，南越国归附汉朝的事情就落实不了。

樛太后知道吕嘉在暗中对抗她和南越王的决定，便产生了罢免并铲除吕嘉的想法，只有这样，才能确保南越顺利归附汉朝。

樛太后担心吕嘉先发制人，加害于他们母子俩，便给吕嘉摆了一场鸿门宴，意在酒宴进行时将吕嘉处死。可酒宴之上，事先被安排好的勇士都惧怕吕嘉，谁也不敢动手斩杀他，其中还包括那位汉朝勇士魏臣。吕嘉见酒宴场面有些异常，预感到樛太后和南越王要加害于他。吕嘉借故准备离开时，樛太后突然拿起一根长戟投向吕嘉。因樛太后的力气太小，而且投掷没有准度，长戟根本没伤及吕嘉。吕嘉见状拔腿就跑，在场的人没有一个人敢追杀他。

武帝得到安国少季的报告后，认为吕嘉不会发动太大的叛乱，无须在军事上大动干戈，便诏令济南相韩千秋与樛太后的弟弟樛乐，共同带领两千汉军前往南越平定吕嘉。

吕嘉听说武帝派兵来捉拿他，便与自己的弟弟举旗造反。吕嘉对南越大臣们说："国王年少，樛太后是汉人，与汉朝使者安国少季淫乱，一心谋求归附汉朝，她的弟弟樛乐已是汉军的将领。现在，樛太后已经把先王的宝器献给了汉朝，以此谄媚汉朝天子。

樛太后还要将很多的南越人卖给汉人当奴仆。”说完，吕嘉下令让自己的弟弟带兵攻杀樛太后、国王赵兴和汉朝派来的安国少季等使臣。吕嘉还派人告之各个郡县，废赵兴的南越国王位，立南越国前国王南越妻子所生的术阳侯赵建德为王。

济南相韩千秋和樛太后的弟弟樛乐率领的两千汉军，一路攻破了南越国多个城池。当汉军行进到离南越国都城番禺（今广东省广州市境内）四十里的地方时，遭到吕嘉派出的南越军的包围伏击，结果全军覆灭，韩千秋和樛乐都被南越军斩杀。

而在都城番禺，樛太后、国王赵兴、汉朝使臣济南相安国少季、谏大夫终军、勇士魏臣等一众人物，都被吕嘉的弟弟所率领的南越军斩杀，番禺全城被吕嘉掌控。

随后，吕嘉下令将韩千秋、樛乐两个人的首级用匣子装好，把安国少季所持的汉节用盒子装好，并附上南越国的谢罪表，一同送到南越国的北境，让武帝派人来取。这架势，分明是向武帝宣战。

武帝得知韩千秋、樛太后等一众人物被斩杀的消息，简直是怒火冲天。元鼎五年（前 112 年）秋天，武帝征调十万大军，兵分五路南下讨伐吕嘉。一路以卫尉路博德为伏波将军，从长沙国（湖南省长沙市境内）桂阳出发，沿湟水（今福建省连江流域）直下；二路以主爵都尉杨仆为楼船将军，出豫章郡（今江西省南昌市），直扑横浦关（今广东省大庾岭内）；三路和四路以两个归降汉朝被封侯的南越人为戈船将军、下厉将军，率兵出零陵（今湖南省永州市境内），下漓水（今广西漓江流域），抵苍梧（今广西梧州市境内）；五路以驰义侯率领巴蜀、夜郎（今贵州省黔南州一带）兵，下牂牁江（也称牂柯江，今云南省、贵州省境内的北盘江及广西红水河流域）。武帝诏令：五路大军在南越国都城番禺会师。

吕嘉指挥南越军在五岭一带拼死抵抗汉军，双方交战一年有余。元鼎六年（前111年）冬，楼船将军杨仆率领数万精兵，率先攻取了寻陿（今广东省清远市），随后又攻破了番禺城北的石门（金广东省广州市境内），然后向南推进，与伏波将军路博德所部会合。南越国王赵建德与丞相吕嘉正在坚守番禺城。杨仆从番禺城的东南面进攻，路博德从番禺城的西北面进攻。杨仆攻破了城池后，下令纵火烧城。路博德也攻破城池，下令招降南越军，许诺投降者不但死罪可免，而且还可以做官。在路博德的动员下，城中的南越兵几乎都投降了汉军。此时，南越国王赵建德和丞相吕嘉带着几百名亲兵，狼狈不堪地逃出番禺城，乘船窜入海中。路博德立即派兵追击，将他们分别捉拿。路博德下令斩杀了起事谋反的吕嘉，并将赵建德押送长安。

吕嘉被斩杀后，南越国各地兵吏纷纷归降汉朝。武帝随即诏令：废除南越国，在南越国属地分置南海、苍梧、郁林、合浦、珠崖、儋耳、交趾、九真、日南等九郡。设郡事务一切办妥之后，武帝诏令路博德、杨仆等五路大军班师回朝。

汉军凯旋后，武帝诏令处死赵建德，并将他的首级高悬于长安汉宫北阙，以儆效尤。武帝还诏令：增加符离侯路博德食邑户数，封杨仆为将梁侯，封苏弘为海常侯，封都稽为临蔡侯；南越国投降的四位将领均封为侯：苍梧王赵光为随桃侯，揭阳县令史定为安道侯，将军毕取为膫侯，桂林监居翁为湘域侯。

自秦末赵佗割据称王以来，南越国共传五世，享国九十三年，于元鼎六年消亡，属地从此归入大汉王朝版图。

## 4. 联络收拢西南夷

西南夷是汉朝时期，对分布于巴郡（今重庆市和四川省部分区域）和蜀郡（今四川省成都一带）外圈的少数民族的总称。西南夷共有几十个部落，小的仅有上百人，大的多达千余人，每个部落设有君长。由于邛都、徙、筰、冉駹等部落地处巴、蜀两地之西，被称为“西夷”；而夜郎、僰等部落地处巴、蜀两地之南，被称为“南夷”。西南夷诸族经济发展极不平衡，夜郎、靡莫、滇、邛都等部族在一个地方定居，主要从事农耕活动；昆明等部族不在一个地方定居，从事游牧活动；其余部族或从事农耕或从事游牧，比较随意。西南夷与巴蜀一带的汉民，有着比较频繁的商业来往。

汉朝建立后，最初几任皇帝致力于“轻徭薄赋、与民休息”的治国方略，没顾及考虑与西南夷加强往来联系问题。

汉武帝即位后，重视建立和加强与西南夷之间的往来联系。建元六年（前 135 年），闽越国攻打南越国时，武帝在南越国王赵眜请求之下，采取“围魏救赵”策略，诏令大行令王恢、大农令韩安国率领汉军兵分两路出击闽越，并诏令番阳令唐蒙[①]出使南越进行安抚。

唐蒙来到南越后，南越人用非常美味的蒟酱招待他。南越人告诉他，这种蒟酱是从西北的牂牁江（今云南省、贵州省境内的北盘江及广西红水河流域）运来的，据说是夜郎国（今贵州省西

① 唐蒙：汉朝官员，先任番阳令，后任中郎将，出使夜郎后，成功说服夜郎归顺汉朝，改夜郎为犍为郡。

南部）产的。

唐蒙回到长安后，找到了经营蒟酱的商人，弄清了蒟酱原本是蜀郡的特产，通过夜郎国的商人经牂牁江贩运到南越。牂牁江的水道宽达百步，可以行驶较大的商船，直达南越都城番禺。蒟酱生产和贩运，让唐蒙发现了一条可以绕过五岭天险，由蜀郡通往南越及西南夷的路线。唐蒙把自己掌握的情况报告给武帝，并建议道："应首先建立与夜郎国的联系，然后顺牂牁江南下，去联络收拢西南夷。"

据《史记》中记载：建元六年（前 135 年），武帝诏令唐蒙为郎中将，率领一千人马，携带珍宝等贵重物品，从巴郡、蜀郡、律关出发，出使夜郎国，再经夜郎国联络收拢西南夷。

唐蒙沿着夜郎人贩运蒟酱的路线，顺利到达了夜郎国。由于交通不便，信息闭塞，夜郎国王自以为方圆几千里内数夜郎国最大。见到唐蒙后，他妄自尊大地问道："汉朝和我的国家哪个大？""夜郎自大"由此而来。

唐蒙让随从拿出事先准备好的丝绸、珠玉等贵重物品送给夜郎国王，又讲述了汉朝的地域如何广阔。听了唐蒙的话，夜郎国王才知道自己的国家仅与汉朝的一个县差不多。唐蒙因势利导，劝说夜郎国王举国归附汉朝，让汉朝天子封他为王侯。夜郎国王同意归附汉朝，但他提出一个条件，就是让自己的儿子担任县令一级的官员。武帝收到唐蒙的报告后诏令：将夜郎设置为犍为郡，共划分管理僰道县（今四川省宜宾县西南）等十二个县。

接着，武帝又批准唐蒙在巴郡和蜀郡发动组织官吏士兵数千人，修筑从僰道县到牂牁江的道路。由于天气湿热，地形复杂，参与修路的巴、蜀军民不堪劳累，许多人相继死去，而活着的人纷纷逃跑。唐蒙动用战时法令，下令诛杀了那些纵容军民逃跑的地方首领。唐蒙的严厉惩罚非但没能阻止劳工逃跑，反而激起了更加强烈的反抗，导致修路工程根本无法正常进行。

武帝得知工程停滞不前的消息后，诏令郎官司马相如到西南夷责通知唐蒙迅速改正。据《史记》中记载，司马相如在《喻巴蜀檄》中这样说道："陛下患使者有司之若彼，悼不肖愚民之如此，故遣信使晓谕百姓以发卒之事，因数之以不忠死亡之罪，让三老孝悌以不教之过。方今田时，重烦百姓，已亲见近县，恐远所溪谷山泽之民不遍闻，檄到，亟下县道，使咸知陛下之意，唯毋忽也。"

由于武帝紧急采取改正措施，有效防止了事态的恶化，避免了暴乱的发生。

汉朝派使者给夜郎国王赠送贵重礼物的消息传出后，西南夷部落的其他君长纷纷要求归附汉朝，希望比照夜郎待遇委任他们以相应的官职。对此，熟悉西南夷部落情况的司马相如说："邛都、徙、筰、冉駹等属于西夷部落，离蜀郡很近，道路容易开通。在这样的地区设置郡县，价值远远超过唐蒙修路开通的南夷。"

武帝采纳了司马相如的建议，随即诏令他为中郎将，持节出使西夷部落。同时诏令王然于、壶充国、吕越人等为副使，带上巴、蜀地区的特产作为礼品送给西夷君长。西夷君长非常高兴，纷纷拆除设在边界的关卡，一致表示归附汉朝。司马相如在西夷地区设置了一个都尉，下辖十多个县，归蜀郡管辖。至此，西至沫（今四川省雅安市大渡河）、若（今四川省攀枝花市雅砻江）二水，南到牂牁江的西夷部落都统一起来。

元狩元年（前 122 年），两次出使过西域的张骞向武帝建议，应探索蜀地通往身毒国（今印度境内）的通道。他说在出使西域经过大夏国时，看到了蜀地出产的细布和邛山出产的竹杖。大夏人说这些货物是从东南方向的身毒国运来的，离大夏国仅有几千里。从属地到西南夷，再到身毒国、大夏国，一定有通道。而这条通道，不经匈奴控制的河西地区就可以到达西域。

于是，武帝诏令张骞来主持此事，并诏令王然于、柏始昌、吕越人等为使者寻找身毒国。但因道路被昆明国（今云南省西部、四川省西南部一带）封闭无法前进，一年后只得无功而返。武帝得知道路被封，便下决心征伐昆明国。

元鼎五年（前 112 年），武帝派兵征伐南越时，诏令驰义侯何遗在犍为郡（今贵州省遵义市西部）传布檄文，希望南夷诸国出兵助战。檄文发布后，南夷部族首领都有些恐慌不安。且兰国（今贵州省都匀市一带）君主担心军队远征后，邻国会乘虚前来侵掠，便聚众反叛，斩杀了汉使和犍为郡太守。武帝毫不手软，立即诏令汉朝大军攻伐且兰国，斩杀了且兰国君，迅速平定了南夷。随后，邛都、徙、筰、冉駹、白马等西夷部落也在汉朝强大的军事重压下，相继归附汉朝。

元封二年（前 109 年）秋，武帝诏令拔胡将军郭昌和中郎将卫广[①]率领巴蜀士兵出击滇国，歼灭了劳浸和靡莫两大部落，滇王举国归附汉朝。武帝赐予滇王王印，依旧管辖滇国属地。元封六年（前 105 年），益州郡原昆明国出现叛乱，拔胡将军郭昌得到武帝诏令，很快就平定了叛乱。

武帝随即诏令在西南夷部落地域，设置了越嶲郡、沈黎郡、武都郡、汶山郡、牂牁郡、犍为郡、益州郡等七个郡，原西南夷

① 卫广：武帝第二任皇后卫子夫的同母异父弟弟。

部落的大部分地区归入汉朝版图。

## 5. 征服朝鲜设四郡

朝鲜自古就与中国联系密切。商朝文丁九年（前 1120 年），商王文丁的儿子箕子带领五千名殷民逃到朝鲜（今朝鲜境内），在那里建立了一个王国，并将商朝比较先进的耕织、养蚕等生产技术带了过去。商朝帝辛三十年（前 1046 年），周武王姬发讨伐商王帝辛，史称“武王伐纣”。据《史记》中记载：“纣师虽众，皆无战心，心欲武王亟入。”一夜之间，武王就灭亡了商朝，建立了周朝。其实，周武王是商纣王的表弟，也是箕子的表侄。武王建立周朝后，将箕子所占之地正式封给他，“箕子朝鲜”由此而来。

战国末期，燕国对朝鲜和真番（今韩国首尔一带）实行全面统治，并在那里修障筑塞。秦始皇统一中国后，朝鲜归属辽东郡管辖。汉朝建立后，把边界划到浿水（今朝鲜大同江），由封国燕国管辖，而浿水之南一概放弃了。

高祖十一年（前 196 年），燕王卢绾叛变投降匈奴，燕国人卫满带领一千多人向东出塞，渡过浿水后在朝鲜半岛开荒种地，并得到了朝鲜王箕准的厚待。箕准拜卫满为博士，并赐给他圭[①]，封给他方圆百里的地盘。卫满不断招引汉人流民入境，势力逐渐

① 圭：中国古代用来祭祀之的玉器、瑞器、礼器，为官位最高者所执。

强大起来。

惠帝元年（前 194 年），卫满率军一举攻占了王险城（今朝鲜平壤），自立为王，史称“卫氏朝鲜”，控制了朝鲜半岛的北部地区。惠帝得知这一消息，诏令辽东太守与卫满约定：卫满为汉朝藩属外臣，负责保护汉朝的边境不受侵犯，汉朝答应对卫满进行兵力和物资上的支援。边塞各族首领朝见汉朝天子，边塞各国与汉朝通商，要求卫满不许从中阻挠。

卫满利用汉朝藩属外臣这一身份，加上汉朝的军事、经济支持，不断征服平定真番、临屯（今韩国江原道江陵）等周边小国，势力迅速壮大，领地更是扩大到了方圆几千里。

武帝即位后，朝鲜王变成了卫满的孙子卫右渠。卫右渠也像祖父那样，大量招引汉人流民入境，进一步巩固卫氏朝鲜的统治基础。后来，卫右渠不但不再与汉朝通商、向汉朝朝贡，而且还阻碍邻近小国与汉朝通商、向汉朝朝贡，各小国不得不中断了与汉朝的联系。

据《汉书》中记载：“元年，东夷秽君南闾等率二十八万人降，为苍海郡。”苍海郡的设置，引起了卫右渠的极度不满。他在加强对境内部族控制的同时，更是阻断了真番、辰国等小国经朝鲜朝见武帝的通道。元封二年（前 109 年），武帝诏令熟悉朝鲜事务的官吏涉何为使者，前往朝鲜交涉。涉何严厉责怪卫右渠不遵守与汉朝的约定，晓谕他去觐见武帝。可卫右渠根本不接受涉何的劝说。涉何担心自己回朝无法交代，便在浿水岸边斩杀了为自己送行的卫氏朝鲜裨王。

见到武帝后，涉何谎称自己斩杀了朝鲜大将。武帝非常高兴，诏命他为辽东郡都尉，辅佐太守掌管军事，重点防御朝鲜。

卫右渠得知涉何杀了他手下的裨王，而且官居辽东郡都尉，非常气愤，亲率朝鲜大军攻袭辽东郡，并斩杀了涉何，史称“涉何事件”。

武帝勃然大怒，诏命在全国招募犯有死刑的罪犯，组成一支东征大军平定朝鲜。元封二年秋天，武帝诏令分海、陆两路讨伐朝鲜。海路由楼船将军杨仆率领，从齐地横渡渤海；陆路由左将军荀彘率领，从辽东南下。两路大军合力出击，目标就是攻取朝鲜的都城王险城。

卫右渠得到汉军来伐的消息后，立即发兵进行狙击，并将左将军荀彘率领汉军击溃。楼船将军杨仆率部在朝鲜西海岸登陆后，攻占了列口（今朝鲜黄海南道殷栗郡），然后挥兵北上，冲破重重关卡推进到王险城下。但兵力损失严重，五万大军只剩下七千多人。卫右渠见汉军来攻，随即挥兵迎击。杨仆所部兵力太弱，不堪一击，迅速败退。慌乱中，杨仆与队伍失去了联系，不得不躲进深山。过了十多天，杨仆才出山召集失散的汉军，并与荀彘残部会合，再次向朝鲜军发起进攻，可一直未能攻破浿水南岸的防线。

武帝派两路大军无法顺利取胜，知道是自己过于轻敌造成的。他意识到，卫右渠绝非等闲之辈，必须软硬兼施加以征服。于是，武帝诏令义阳侯卫山到王险城对卫右渠进行招抚。武帝的招抚攻势果然奏效。卫右渠深知，虽然眼下接连打败汉军两员大将，但朝鲜军绝非是汉军的对手。卫右渠见风使舵，接受了武帝的招抚，同意归降汉朝。卫右渠决定派太子到大汉朝廷谢罪，并敬献五十匹马和大量军粮。

卫右渠派一万人马护送太子入汉，卫山和荀彘随同前往。当太子行驶到浿水南岸时，下令扎下大营，只带一部分人马渡河。卫山和荀彘怀疑朝鲜太子使诈，便勒令太子一行不得携带兵器渡河。朝鲜太子本就怀疑汉朝使者不是诚意招降，不仅不再渡河，还命令队伍启程返回。

卫山招降失败，回朝向武帝禀报。武帝觉得此次招降失败，完全是因为卫山处置失当造成的，便诏命杀了卫山。随后，武帝对征发朝鲜的两路大军进行了大规模的补充，然后诏令他们继续进攻王险城。荀彘所部很快强渡浿水，并突破了朝鲜军的城外防线，进攻到王险城下。杨仆也攻到城下与荀彘会合。于是，两路大军分别从东南和西北两个方向进攻王险城，但围攻数月也没能攻破城池。

僵持之下，杨仆与荀彘之间出现了分歧。杨仆主张讲和，而荀彘主张强攻。卫右渠得知杨仆持有讲和的态度后，立即派密使去见杨仆，与杨仆商量投降的条件。荀彘发现杨仆与朝鲜官吏私下交往，便怀疑杨仆在谋划反叛，就在暗中进行监视。

得知杨仆和荀彘不和的消息后，武帝急忙诏令济南太守公孙遂奔赴朝鲜调解处理，并授权公孙遂代朝廷见机行事。

公孙遂到了朝鲜后，荀彘非常高兴，立即告诉公孙遂杨仆有谋反的迹象。公孙遂一直跟荀彘关系密切，听说杨仆有谋反的可能，不禁大吃一惊，觉得必须先下手为强。于是，公孙遂用武帝恩赐的符节将杨仆诱至荀彘帐中，将他五花大绑起来，然后把他的部下全部交给荀彘指挥。

荀彘迅速整合两路队伍，向王险城发起猛烈攻击。朝鲜相路人、尼谿相参[1]和将军王唊感觉大事不好，便在一起商量说："杨仆已经被抓起来，汉军发起猛烈进攻，而卫右渠又不肯投降，这对我们非常不利。"朝鲜相路人、尼谿相参和将军王唊选派得力干将，将卫右渠斩杀，然后一齐投降汉军。

但王险城中，一位叫成已的朝鲜大臣仍在抵抗不降。荀彘随即派卫右渠的儿子卫长、朝鲜相路人的儿子路最共同斩杀了成已，王险城最终被汉军攻破。元封三年（前 108 年）夏，卫氏朝鲜灭亡消失。

征伐朝鲜之战虽然最终取得了胜利，但武帝的心中极其不快。武帝认为，本来可以轻松取胜的战役，却耗时一年多，而且付出了沉重的代价，这些都是人为造成的。战争结束后，武帝对参战将领进行了追究并加以严惩。荀彘违背作战计划，指挥失当，又绑架杨仆挑起内讧，被腰斩弃市；公孙遂因擅拘大臣被斩首；杨仆因为贪图军功，私自招降被判死刑，但被允许以钱赎命。杨仆倾家荡产才免于一死后，不久便抑郁去世。

随后，武帝诏令在朝鲜设置真番、临屯、乐浪和玄菟四郡，史称"汉四郡"。汉四郡的设置，标志着朝鲜半岛北部正式纳入了汉朝版图。



---

① 尼谿相参：尼谿，卫氏朝鲜的属国。参，人名。

# 第十三章　大兴文治，崇尚经典重科技

## 1. 收集书籍藏经典

汉武帝是一位文韬武略的伟大帝王。在武帝的运筹帷幄之下，汉朝取得了征伐匈奴最终胜利，成功摆脱了匈奴的威胁；向西平定了西域诸国，并派使者加强商贸往来和文化交流；向南收拢了“两越”和西南夷，汉朝版图向南大幅推进；向东北歼灭了“卫氏朝鲜”，设立了“汉四郡”……武帝不仅在版图上实现开疆扩土，用武治确保边郡安全，还在保护和传承中华传统文化大显身手，以文治开创了大汉王朝的新辉煌。

武帝七岁就被立为皇太子，成为大汉王朝的储君，从小就接受非常好的文化教育。武帝对多种文化、艺术具有浓厚的兴趣，尤其酷爱文化典籍，非常重视收集收藏图书。

秦始皇时期推行焚书坑儒策略，一把火烧毁了无数的经典书籍。由此，古老悠久的中华文化传承面临巨大的威胁，经受严峻的考验。

汉朝建立初期，高祖曾下诏广开献书之路，广泛收罗书籍篇章。

这一策略一直延续到武帝即位，并形成制度。据《汉书》中记载："汉兴，改秦之败，大收篇籍，广开献书之路。"

即使经过汉初几任皇帝的不懈努力，朝廷所收集的图书依然不多，而收集的篇章文献大多残缺不全。

一天，武帝在皇家藏书处看到费了好大的劲儿才收集起来的竹简，不由自主地长叹一声："朕真痛心啊！"这一发现，也让武帝下定决心要把经过秦朝焚烧的古代文化典籍，尽可能地收集、整理、保存起来。为此，武帝诏令，继续在全国各地征集图书。武帝在太常府、太史府和博士官办公处等场合，都建立了藏书之所。即便是皇宫之内，也要增设辟延阁、广内、秘室府等藏书场所，用来保管收集整理的书籍。武帝还诏令设置抄写图书的专职官员，翻抄包括经书和诸子百家在内的经典书籍。据《汉书》中记载："建藏书之策，置写书之官，下及诸子传说，皆充秘府。"不仅朝廷机构收集整理书籍，地方郡国官府也掀起收集整理书籍的热潮。

河间献王刘德是一个热衷于收集整理书籍的郡国王侯。据《汉书》中记载，献王刘德"从民得善书，必为好写与之，留其真，加金帛赐，以招之"。刘德是汉景帝的次子、武帝的兄长。景帝二年（前155年）四月，刘德被父皇封为河间献王。刘德自幼喜好儒家学说，自己的穿着打扮和言行举止，都极力效仿儒生的做派，因此，山东的许多儒生都习惯依附于他。刘德每次从民间收集到一本好书，首先就是书写学习，掌握书籍内容，然后加以收藏。他还以金银玉帛作为赏赐，广泛征求四方献书，由此吸引了众多的献书者，藏书越来越多，而且大部分书籍都是古文及先秦旧书，具有很高的收藏价值。

鲁恭王刘余也是一位热衷于收集整理书籍的郡国王侯。据《汉书》中记载，刘余“好治宫室，坏孔子旧宅以广其宫”“于其壁中得古文经传”。刘余是汉景帝的四子。景帝二年（前155年），刘余被封为淮阳王，后改封位鲁恭王。刘余喜好养狗、养马，说话有些口吃，不善言辞。刘余从孔府墙壁中，意外得到了古文《尚书》《礼记》《论语》《孝经》等，其中的《尚书》比汉初伏生[①]所传的二十九篇《尚书》还多十六篇。

地方郡国收集整理的书籍，都要通过各种途径献给朝廷。

在武帝的密切关注下，朝廷收集整理的书籍一天比一天多起来。当时，朝廷收集整理的书籍，主要有儒家经籍、诸子传记、史书及曲辞诗赋等。朝廷的相关机构，对各地的计书[②]也妥为收藏。每当朝廷收集到一种好书，武帝都非常高兴。

在保存、整理和流传经典书籍方面，武帝具有卓越的远见和超常的魄力，有力促进了经典书籍的收集整理以及学术研究、学术思想的发展。作为儒家十三经之一的《孝经》，秦朝焚书时被河间人颜芝所藏。汉初，颜芝的儿子颜贞将父亲收藏的《孝经》献出，全书共计十八章。后来在孔府墙壁中，又得到了与《古文尚书》同一时期的古文《孝经》，经文与颜贞所献之书大致相似，但多出三章，后来与颜贞献书合并为二十一章，侍中孔安国为之作传。后来，河间献王刘德的儿子、文学家刘向，在校订皇家藏书时，又将《孝经》定为十八章。《周官》（也称《周礼》）被李氏得到后，献给了河间献王刘德，其中独缺《冬官》一篇，献王以千金求购不得，

---

① 伏生：字予贱，曾为秦代博士。汉初，伏生以《尚书》教于齐鲁间，汉朝的《尚书》学者几乎都出自他的门下。

② 计书：战国时期出现的郡县根据人丁征收地方赋税的档案，是国家向广大农民征收赋税的依据。

遂取《考工记》以补其处，合成六篇献给朝廷。后来，刘向的儿子经学家刘歆为《周官》置博士，《周官》从此流行于世。

武帝还积极推动中国古代史学著作、历史资料的收集保存。武帝诏令设立了专门的史官，先后诏令司马谈[①]、司马迁父子为太史令。太史令的重要职责，就是收藏各种经典书籍，像儒家书籍、诸子传记、史书、天文书、历法书、卜筮书及天下计书等。《史记》虽然是由司马谈和司马迁父子所修，但创作条件是武帝创造的。如果没有武帝，就不会有《史记》的诞生。《史记》通过《本纪》《表》《世家》《列传》等文体，叙述了中国从五帝到汉武帝三千年的历史发展和各式各样的代表人物，还通过“八书”记载了中国礼义、音乐、历法、天文、祭祀、兴修水利、经济等典章制度的演变及其功能。

在收集整理书籍的过程中，自然需要对收集到的书籍进行分类整理、校对，并编订书目，武帝大力推进收集整理经典书籍进程，无疑促进了目录学的发展。

## 2. 大兴汉赋成主流

汉武帝以其杰出的文韬武略，在自己的执政时期，创造了前所未有的繁荣昌盛，史称“汉武盛世”。他北击匈奴，西征西域，

① 司马谈：史学家、思想家。曾任太史令、太史公。依据《国语》《世本》《战国策》《楚汉春秋》等书籍撰写史籍，后来由自己的儿子司马迁续成《史记》。

南定两越，东平朝鲜，汉朝的版图得到了前所未有的扩展。在国家日益强盛的同时，文学也得到了空前的发展，创造了文学极盛的繁荣态势。

武帝是汉朝建立以来，第一位对文学感兴趣的皇帝。在武帝的大力支持和积极倡导下，汉赋成为汉代文学的主流。

汉赋是一种有韵的散文，并被汉朝儒客文人所推崇。它的特点是散韵结合，专事铺叙。从形式上看，在于“铺采摛文”（刘勰《文心雕龙》）；从内容上说，侧重“体物写志”（刘勰《文心雕龙》）。汉赋的内容主要分为五类：渲染宫殿城市；描写帝王游猎；叙述旅行经历；抒发不遇之情；杂谈禽兽草木。而前二类为汉赋的代表。赋是汉代最流行的文体，两汉的四百多年间，文人大多都致力于汉赋的写作，被后世看成是汉代文学的代表。

汉赋继承了先秦诸子散文巧文多智的特点，作品大多属于借物抒怀、意境深沉的篇章，代表作有贾谊[①]的《吊屈原赋》、枚乘[②]的《七发》等。而枚乘是汉初较为出名的汉赋大家。

枚乘是武帝当皇太子时就非常仰慕的人，他即位后，曾以安车蒲轮[③]征召枚乘。枚乘创作的《七发》，开辟了长篇汉赋的先河。后来，枚乘的儿子枚皋子承父业，具有超常的作赋才能，被武帝召入宫中后拜为郎。作为武帝的文学侍从，枚皋经常跟随武帝在

---

① 贾谊：汉朝著名政论家、文学家，世称贾生。贾谊著作主要有散文和汉赋两类，散文代表作有《过秦论》《论积贮疏》《陈政事疏》等；汉赋代表作有《吊屈原赋》《鵩鸟赋》等。

② 枚乘：字叔，汉赋家，与贾谊并称“枚贾”。

③ 安车蒲轮：安车的轮子用蒲草包裹，以防颠簸。用以迎送德高望重的人，表示优礼。

全国各地游走。武帝命他作赋时，他总能一气呵成，因此一生留下了一百二十多篇汉赋。

在武帝的积极推动下，汉赋的创作出现了名作频出的态势，并涌现出了一批汉赋大家，司马相如就是其中的一位。景帝时期，担任武骑常侍的司马相如作了一篇《子虚赋》。还是太子的武帝读到《子虚赋》时，立即被文章中和谐的音调、华丽的辞藻、奇特的构思所吸引，他满以为作者是一位古人或前人。当上皇帝的武帝有些遗憾地说："可惜啊，没能跟这样的人生活在同一个时代！"

听了武帝的话，太监杨德意用很自豪的语气说："皇上，这个司马相如是奴才的同乡！"武帝听了非常惊讶，立即召见这位让自己赞赏的才子。

司马相如自幼喜欢读书、击剑。十二岁读史书时，非常仰慕战国时期的蔺相如，便把自己的名字改为相如。二十岁时，司马相如出资买了个郎官，做了景帝身边的武骑常侍。后来，司马相如应临邛（今四川省邛崃市境内）县令王吉之邀去了临邛。在临邛县，司马相如以一曲《凤求凰》的琴曲，打动了富人卓王孙的女儿卓文君的芳心，得以娶卓文君为妻。卓文君获得父亲的陪嫁奴仆百人，铜钱百万。不久，司马相如带领卓文君回到自己的家乡锦官城（今四川省成都市），购买了田地和住宅，过上了比较富足的生活。《子虚赋》就是这个时期写下的。

得知武帝召见，司马相如不敢怠慢。他来到宫廷后，武帝见面就问他："这篇《子虚赋》果真是你作的？"

司马相如答道："是的皇上，但这篇《子虚赋》写的是诸侯的事情，不值得一看。待我写篇《天子游猎赋》，赋成后立即进献皇上。”

武帝兴奋地说：“你现在就写吧！”说完，武帝就命人拿来笔墨。

在武帝面前，司马相如从容地奋笔疾书，不多久就完成了著名的《上林赋》。这篇赋，司马相如用夸张的手法、丰富的词汇，洋洋洒洒地描写了上林的富丽、游猎的欢乐。在内容上，《上林赋》以宫殿、园囿、田猎为题材，以维护国家统一、反对帝王奢侈为主旨，既歌颂了统一的大汉帝国无可比拟的声威，又对最高统治者暗寓讥讽，从而开创了汉赋创作的新主题。在形式上，《上林赋》摒弃了汉赋创作模仿楚辞的俗套做法，行文中以“子虚”“乌有先生”“无是公”为假托人物，设为问答，放手铺写，结构宏大，层次严密，语言富丽堂皇，句式多有变化，加上对偶、排比手法的大量使用，使全篇气势磅礴，形成铺张扬厉的风格。

武帝阅读着《上林赋》，立即被眼前华丽的篇章所陶醉，当即诏令司马相如为郎，并赐给笔札，让他专事写赋。从此，司马相如专门跟随在武帝左右，写下了大量的诗赋。

除了枚皋、司马相如外，武帝还搜罗了东方朔、严助、吾丘寿王、婴齐、庄匆奇等一大批作赋的当官文人以及文人学士，让他们随从出巡，作辞献赋；也让他们参与政治，在朝廷中担任官职。平时，武帝将这些文人学士作为专职的文学侍从加以蓄养。

武帝经常与群臣一起在柏梁台[①]饮酒赋诗，古诗中的“柏梁体[②]”就是由武帝和群臣赋诗流行起来的。

---

① 柏梁台：台名，故址在今陕西省长安区西北长安故城内。也泛指宫殿。

② 柏梁体：又称柏梁台体、柏梁台诗，采用联句方式，每人一句，每句用韵。

武帝创作诗赋的水平非同一般，至今流传的《瓠子歌》《秋风辞》《李夫人赋》等作品，都具有相当高的文学修养。《汉书·外戚传》中，就收录了他的《李夫人赋》：

美连娟以修嫮兮，命樔绝而不长。
饰新宫以延贮兮，泯不归乎故乡。
惨郁郁其芜秽兮，隐处幽而怀伤。
释舆马于山椒兮，奄修夜之不阳。
秋气憯以凄泪兮，桂枝落而销亡。
神茕茕以遥思兮，精浮游而出星。
托沈阴以圹久兮，惜蕃华之未央。
念穷极之不还兮，惟幼眇之相羊。
函荾荴以俟风兮，芳杂袭以弥章。
的容与以猗靡兮，缥飘姚虖愈庄。
燕淫衍而抚楹兮，连流视而娥扬。
既激感而心逐兮，包红颜而弗明。
欢接狎以离别兮，宵寤梦之芒芒。
忽迁化而不反兮，魄放逸以飞扬。
何灵魄之纷纷兮，哀裴回以踌躇。
势路日以远兮，遂荒忽而辞去。
超兮西征，屑兮不见。
寖淫敞怳，寂兮无音。

《汉书·艺文志》中，对武帝及身边的文人、官吏所作的赋就有比较详细的记载，其中，司马相如二十九篇、枚皋一百二十篇、太常蓼侯孔臧二十篇、吾丘寿王十五篇、常侍郎庄匆奇十一篇、严助三十五篇、朱买臣三篇、司马迁八篇、郎中臣婴齐十篇、倪宽两篇、阳丘侯刘隁十九篇、汉武帝自创两篇等。武帝及其身边的文人、官吏共作赋二百八十三篇。汉初八家中的陆贾、朱建、赵幽王刘友、贾谊、庄忌、枚乘、淮南王刘安及未具名的臣下宾客共作赋一百七十二篇。由此可见，武帝时的作赋数量，比汉初时明显增多，而且质量也更加成熟，更有创造性。

武帝对文学的爱好和对汉赋的倡导，有力地推进了汉赋创作达到了一个前所未有的高度。

## 3. 推崇乐府兴诗坛

汉武帝从七岁被立为皇太子开始，就密切接触经学特别是儒学，并接受文学的熏陶，逐渐养成了尊崇文学、喜爱文学的习惯，而且愿意亲近、结交文学之士。继承皇位后，武帝借助皇权的力量，更加放手地组织文学活动，竭尽全力发现和培养文学人才。他不仅积极倡导汉赋，还在推进诗、礼、乐的发展上倾注精力。

“诗”即诗歌，是一种集中反映社会生活并具有一定的节奏和韵律的文学体裁；“礼”即礼仪，是指各种礼节规范；“乐”即音乐，包括音乐和舞蹈两个方面。武帝觉得，诗，礼，乐是儒家文化的丰厚底蕴。诗能使人获得知识和美的享受；礼能使人区别彼此身份的长幼、亲疏、贵贱、尊卑差异；乐可以使人在目标、感情上实现高度契合。倡导诗、礼、乐，有利于维护和协调各种社会关系。

武帝首先大力推进乐府诗的兴起、发展和繁荣。在中国古代诗歌史上，乐府诗占有非常重要的地位。乐府诗所代表的现实主义精神，是从《诗经》传承下来的，“感于哀乐，缘事而发”（《汉书·艺文志》），记载了民间百姓最质朴的声音。“乐府”本指中国古代掌管音乐歌舞的官署，秦朝开始设置，汉朝初期加以延续。乐府收集整理的诗歌被称为“乐府诗”，简称“乐府”。乐府这是继《诗经》《楚辞》之后，所兴起的一种新诗体。

汉朝建立之初，乐府为朝廷常设的音乐管理部门，具体事务由乐府令掌管，隶属于少府，是少府所管辖的十六令、丞之一。太乐令也负责管理音乐，但太乐令隶属于奉常①。乐府令和太乐令在管理权限上分属于两个系统，职能上有比较明确的分工。太乐令掌管的宗庙之乐，是前代流传下来的传统古乐；乐府令所掌管的天子及朝廷平时所用之乐，不是传统古乐，而是以楚声②为主的流行曲调。

最初用楚声演唱的乐府诗是《安世房中歌》十七章。《安世房中歌》是乐府《郊庙歌》③中的篇名，为汉高祖妃子唐山夫人所作。据《汉书·礼乐志》中记载，《安世房中歌》原称《房中祠乐》，其乐为楚音，深受高祖的喜爱。《安世房中歌》中的“房”，为古代宗庙中陈列神主之所。这些乐府诗，是汉代贵族用于宗庙祭祀的乐章，其中多数诗篇是对汉朝的赞美和祝颂。在祭祀沛宫原

① 奉常：官名，为九卿之一，掌管宗庙礼仪。

② 楚声：楚地的音乐，亦称“楚调”或“南音”。

③ 《郊庙歌》：帝王祭天地百神和祖先宗庙时所用的乐章。

庙时，也用楚声演唱高祖所作的《大风歌》，并由乐府掌管。

武帝即位后，乐府有了一个空前的发展。武帝强化了乐府的职能作用，不仅组织文人创作朝廷所用的乐府诗，还广泛收集各地民间歌谣，使许多民间歌谣在乐府演唱，并得以流传下来。

据《汉书·百官公卿表》记载，武帝诏令乐府令下设音监、游徼、仆射等三丞，且乐人分工更加明确细致，设置“郊祭乐员”“骑吹鼓员”“邯郸鼓员”“巴俞鼓员”“竽员”“瑟员”“琴员”等多种职位。在武帝的推进之下，汉朝的乐府进入了一个空前的昌盛时期。

武帝不仅强化了乐府管理音乐的职能，还设置了专门管理音乐事务的官吏。武帝诏令李延年为协律都尉[①]。李延年出身于音乐歌舞的世家，父母兄弟都通晓音乐，都以音乐歌舞为职业。但李延年年轻时，因犯法而被处腐刑。后来，武帝知道他出身音乐舞蹈世家，又因“性知音，善歌舞”（《汉书·外戚传》），虽然受过腐刑，依然得到武帝的偏爱。李延年善于见机行事，以此来博得武帝的欢心。

一次，李延年在武帝面前演唱了一曲自己创作的《佳人曲》。歌中唱道：“北方有佳人，绝世而独立。一顾倾人城，再顾倾人国。宁不知倾城与倾国，佳人难再得。”听了李延年的演唱，武帝不仅对歌曲的曲子着了迷，更对歌曲的内容所描述的美人着了迷。武帝竟在不知不觉中突发奇想，要找一个倾国倾城的佳人相伴左右。后来，他偶然遇到了李氏，即刻感觉眼前的女子就是李延年曲中所唱的佳人。于是，武帝将李氏立为妃子，就是后来的李夫人。

① 协律都尉：官名，掌谱作新曲。

不久，李夫人生下了武帝的第五个儿子昌邑王刘髆。

武帝在诏令李延年为协律都尉时，还诏令音乐家张仲春协助李延年管理朝廷的音乐事务，诏令丘仲[①]造笛子，将笛子作为协律的乐器。每当武帝读到自己喜欢的辞赋时，就会叫李延年配上乐谱，“以合八音之调”（《汉书·礼乐志》）。汉代著名的《郊祀歌》十九章，就是由李延年谱曲流传下来的。

元鼎六年（前111年）正月的一天，武帝与群臣一起在甘泉宫的圜丘上用乐舞祭祀天帝。当天，七十多名童男童女同声高声歌唱庄严动人的颂歌。夜空之中，不时闪过流星的光辉。武帝以为，这里是神光照耀祠坛，无异于天帝对他的感召。于是，他虔诚地在甘泉宫里遥望参拜。动人的颂歌声，让他和百官肃然动心，无限虔敬。武帝的内心十分迷信，不知不觉中把音乐和神权联系在一起。

武帝对音乐歌舞的重视和提倡，使汉代的音乐发展到了很高的水平。武帝时期的乐府，除了负责制定乐谱、训练乐工外，还有一个更重要的任务，就是派人到全国各地采集民歌，然后进行整理保存。当时，赵国、代国、秦国、楚国等各具地方特色的民歌，都得到了全面的收集和系统的整理。据《汉书·艺文志》中记载，收集和整理的诗篇包括吴、楚、汝南等在内的共计十五篇；燕、代、雁门、云中、陇西等在内的歌诗共九篇；邯郸、河间等地的歌诗四篇；齐、郑等地的歌诗共计四篇；淮南的歌诗四篇；左冯翊的秦歌诗三篇；河南周歌诗七篇等。武帝时期，很多民歌由乐府收集、整理后，得以流传下来。

---

① 丘仲：乐官，以造笛闻名。

在武帝的热心收集和积极推崇下，民间音乐很快风行于上流社会。不仅宫廷喜欢音乐，皇室子弟更爱好俗乐，许多人甚至能自己作曲和吹弹乐曲。由于贵族们竞相效仿，便在自己的府中发现和招收乐工。当时，蓄养乐人的贵戚豪富之家，都参与了收集民歌的活动，汉朝因此出现了大量的民歌和具有较高技艺水平的乐工。

武帝所推崇的乐府，虽然经过文人的雕琢加工，但仍然保持着浓郁的民歌特色。这些乐府诗歌的内容，广泛而深刻地反映了当时的社会生活，诗歌的形式活泼自由，句子从一两个字，到八九个字，而且参差错落。这种诗歌，以其内容的现实性、形式的新颖性、语言的生动性，充满了无穷的生活情趣，极大地充实了汉代诗坛，进而开创了中国古代诗史的一个崭新局面。

## 4. 颁布实行太初历

元封七年（前104年），汉武帝在明堂[①]举行了盛大的颁历典礼，诏令改年号元封七年为太初元年，所颁新历为“太初历”。太初历的颁行实施，是大汉王朝的一件大事，足以说明武帝不仅是一位重视传统文化的皇帝，也是一位非常重视科学的皇帝。

太初历的制定颁布，充分证明当时的汉朝在天文学研究方面的极高水平。尤其是民间天文学家的数量比较多，可谓是人才济济，

① 明堂：汉朝重要祭祀场所，初置于建元元年，位于长安城西南七里。

为天文学的研究奠定了雄厚的人才基础。

汉朝建立后，依然延续秦制采用古六历，即黄帝历、颛顼历、夏历、殷历、周历、鲁历。古六历均属于阴阳历，都是四分历[①]。秦始皇统一中国前，秦国推行的是战国时期制定的颛顼历。秦始皇统一中国后，将颛顼历颁行全国，以十月为岁首。高祖沿用颛顼历，结果年复一年，日月差数得不到校正，以致出现了朔即农历每月初一、晦即农历月末本不该见到月亮的时间，却见到了月亮的现象；上弦即农历初七、初八月亮缺上半、下弦即农历廿二、廿三月亮缺下半时，却见到了圆月的现象。由于历法的错乱，不仅严重影响了百姓正常的生产、生活，还损害了代行天道的天子的威望。

武帝即位后，人们要求改正朔[②]的呼声越来越强烈。

元封七年，在御史大夫韩安国的举荐下，武帝诏令术士壶遂任太中大夫[③]。不久，武帝又诏令中大夫公孙卿、太中大夫壶遂、太史令司马迁与星官射姓、历官邓平、方士唐都、太史待诏落下闳等二十余人，共同制定太初历。其中，太史待诏落下闳是主要的制定者。

在历法改制的过程中，来自不同领域的二十多名专家，经常为某一个细节问题发生激烈争论。来自朝廷的中大夫公孙卿、太中大夫壶遂、太史令司马迁等人，来自民间的天文学家落下闳、历官邓平、方士唐都等人，都有各自的改制方案，朝廷一方和民

① 四分历：即将一个回归年的时间定为三百六十五日又四分之一日。

② 改正朔："正"指的是正月，"朔"指初一，改正朔就是重新确定正月初一是哪一天。

③ 太中大夫：官名，掌管朝廷的论议事务，为光禄勋属官。

间一方谁也说服不了谁，最后，竟然制定形成了十八种不同的历法。

十八种历法的草稿形成后，武帝非常仔细地进行了对照比较，确定落下闳与邓平共同制定的历法明显优于其他十七种。随后，武帝又诏令落下闳和邓平进行了局部修订，然后予以采用，并于太初元年加以颁行，史称“太初历”。

太初历颁布推行后，受到太史令司马迁、张寿王等朝廷重臣的强烈反对，张寿王甚至向武帝提议继续推行之前的殷历。为了测定太初历与古六历那一个更为准确，武帝诏令开展了一次为期三年的天文观测活动。通过对太初历和古六历的观测数据加以比较，证明太初历的数据更符合天象。从此，太初历站稳了脚跟，推行起来更具说服力。为奖励落下闳和邓平共同制定太初历的功绩，武帝诏令落下闳为侍中、邓平为太史丞。但落下闳却婉拒不受，后来隐居落亭（今河南省淅川县境内）。

太初历虽然仍使用十九年七闰的置闰法，但取二十九日为一朔望月，并将一天分为八十一分，因此太初历又称“八十一分律历”。太初历在很多方面超越了汉朝初期推行的颛顼历，主要特点包括：一是太初历采用夏正，以寅月为岁首，与春种、秋收、夏忙、冬闲的农业节奏合拍；二是太初历规定以无中气之月为闰月。在二十四个节气中，位于奇数者，即冬至、大寒、雨水、春分、谷雨、小满、夏至、大暑、处暑、秋分、霜降、小雪等又叫作中气。凡阴历月中没有遇到中气的，其后应补一闰月。这种方法，显然比以前的年终置闰法更为合理。太初历是中国历法史上的一次重大改革，是第一部比较完整的历法。

在改正朔的同时，武帝还加快推进易服色[1]进程。易服色和改正朔一样，都是新王朝应天承运而改制的重要内容。易服色和改正朔源于战国时期齐国人邹衍[2]创立的“五德终始说”。邹衍将阴阳说和五行说融合起来，来阐释天人感应和天道循环的理论。

邹衍认为，人类的各项活动，都和阴阳五行相通，并互为影响，由此引起各种变化。所谓五行，即土、木、金、火、水五种物质。所谓五德，就是五行的德性，即土德、木德、金德、火德、水德。五德不仅相生相克，而且终而复始，不断循环。在邹衍看来，每个王朝都必定得到五德中的一德，并由上天来符应。而后，这个王朝根据所得的五行之德的性质，来制定本王朝的各种制度。一个王朝德衰之后，肯定会被另一个克胜此德的新王朝所取代。新王朝兴起时，上天便会符应，而某个君主认识到符应的含义，就要依据本王朝所受的五行之德的性质进行改制，这便是顺天承运，成为受天命者。

邹衍创立的五德终始说，受到各朝统治者的推崇。秦始皇根据邹衍的学说，确认秦为水德，之后便依照水德之性进行改制。如在改正朔方面，以建亥之月为岁首；在易服色方面，以颜色尚黑，衣服、旌旗均用黑色；与水德相应的数字是六，所以符传长度、法冠高度各为六寸，车轨宽则为六尺；水德主阴，阴主刑杀，因而尚法严刑。

汉朝初期，因高祖出身平民，不懂五德终始说，加上汉朝初立，

① 易服色：指的是改变王朝崇尚的颜色，包括服装的颜色，祭祀的牲口、车马的颜色等。

② 邹衍：战国末期阴阳家代表人物，五行说、五德终始说、大九州说创始人，著有《邹子》一书。

万事凋敝，顾不上制定新制，认为汉也为水德，因此承袭秦制，色尚黑。到了文帝时期，朝廷的统治日益稳固，随着政治、经济和文化的全面发展，秦朝的旧制渐渐不能适应汉朝新形势的需要。

文帝十三年（前 169 年），博士公孙臣根据五德终始说理论，上书文帝说："汉朝获得的是土德，应该改用新的元年，根据土德改正朔、易服色。汉获土德，上天一定会示以符瑞，这种符瑞当是黄龙出现。"文帝虽然采纳了这一建议，但被文帝诏令办理此事的丞相张苍所耽搁，后来不了了之。

武帝按照五德终始说理论，采纳了公孙臣在文帝时期的建议，认为汉朝获土德。秦朝为水德，汉朝应该以土德克水德，从而取代秦朝，这才是"顺天承运"。既然汉朝为土德，土乃黄色，所以汉朝应易秦尚黑而尚黄，衣服、旌旗、车马均以黄色为最尊，这就是易服色。而与土德相应的数字是五，因此数应该用五，例如官吏的印章刻文都用五个字，丞相之印文为"丞相之印章"，诸卿及郡守、相印文不足字者，用"之"字补足。

## 5. 发展推广新技术

汉武帝组织制定并实施了一系列实用性科技政策，极大地促进了冶炼、铁制农具的研制、水利、造纸等方面的科技进步，取得了重大的发展成果，初步奠定了汉朝科技体系建立的坚实基础和发展特色，对汉朝的经济社会发展产生了深远影响，成为中国古代科技发展的一个重要历史阶段。

汉朝建立初期，整个社会处于一个典型的自然经济形态，重农和农本主义思想牢固占据主导地位，成为当朝天子奉行的强国富民之国策。武帝时期，由于对外征伐列强侵掠，对内推行治理革新，耗费了巨大的财力，出现了比较严重的财政危机和社会危机。于是，武帝开始反思征战杀伐之事，开始强调“方今之务，在于力农”（《汉书·食货志》）。因此，武帝通过制定颁布一系列的科技政策，来推动农业生产工具的改进，促进农业生产技术的提高，推进农业的快速发展。

武帝最为重视的，是铁制农耕机具的研制和普及。牛拉铁犁耕种在春秋战国时期就已经出现了，但真正得到快速发展是在汉武帝时期。武帝诏令农学家赵过担任治粟都尉，向各个郡县推广他的“二牛三人”耧犁耕法，就是在耕作时，用两头牛牵引，三个人驾驭。这是中国农业发展史上第一次由中央政府支持，并得到皇帝关心的农耕机具改革与推广。据《汉书·食货志》中记载：“大农置工巧奴与从事，为作田器。二千石遣令长、三老、力田及里父老善田者受田器，学耕种养苗状。”意思说，大司农设立善于制作田器的奴仆来进行工作，制作种田的器械。二千石派遣令长、三老、力田以及里父老中善于种田的人接收种田的器械，学习耕种和培养禾苗的方法。

赵过上任后，立即召集一大批民间的能工巧匠研制和改进农具。研制和改进的农具主要包括犁耕农具和播种农具，目的是推广耧犁耕法，推进深耕和条播，提高耕种效率，节约种子，增加产量。使用新农具的效果，就像《汉书·食货志》记载的那样：“其耕耘、下种田器，皆有轻便。”意思说，代田耕耘播种的器械，都方便灵巧。新农具推广的范围非常广泛，从关中地区一直到遥远的边郡及居延塞（今内蒙古额济纳旗东南）。

在广泛推广耧犁耕法的基础上，武帝又诏令赵过推广代田法。代田法是赵过在总结西北地区的抗旱经验的基础上，所推广的一种耕作方法。这种方法就是在地里开沟作垄，沟垄相间，将作物种在沟里，中耕除草时，将垄上的土逐次推到沟里，进而起到培育作物的作用。到了第二年，沟垄互换位置。代田法有利于保持地力，也有利于农作物抵抗风灾和旱灾。据《汉书·食货志》中记载："一岁之收，常过缦田亩一斛以上，善者倍之。"意思说，一年的收获，经常超过不用代田法耕作的田地每亩达一斛以上，会耕种的甚至是不用代田法耕作田地的两倍。代田法不但在广大中原地区推广，也在边郡及居延塞等地推行。

武帝时期，采取科学的办法兴修了大量的水利工程。除了实施大规模的修渠引水工程外，还通过掘堰储水、凿井出水、筑堤节水等科学方法，来控制和利用自然的水源进行人工灌溉。水利工程推广至西南最边远的地区，京都地区的关中建成了当时世界上最大的农田自流灌田，使关中成为名副其实的天府之国。同时，有关水利建设的记载也大批出现，水利科学技术的基础理论得以深化。在武帝诏令下，完成了《史记·河渠书》的编修，成为中国第一部水利通史，并确立了传统水利作为一个学科及工程建设重要门类的地位。

武帝不遗余力地推进采矿、冶炼、铸造、煮盐等科技的发展。武帝时期，朝廷推行"笼盐铁"政策，就是将盐铁的经营收归官府，实行专卖。笼盐铁政策，有效提升了冶金、煮盐业的技术水平。武帝大胆启用齐之大煮盐东郭咸阳、南阳大冶孔仅等在鼓铸冶煮方面术业有专攻的技术专家，推广专业技术。在这些技术专家的助推下，朝廷在全国盛产盐铁的地方设置盐官二十八郡，设置铁官四十郡，盐铁之官布满天下。笼盐铁政策，集中了大批人力、物力和技术，全面推进了采矿、冶炼、铸造、煮盐等行业的科技发展，在许多技术上取得了新突破，包括灰口铁生产工艺的成型、球墨铸铁的初见、百炼钢的技术突破以及叠铸技术的成熟与推广等，使汉朝成为当时世界上名副其实的铁生产大国，各项炼铁技术远远领先于其他国家。

武帝时期，已经制造出了中国最原始的纸张。1957 年，在陕西西安灞桥一座墓葬中，出土了中国最早的植物纤维纸，颜色呈米黄色，发现时已经裂成数十块。专家研究推测，出土的纸张的年代应该在元狩五年（前 118 年），比东汉蔡伦所造的植物纤维纸早了二百多年。

为了更好地推广新技术，促进科技的快速发展，武帝大力发掘和使用专业技术人才。“武帝初即位，征天下举方正贤良文学材力之士，待以不次之位”（《汉书·东方朔传》）“博开艺能之路，悉延百端之学。通一技之士，咸得自效，绝伦超奇者为右，无所阿私”（《史记》）。武帝的策略，实现了广开才路，破格用人，人尽其才，才尽其用。徐伯原本是一个普通水工，元光六年（前 129 年），武帝诏令他主持漕渠工程。仅三年时间，他就主持开凿从长安沿终南山至黄河的渠道三百多里，使关东到长安的水路缩短了一半，并兼顾灌溉万顷农田。东郭咸阳是盐商出身，孔仅是冶铁商出身，武帝诏令二人为大农丞，主管盐铁专卖事务，为国家创造财富。

武帝时期推行的有关科技政策，目标虽然是为了促进农业生产，增强国力，巩固皇权统治，但这些政策的实施，又带动着相关科技的发展，促进相关学科体系的形成和完善，也辐射促进了数学、农学、医学、天文学、地理学等学科的发展。武帝时期，是中国农器发展史的一个重要时期，传统农业生产工具的种类、器形及组合模式，都在这一时期基本形成并初步完善，对中国农业的发展以及中华文明的进程，产生了重大而深远的影响。

武帝以前，各个历史时期的科技活动基本都处于一种无政府状态，属于分散的个体活动。而武帝时期，科技方面出现了引人注目的群体活动现象。太初历的制定、农具的研制和改进、代田法的推广、农业灌溉和治河工程的实施、采矿冶炼及煮盐行业的发展等等，无一不是在众多科技人才共同参与下取得成效的。这种科技人才群体活动现象，改变了传统的发明创造模式和科研成果的推广普及渠道，实现了社会科技发展的责任共担和成果共享。

# 第十四章　热衷盛典，无上威仪尽彰显

## 1. 郊祀太一后土神

汉朝是中国神灵祭祀观念不断理论化、典制化的一个时期。这种祭祀观念根植于宗教习俗的农事崇拜、农神信仰之中，与春秋战国时期的古神话、帝王传说、阴阳律历等不断融汇，呈现出日渐庞杂的特征。

汉武帝时期的祭祀文化，继承了楚人祭祀文化的主要特征，并杂糅了诸侯郡国的祭祀文化，与周代传承下来的礼乐文化有着明显的区别。武帝时期的祭祀文化，不是以古制为依归，这与武帝刻意提高楚文化的地位有关。汉朝建立初期，高祖以高祖妃子唐山夫人所作的《安世房中歌》为宗庙乐，其音即为楚音，从而奠定了汉代祭祀文化的基本取向。

在汉朝历史上，武帝时期是一个具有里程碑意义的时代。武帝前期，曾在官制、礼制等多个领域实施改革。这些改革策略，充分体现了齐整有序的倾向，表明武帝意欲建立垂范后世的汉家制度。在祭祀文化改革方面，甘泉（今山西省淳化县西北）太一[①]祭祀和汾阴（今山西省万荣县西南）后土[②]祭祀，都标志着具有汉代特色的祭祀文化的形成，证明武帝时期的祭祀文化在中国古代祭祀文化体系中，占据非常重要的地位。

郊祀祭天是武帝举行祭祀的重要组成部分。据《汉书·郊祀志》中记载，文帝时，有司皆曰："古者天子夏亲郊祀上帝于郊，故曰郊。"郊祀对确立天子的权威具有至为重要的意义。郊祀的规格是所有祭祀等级中最高的。天子受命于天，只有天子才有郊祀的资格。据《荀子·礼论》中记载："郊止乎天子，而社止于诸侯，道及士大夫。所以别尊者事尊，卑者事卑，宜大者巨，宜小者小也。"

据《史记·封禅书》《全汉文·祠后土议》《全汉文·议立太坛》中记载，创立郊祀仪礼的不是儒生，而是太史公司马谈和祠官宽舒等朝廷官吏。在武帝推崇的郊祀和封禅这两大文化盛事中，儒生并未得到重用。由此来看，郊祀祭天的改革的并非源于儒学，而是源自于与皇权密切相关的楚文化及方士极力推荐的齐文化，但武帝并不排斥也不边缘化其他祭祀文化。

武帝即位后，虽然沿袭了秦始皇的郊雍之礼，在雍城举行大规模的祭祀天地神灵活动，但祭祀内容发生了不小的变化。雍（今陕西省宝鸡市凤翔区）是秦朝天子郊祀天地的场所。秦朝祭祀上帝乃白、青、黄、赤四方位帝。高祖沿袭秦制，行郊雍之礼，以黑帝自居，在秦的四方位帝的基础上，增祀黑帝，改为祭祀五帝，但仪礼上并无大的变化。文帝和景帝时期依然延续祭祀五帝。元

① 太一：天神，为主神、天帝。

② 后土：地神，也是大地的尊称。

鼎四年（前 113），武帝实行郊祀祭天改革，将太一与后土提升为祭祀的主神，五帝成为配享的神灵。武帝虽然提升了太一后土的地位，取代了周代的郊祀祭天之礼，但并未废弃祭祀五帝，而是将郊雍之礼与甘泉太一祭祀、汾阴后土祭祀交替进行。

显然，武帝在祭祀文化上采取了比较灵活的策略。武帝将楚文化为主导的祭祀文化作为思想统一的风向标，并包容了秦朝以前的祭祀文化，通过在不同年份祭祀不同的神灵，灵活地将古制祭祀文化与新制祭祀文化融合在一起，创造并形成了和而不同的祭祀文化氛围。

武帝时期郊祀祭天活动的受祭者，大部分是地方神灵，其中有不少是齐地神灵。齐、楚文化乃一脉相承，都是浪漫精神的代表。武帝时期在继承发展楚文化的基础上，又兼容齐文化，必然是如虎添翼，形成齐、楚浪漫文化的奇观。从神灵受祭的方位看，武帝时期郊祀祭天活动，突出了太一神的主体地位，进而形成了五帝、群神从者及北斗共同受祭、等次有序的祭祀格局。

据刘勰的《文心雕龙·乐府》中记载："暨武帝崇礼，始立乐府；总赵代之音，撮齐楚之气。延年以曼声协律，朱、马以骚体制歌。"意思说，武帝在祭祀的歌辞方面，博采赵、代、齐、楚等国的民歌之长。武帝所作的《天马诗》《西极天马歌》都是骚体。

骚体是乐府歌曲《郊祀歌》主要的艺术形式，反映了武帝时期郊祀祭天与楚文化之间的关系。而骚体并非唯一的艺术形式，《郊祀歌》还融合了各地民谣"乃立乐府，采诗夜诵，有赵、代、秦、楚之讴"（《汉书·礼乐志》）。而据《隋书·音乐志》中记载："武帝裁音律之响，定郊祀之祭，颇杂讴谣，非全雅什。"意思说武帝不用雅乐而采用各地民谣。其中，虽然含有与河间献王及外廷官员较劲儿故意不用雅乐的因素，但也是对古已有之的采诗之风的继承。武帝能够观风俗、知得失、自考正，显示了对各诸侯郡国的友好姿态。

武帝以祥瑞为依据，创立以楚祭祀文化为主导的祭祀文化，从而树立大汉王朝的权威和皇权的权威。

在汉朝神灵祭祀系统的建构中，武帝将太一神推尊为至上神，象征着天子的权威，以此来提高朝廷对地方郡县的绝对领导权，从而达到推尊皇权、巩固朝廷集权的政治目的。既然是祭祀活动，就必须有娱神、敬神的歌诗，以此来配合祭祀活动的全过程，营造人神交融的神秘氛围。据《汉书·礼乐志》中记载："以李延年为协律都尉，多举司马相如等数十人造为诗赋，略论律吕，以合八音之调，作十九章之歌。以正月上辛用事甘泉圜丘，使童男女七十人俱歌，昏祠至明。夜常有神光如流星止集于祠坛，天子自竹宫而望拜，百官侍祠者数百人皆肃然动心焉。"意思说，武帝设立乐府机构，命其采集歌诗，并任用李延年为协律都尉，率领司马相如等数十人造诗作赋，形成了《郊祀歌》十九章之作。

以娱神、敬神为手段的《郊祀歌》，无疑具有推尊皇权、维护汉朝长治久安的政治目的。武帝将宗庙祭祀仪式应用到郊祀祭天活动中，地点由宗庙转移到了京郊，不但确定了郊祭之礼，还将高祖以来所祭祀的五帝降格，达到极力推尊太一神的目的。武帝恭恭敬敬地祭祀天神太一，显然是在向天下臣民昭示：自己就是天神太一之子，是代表天神行使"天命以为王，使理群生，告太平于天，报群神之功"（《五经通义》）使命的。这既是对自己天子身份合法性的确认，也是让天下臣民认同天子身份。武帝大力推尊太一神、降格五帝神举措的目的，就是将神界权力迁移到人间，他就是天神太一在人间的代言人，就像在天界五帝神与其他神灵绝对服从太一神一样，在人间所有臣子，都必须无条件服从他的命令。经过这样的身份确认和身份认同，武帝人间天子身份的合法性便得到了进一步强化。

## 2. 建立明堂重礼数

汉武帝秉承历朝历代皇帝建立明堂的做法，积极推行和完善明堂礼制。建元元年（前 140 年），武帝刚刚即位后就在长安城西南七里、城门安门以东、杜门以西设立明堂。后来的元封元年（前 110 年），武帝又在奉高（今山东省泰安市东部）修建明堂。

秦始皇尊崇法学，制定律法过于严苛，导致民不聊生。秦始皇一味推行愚民和打压策略，不符合社会的演变规律。有了秦朝的教训，汉朝建立后的几任皇帝，都采取无为而治、与民休息、放任自由的黄老之术来治理国家。黄老之术就是道家思想，也是主张柔弱、谦下的思想。

有了前几任皇帝无为而治打下的基础，武帝即位时已是“京师之钱巨万，贯朽而不可校。太仓之粟陈陈相因，充溢露积于外，至腐败不可食”（《汉书·食货志》）的局面。虽然窦太皇太后强制要求武帝学习黄老学说，武帝也确实老老实实地学习了黄老学说，可他根本不想被黄老学说所束缚。他觉得，自己是大汉王朝的天子，应该打破无为而治的旧框框，干出一番超过自己父辈的大事业。

武帝以崇尚儒家思想为己任。儒家思想从根本上说就是重视礼法，而讲究排场是礼法中的重要组成部分。儒家圣贤孔子就曾在礼法方面做出了表率。一次，孔子和他的学生子路二人被围困在陈、蔡两国之间，一连十几天都没有进食，几乎就要饿死了。实在忍受不下去了，子路就去偷了一只小猪和酒菜，而孔子连问都没问，狼吞虎咽地吃了一顿，根本没顾及自己的吃相。后来，脱离困境的孔子受到鲁国国君的接待。此时孔子与之前判若两人，席子不正他不坐，肉切得不整齐他不吃。孔子对子路说，吃小猪和酒菜是为了生存，没法顾及那么多。而如今是为了生活，就一定要顾及廉耻。

武帝显然是学习借鉴了孔子的做法。有了前几任皇帝的积累，武帝时期就到了顾及自身“廉耻”、建立礼仪制度的时候，明堂恰恰是武帝尊崇礼法的场所。

明堂最早是黄帝为祭祀昊天上帝所建的祭祀场所。夏朝时，明堂被称为“世室”；商朝时，明堂被称为“重屋”；周朝时，明堂正式被称为“明堂”。明堂的意思就是“明政教之堂”，可上通天象，下通万物，天子在此既可听察天下，又可宣明政教，是体现天人合一的神圣之地，是宣扬君权神授概念的重要场所。

汉朝封设了众多的诸侯王，而同等级诸侯王的地位谁大谁小，有了明堂便一切迎刃而解。对君王以及各诸侯王、臣子的站位，《礼记·明堂位》中有详细的记载：“昔者周公朝诸侯于明堂之位：天子负斧依，南乡而立；三公，中阶之前，北面东上；诸侯之位，阼阶之东，西面北上；诸伯之国，西阶之西，东面北上；诸子之国，门东，北面东上；诸男之国，门西，北面东上；九夷之国，东门之外，西面北上；八蛮之国，南门之外，北面东上；六戎之国，西门之外，东面南上；五狄之国，北门之外，南面东上；九采之国，应门之外，北面东上。四塞，世告至。此周公明堂之位也。明堂也者，明诸侯之尊卑也。”

明堂确实是一个很有讲究的场所，光是官员的站位制度，都彰显了国之风范，天子威仪。诸侯王谁大谁小，一看站位便一目了然。

武帝天性好大喜功。面对仪仗威严且于君有利的做法，他绝对不可能加以拒绝。与汉朝之前几任皇帝相比，武帝最大区别就在于重视君权。在儒学繁文缛节的背后，武帝导演了一部为集权而铺垫的大戏。

武帝以前，虽然君权是首位，但时间长了自然会受到漠视。高祖时期，提出分封郡县的策略，并以“白马之盟”的方式来防止诸侯乱国。然而，随着时间的推移，最终还是爆发了“七国之乱”，君权之威未能长久。武帝建立明堂的初衷，就是改变高祖的做法，重视礼法制度，强化君权之威和君权专制。

武帝知道，明堂是用来祷告上天，并证实君权神授的概念。而且明堂有着严格的礼仪制度，确保了君王的威仪深入人心，对人们进行道德上的约束，让人们知道，想要推翻君王是不合天意的，也是不得民心的。武帝推行和完善明堂礼制，是君王确保权力威严的有效途径。

武帝尊重礼数。所谓礼数，简而言之就是礼节、礼貌的等级。汉朝的礼数根植于劳作生活，源于人们愿意遵循的社会认知。汉代的礼节，主要包括立容、坐容、行礼、迎宾、宴请等五个方面，又很大程度体现在汉服上。在汉代，汉服也叫礼服，其特点是交领、右衽、系带、宽袖，又以盘领、直领等为其有益补充。汉服的生产工艺涉及纺织品、蜡染等多种工艺，体现了传统工艺源远流长的历史和审美情趣。汉服从诞生起，就不仅是人体的一种遮蔽，而是具有美化生活的作用，体现了汉族深厚的文化底蕴。汉服并非只是汉族人的服装，从某种意义上说，汉服发展的历史其实就是中华民族发展的历史，汉服的发展与中国礼节文化的发展密不可分。

汉朝非常讲究行顿首礼，而武帝赋予了顿首礼更多的情感意愿表示。先秦时期的楚国大夫申包胥行九顿首之礼，表示的是不一般的感激。武帝时的顿首礼，所表示的情感意愿是九顿首不能比拟的。武帝诏令公孙贺为丞相。公孙贺拜为丞相时，不受印绶，顿首涕泣，曰："臣本边鄙，以鞍马骑射为官，材诚不任宰相。"武帝与左右见贺哀，感动下泣。能把武帝及其左右感动得流泪，可见公孙贺的推辞意愿该有多强烈。还有邓通顿首乞求活命之恐惧、金日磾顿首解释杀子之真情、史丹顿首劝谏元帝勿废太子之意切、阴兴顿首推辞任命之真诚、虞诩子虞顗顿首为父鸣冤之无畏、谯玄子谯瑛顿首为父请命之感人，都是某种意愿的强烈表达。毫无疑问，建明堂重礼教，是武帝时期的突出统治特征。

## 3. 泰山封禅超历代

"封禅"一词中，"封"为祭天，多指天子登上泰山筑坛祭天；"禅"为祭地，多指在泰山下的小丘除地祭地。古代帝王祭祀天地的大典，又称为封祀、封峦、封岳。

泰山是五岳之首，在泰山之巅祭天，与天的距离最近，人神沟通方便。秦始皇是中国历史上第一个到泰山封禅的皇帝。秦始皇二十七年（前 219 年），嬴政巡行东方，召集齐、鲁儒生博士七十多人，至泰山下稽考封禅礼仪。当时由于众儒生说法不一，秦始皇便自定礼制，从泰山阳坡登上山顶。在山顶，秦始皇行登封礼，并立石颂德，然后从泰山阴坡下山，行降禅礼于梁父山。

汉武帝即位之前，几任汉朝皇帝都因故无暇顾及封禅事宜。武帝即位后，汉朝国力日渐强盛，出现了少有的太平盛世，朝野上下都希望武帝改制封禅。武帝也对封禅一事充满向往，便于建元元年（前 140 年），诏令御史大夫赵绾、郎中令王臧等人拟定封禅方案。武帝即位时，窦太皇太后还掌握朝廷实权，赵绾、王臧因为崇尚儒家学说而被治罪，封禅之事不得不暂时搁置。

元狩四年（前 119 年），汾阴郡（今山西省万荣县西南）方士锦得到一只宝鼎，被武帝收藏在甘泉宫。齐人方士公孙卿得知这个消息后，很神秘地对武帝说："今年得宝鼎，其冬辛巳朔旦冬至，与黄帝时等。"（《史记・孝武本纪》）意思说，今年圣上得到了宝鼎，而那年的这个时候黄帝得到了宝鼎。这不是偶然而是天意。公孙卿将一本记载古鼎内容的《札》呈给武帝说："受此书申公，申公已死。"（《史记・孝武本纪》）武帝问道："申公何人也？"公孙卿说："申功，齐人也。与安期生通，受黄帝言，无书，独有此鼎书。曰'汉兴复当黄帝之时，汉之圣者在高祖之孙且曾孙也。宝鼎出而与神通，封禅。封禅七十二王，唯黄帝得上泰山封'。"（《史记・孝武本纪》）

听了公孙卿的话，武帝非常高兴，立即拜公孙卿为郎官，到太室山等候神仙，并诏令群臣商议泰山封禅事宜。

可到了即将封禅之时，朝廷重臣才发现对封禅的礼仪知之甚少。近百年来，历朝皇帝一直没举行过封禅大典，而秦始皇的封禅大典又搞得非常神秘，具体做法没留下任何文字记载。无奈之下，武帝命令儒生参考《尚书》《周官》《王制》等内容，草拟封禅礼仪。可五十个儒生都拘泥于《诗》《书》等古籍内容，墨守章句，不知变通，而且各执一词，争论了几年也没能拿出一个像样的方案。

元鼎六年（前 111 年），左内史倪宽上奏说："臣以为，封禅的目的是向上天报告成功，祭祀天地神灵，只要心诚就可以了。至于封禅的礼仪，只有圣明的君主才可以制定，不是臣下能够拟就的。现在封禅之事已拖延数年，让群臣讨论封禅的礼仪是不会有结果的，皇帝完全可以自行决断。"

武帝采纳了倪宽的建议，开始自己制定封禅礼仪。经过一番筹划，武帝于元封元年（前 110 年）三月，率领诸侯王、列侯、文武百官、骁勇扈从等大队人马浩浩荡荡东巡，到泰山举行封禅大典。

到达泰山后，武帝立即派人登上岱顶[①]立石。随后，武帝又率领群臣、扈从慕名东巡东海。东海之滨，有武帝心中一直存在而向往的蓬莱仙岛，仙岛之上住着仙人。

武帝来到东海之滨时，眼前浩瀚无际的大海让他惊诧不已，感觉犹临仙境。武帝立即下令，在东海之滨祭祀八神[②]。

齐人得知武帝到东海之滨祭神，都趁机上书条陈各种神怪之事和奇药秘术，让一心谋求长生不老的武帝激动不已。后来，武

① 岱顶：人们称从泰山南天门至玉皇顶的一段为岱顶。

② 八神：指直符、腾蛇、太阴、六合、勾陈、朱雀、九地、九天。

帝派出一批又一批船只出海寻找蓬莱神仙，出海的人数累计达到千人以上，但一直没找到蓬莱神仙。

元封元年四月，武帝率领群臣、扈从由东海之滨返回泰山，举行封禅大典。按照自己设计的封禅仪式，武帝先是到泰山脚下的梁父山祭祀地神，然后又到泰山东坡之下祭祀天神。武帝仿照自己祭祀太一神的做法，诏令在泰山下修建一座宽一丈二尺、高九尺的祭坛，并在坛下埋藏他写给神仙的书信。因为书信是写在玉上的，因此称为“玉牒”，上面所写的内容完全保密。祭祀地神和天神的仪式结束后，武帝单独与侍中奉车[①]霍子侯[②]登上泰山，在山顶的祭坛上祭天，祭祀仪式和祈祷内容也完全保密。

第二天，武帝从北面阴道下山，到达肃然山时举行了禅礼，礼仪与祭后土的礼仪相同。

封禅大典取得圆满成功后，武帝非常高兴，觉得自己正式受命于天，上天对他所报的功德是满意的。

下了泰山后，武帝坐在明堂接受群臣、扈从的祝贺。

随后，武帝诏令，赏赐百姓每百户一头牛，十石酒；八十岁以上的老人、孤儿、寡妇，再加布帛两匹；免除博县（今山东省泰安市东南）、奉高（今山东省泰安市东部）、蛇丘（今山东省肥城市东南）、历城（今山东省济南市区）四县的徭役及租税；大赦天下，赐天下有爵者一律擢升一级。同时还诏令，每五年到泰山举行一次封禅大典；各诸侯国都要在泰山脚下修建府第，作为朝会的住所。

---

① 侍中奉车：官名，皇帝身边的生活秘书兼赶车的车夫。

② 霍子侯：即霍嬗，名将霍去病之子。

武帝确立"元封元年"这一年号，也是源于首次举行封禅大典。

武帝的这次东巡封禅，历时两个多月，行程达一万八千余里。这次封禅后，武帝又在元封五年（前106年）、太初元年（前104年）、太初三年（前102年）、天汉三年（前98年）、太始四年（前93年）、征和四年（前89年）先后到泰山封禅，频繁程度为以往历代之最。武帝举行封禅大典，使皇帝"受命于天"之说进一步神化，促进了皇权专制的深入巩固。

## 4. 迷信方士求神仙

汉武帝到泰山举行封禅大典，除了为自己歌功颂德、强化皇权专制外，还有一个非常重要的目的，就是求仙求药，成就不老之身。

为了求得长生不老的秘方，武帝甚至迷信方士[①]的胡说八道。

元光二年（前133年）冬，武帝到雍城五畤原（今陕西省凤翔市南部）祭祀天帝，途中遇到一个名叫李少君的方士。李少君原是深泽侯赵修的舍人，主管方药。他故意夸大年龄并隐瞒身世，以博取人们的信任。

李少君见到武帝，声称自己见过先秦时期的方士安期生，并在他的手里得到了炼丹秘方，可因为家里穷，买不起炼丹的金石

---

① 方士：又称方术士、有方之士，指古代自称能访仙炼丹以求长生不老的人。

原料和草药，所以仙丹一直没有炼成。李少君表白一番后，还把自己获得的炼丹秘方上奏给武帝。武帝不仅相信了李少君的话，还赏给他许多绫罗绸缎和金银财宝。

李少君常说一些云山雾罩之类的话，但总能让武帝相信。一次，李少君看见武帝有一件旧铜器，就对武帝说："我认识这件铜器，春秋战国时的齐桓公就曾把它摆在自己的床头。"李少君说完，武帝就拿起铜器端详起来，从铜器上刻的字可以断定，铜器确实是春秋时齐国的铜器。武帝很是惊讶，觉得李少君至少已经活了几百岁了。

遗憾的是李少君连自己都不能长生不老，他生病后不久就病死了。可武帝却认为李少君是个仙人，不可能死亡，只是抛去肉身变成了神仙，于是命人继续研究李少君留下的各种秘方，还不断派人去访求蓬莱的安期生，但始终没找到安期生。

李少君死后，武帝又开始迷信齐地方士李少翁。元狩四年（前119年），武帝宠爱的王夫人病逝，武帝因此整天闷闷不乐。李少翁得知后，以自己能够通鬼神为由求见武帝。李少翁利用方术，让武帝在夜晚从帷幕中看到了王夫人和灶鬼。武帝大喜，便诏令李少翁为文成将军，还赏赐他许多的钱财。

李少翁得到武帝的宠信后，更加吹嘘自己的法术无边。一天，他对武帝说："皇上想与神仙往来，可宫室和陈设都不像神仙用的，神仙怎么能来呢？"

武帝对李少翁的话深信不疑，就召集了众多工匠，把皇宫中所有宫殿的殿顶、柱子和墙壁，都画上五彩云头和仙车之类的东西，帷幕和被服上也都绣上神仙的云气。

但过了一年多，李少翁的办法也没能奏效，武帝始终没见到神仙，心中产生了怀疑。为了进一步愚弄武帝，李少翁又故弄玄虚，把字写到绢帛上拌到饲料中，让牛将绢帛吞下，然后指着牛对武帝说："这只牛的肚子里，一定有奇怪的东西。"李少翁装模作样地掐指算了算，表情严肃对武帝说："这牛的肚子里，保准有天书。"

武帝觉得李少翁说得挺神秘，就命人把那头牛宰了，从牛肚子里扯出一条绢帛来，绢帛上面还写着字。

武帝虽然迷信，但头脑还是比较冷静的。他仔细看了看绢帛上的字，越看越觉得有些不对劲。尽管绢帛上的字写得稀奇古怪，字句晦涩难懂，但字体与李少翁所写的字有着明显的相似之处。李少翁做贼心虚，一直不敢直视武帝。武帝见状，心里马上明白了，便立即诏令将李少翁处死。武帝担心天下的人耻笑他，便诏令不得宣扬此事，违者处斩。后来，武帝在甘泉修建了一座祀奉文成将军的庙，但文成将军是怎么死的，没有几个人知道真相。

武帝杀了李少翁没过多久，就有人将方士栾大推荐到他的身边。

栾大是胶东王刘寄宫中的尚方，负责掌管方药，长相高大英俊，气派不同一般，与李少翁师出同门。刘寄死后，他的王妃为了讨好武帝以便有所依靠，就让自己的弟弟乐成侯丁义将栾大推荐给武帝。

与文成将军李少翁相比，栾大拥有更为高明的吹牛术。栾大善于揣摩武帝的心思，然后投其所好。当时，武帝最烦心的两件事：一是黄河决口泛滥成灾；二是黄金冶炼屡屡失败。栾大经常就这两件事说一些吉利的话，让武帝开心。为让武帝信赖他，他甚至说："胶东王刘寄算什么？诸侯而已，我现在只给天子做事。"栾大无论在武帝面前做什么骗人的事，都看不出有一点的心虚，让武帝感觉可信度很高。正像《资治通鉴》中记载的那样："为人长美言，多方略，而敢为大言，处之不疑。"

一天，栾大对武帝说："臣经常往来于东海之滨，见到过安期生、羡门子高等诸位仙人，可他们都认为臣地位低下不相信臣。又因为我是胶东王刘寄手下的尚方，而胶东王只是一个诸侯，他们都认为不值得向我传授方术。臣的老师对我说：'你一定要坚信，黄金可以用奇药炼成，黄河决堤可以堵塞，长生不老之药可以求得，蓬莱仙人可以找到。'可臣生怕落得与文成将军一样的下场，哪里还敢与皇上再谈方术？"由于武帝急于想得到长生不老之药，便撒谎说："李少翁被杀纯属谣言，他是吃马肝中毒死的，这事谁不知道啊？"栾大应了一下，然后又接着说："臣的老师无求于人，而是人们有求于他。陛下想请他来，就应该提高使者的地位，使其尊贵，这样，神仙的使者就会感到陛下的诚心，才能请到神仙之人。"

武帝被栾大的一番话所迷惑，便诏令栾大为五利将军。可武帝又觉得对栾大封赐不够，又加封他为地士将军、天士将军、大通将军及乐通侯，食邑两千户，赐给列侯级别的住宅和僮奴千人、帷幄器物等。武帝还把皇后卫子夫所生的卫长公主嫁给栾大为妻，让他成为当朝驸马，并赠给万金。武帝亲自到栾大新宅做客，给足了栾大的面子。武帝还派大臣将刻着"天道将军"的玉印，送到栾大的府上。

得知栾大被武帝重用，沿海一带齐国和燕国的方士，很快云集长安城内，都声称能够请到蓬莱神仙。

元鼎五年（前 112 年），武帝诏令栾大去东海拜求神仙。可栾大根本不敢入海求仙，便偷偷地另择行程到泰山祭祀。武帝派人暗中跟踪栾大，结果发现他行程有诈。栾大回到长安后，谎称自己在东海与仙师安期生见了面。武帝已早知真情，立即诏令将栾大打入大牢。不久，武帝对栾大处以腰斩。随后，武帝又将推荐栾大的乐成侯丁义，以欺君罔上之罪斩首。

## 5. 停止求仙终醒悟

汉武帝以腰斩的方式，将五利将军、当朝驸马、方士栾大处死后，不久又被方士公孙卿等人所迷惑。

其实，公孙卿早就被武帝熟知并认可。元鼎四年（前 113 年）六月，汾阴（今山西省万荣县西南）郡有个叫锦的方士得到了一个宝鼎。这个宝鼎比一般的鼎要大得多，上面有花纹，但没有文字。武帝得知后，把宝鼎接到甘泉宫，并与文武百官在甘泉宫按礼祭祀。回到长安后，公卿大夫纷纷说："闻昔大帝兴神鼎一，一者一统，天地万物所系终也。黄帝作宝鼎三，象天地人也。禹收九牧之金，铸九鼎，皆尝鬺烹上帝鬼神。遭圣则兴，迁于夏、商。周德衰，宋之社亡，鼎乃沦伏而不见。《颂》云'自堂徂基，自羊徂牛；鼐鼎及鼒，不虞不骜，胡考之休'。今鼎至甘泉，光润龙变，承休无疆。合兹中山，有黄白云降盖，若兽为符，路弓乘矢，集获坛下，报祠大飨。惟受命而帝者心知其意而合德焉。鼎宜见于祖祢，藏于帝廷，以合明应。"（《史记·孝武本纪》）这些话，让武帝非常高兴，当即诏令将鼎藏于甘泉宫。

公孙卿知道这个消息后，趁机向武帝献上了一本记载古鼎内容的《札》，并说道："与安期生有往来的齐人申功说'皇上今天得到宝鼎，最终能够成仙升天'。"成为神仙长生不老，是武帝至高无上的目标，武帝因此非常高兴。公孙卿接着又说道："申功还说'汉皇帝也应上泰山封禅，上去封禅就能成仙升天'。"武帝更加高兴，随即诏令公孙卿为郎官，到太室山（今河南省登封市北部）等候神仙。

元鼎四年冬天，公孙卿向武帝奏报说，他在太室山等候神灵时，在缑氏城（今河南洛阳市偃师区东南）看到了仙人的脚印。武帝大喜，立即赶到缑氏城察看脚印。看来看去，武帝有一种被骗的感觉，便有些怀疑地问公孙卿："你该不会像李少翁和栾大一样吧？"公孙卿非常理直气壮地回答道："仙人并非有求于皇帝，而是皇帝有求于仙人。求仙入道，如果不把时间稍微放宽一些，神仙是不会来的。谈起求神这种事，好像是迂腐荒诞的，其实只要积年累月就可以招徕神仙。"武帝觉得公孙卿说得很有道理，就没再作追究。

元鼎六年（前 111 年）正月，在武帝即将举行封禅典礼的前夕，公孙卿建议武帝仿效黄帝拜见蓬莱神仙，让自己的德行高于世俗，与九皇相媲美。武帝采纳了公孙卿的建议，不仅自己东巡海上，还派大量的船只和官吏寻找蓬莱神仙。一天，公孙卿向武帝奏报，说他夜间在东莱山看见一个人，身长数丈。当他接近那个人时，那个人却不见了，只看到特别大的脚印，类似禽兽的脚印。此时，另外一位大臣也向武帝奏报，说他也看见一个大脚神仙，但很快就不见了。这一次，武帝深信公孙卿等人见到了神仙。

元封二年（前 109 年），公孙卿奏报武帝，说他在东莱山又看到神仙，还说神仙要见天子。武帝立即诏令公孙卿为中大夫，率领群臣来到东莱山等待神仙。但武帝和群臣住了好几天也没看见神仙。回到长安城后，公孙卿上奏说："仙人是可以见到的，而皇上去求仙的时候总是太仓促，因此见不到。如今陛下可以修建一座台阁，就像缑氏城所建的一样，摆上干肉枣果之类的祭品，仙人应该是能够招徕的。而且仙人喜欢住楼阁。"武帝听信了公孙卿的话，诏令在长安城建造蜚廉馆、桂观馆，在甘泉宫建造益延寿观和前殿，并建造通天台，把祭祀用的器具放置台下，以此招徕神仙。同时，武帝诏令公孙卿手持符节，并陈设供品，等候神仙的到来。元封二年夏天，武帝见甘泉宫的斋房中长出了灵芝草，顿觉天上似有神光瑞应，立即诏令："甘泉宫中生出九茎灵芝，大赦天下，免除监外服徒刑的劳役。"

到了征和四年（前 89 年），六十八岁的武帝感到自己的内心越来越空虚。觉得自己已经是日暮途穷的武帝，求仙求药的心情更加急迫。他召集众多方士询问神仙究竟在哪里，可方士们面对精神有些恍惚的武帝，胡乱应付地说："神仙在仙山上，仙山在东海里。可是船每次出去总是被风刮回来，因此没人能到达仙山。"由此，武帝决定再次亲自去寻找仙山。可当他来到东海之滨时，正赶上狂风大作，根本无法行船。武帝在海边苦等了十几天，也依然不见天气好转。武帝得知这是天意，只好一声仰天长叹，然后无奈地返回长安。这也是武帝一生中最后一次求仙东巡。

武帝沉迷于求仙求药，七次巡海寻找蓬莱神仙，并在建章宫神明台建造铜仙人承露盘，来承接天上的甘露，将甘露掺和玉屑饮服，以求得仙道长生。武帝还大量任用方士，重重封赏方士，甚至把女儿嫁给方士。

武帝的执迷不悟，让太中大夫东方朔深感不安。一天，东方朔直言道："臣可以上天，去取仙药。陛下的这些方士，只能找到地上的仙药，无法长生不老。"武帝就好奇地问："怎么上天取药？"东方朔说："臣自有办法，请陛下派两个方士监督我，期限为三十天。"武帝随即派两个比较信任的方士来监督东方朔。可东方朔每天啥都不干，整天到各位公卿王侯家喝酒睡觉。两个方士见东方朔一直没有上天的安排，就催促他。可东方朔说，时间到了自有神仙来接他。一天，正当两个方士熟睡时，东方朔突然叫醒他们说："刚才神仙叫我上天，但怎么都叫不醒你们，我只好自己去了，现在我已经回来了，可你们还在睡觉。"方士一听，气得连忙向武帝奏报。武帝大怒，要将东方朔投入大狱，但东方朔显得非常委屈地说："陛下，我在天上差点儿把命给丢了，您现在还怀疑我？"武帝一愣，问他到底是怎么回事。东方朔说："我向玉帝求仙药，玉帝问我地上的人穿什么衣服？我说虫衣，就是虫子织的衣服。玉帝大怒，说人怎么会穿虫子织的衣服？又问那虫长啥样？我说虫子的须好像马鬃毛，色彩斑斓似虎。玉帝不信，就派神仙调查，神仙报告说地上却是有这种东西，名字叫蚕。玉帝听罢这才息怒，放我回来，但因惹怒了玉帝，就不给我仙药。如果陛下认为臣说谎，您可以派两位方士上天去问问。"听完了东方朔的话，两个方士磕头如捣蒜，都忙说自己没这个本事，恳求放过他们。武帝突然笑道："善，欲以喻我止方士也。"

而到了晚年，武帝才为自己的求仙问道懊悔不已。他采纳了大鸿胪[①]田千秋的建议，停止了一切祭神求仙活动。他又想起东方

---

① 大鸿胪：官名，掌管诸侯及藩属国事务，为九卿之一。

朔“欲以喻我止方士”的事情来，便叹息道：“向时愚惑，为方士所欺。天下岂有仙人？尽妖妄耳！节食服药，差可少病而已。”（《资治通鉴》）武帝终于从求仙问道、祈求长生不老的梦幻中幡然醒悟。

# 第十五章　生活奢侈，心生猜疑酿祸端

## 1. 穷奢极欲图享乐

宋代著名政治家、史学家、文学家司马光在《资治通鉴》中，这样评价汉武帝："孝武穷奢极欲，繁刑重敛，内侈宫室，外事四夷，信惑神怪，巡游无度，使百姓疲敝，起为盗贼，其所以异于秦始皇者无几矣。然秦以之亡，汉以之兴者，孝武能尊先王之道，知所统守，受忠直之言，恶人欺蔽，好贤不倦，诛赏严明，晚而改过，顾托得人，此其所以有亡秦之失而免亡秦之祸乎！"司马光毫不留情地对武帝加以指责，也公平地称赞了武帝对大汉基业的巩固与发展所做的贡献。

在中国历朝历代帝王中，武帝是一个非常有个性的多面皇帝。他是一个极为出色的政治家，有着非同一般的政治头脑；又是一个普通人，有着与普通人一样的喜怒哀乐。他是一位难得的明君，深知自己所肩负的历史责任；又是一位令人悚然的暴君，杀伐随心所欲不计后果。他东征西讨平定南越创立盖世功绩，却因连年过度用兵和频繁封禅，给百姓带来巨大的灾难。他倾情宠爱喜欢的女人，却为了江山社稷，毫不留情地杀掉宠爱的女人。他面对重大事情总会表现得绝顶聪明，却在祭神求仙这样的荒唐事情上表现得异常糊涂……

年轻时期，因朝中大权控制在窦太皇太后的手中，武帝采取韬光养晦的策略，经常带领一群年轻侍卫溜出宫外出游打猎。为了确保自身安全和减少对百姓的骚扰，他诏命太中大夫吾丘寿王带领两名擅长测量的官吏，把阿房宫遗址（今陕西省西安市西咸新区）以南、盩厔（今陕西省周至县东南）以东的封地全部买下。除付给百姓钱款外，还照数划给百姓一块荒田。武帝诏令把购买的土地圈起来，一直延伸到南山（今陕西省西安市南部），在此扩建了上林苑。上林苑建成后，每年冬天，武帝都要带领众多随从来此游猎。

在上林苑游猎，武帝特别喜欢猎捕熊、罴和野猪等猛兽。同时，武帝还诏令修建了许多饲养场，把捕捉到的动物圈养起来供他观赏，仅在未央宫内，这样的饲养场就有十处，其中有两处分别用来养野猪和养狮子。在建章官，还有一处养老虎的地方。每一处动物饲养场，都由专门的官员负责管理。武帝不仅喜欢观赏饲养场里的野兽，有时还喜欢看一看人与猛兽相斗的场景。而斗兽的人，就是那些犯了罪或触犯了武帝的人。

有一次，武帝点名飞将军李广的孙子李禹，到建章宫的老虎饲养场斗老虎。李禹的妹妹是皇太子刘据宠爱的嫔妃，因为妹妹的原因，李禹深得刘据的器重。但李禹为人过于强悍耿直。有一天，他与朝中的一位官员喝酒时，因话语得罪了对方，结果被对方陷害，向武帝告状说他构陷朝廷。武帝听信了谗言，诏令李禹与老虎格斗，以此来惩戒他。

李禹被悬进老虎饲养场后，武帝的心又软了下来。念及李禹的爷爷李广对大汉的功绩，便下令将李禹拉回来。可性情倔强的李禹一刀割断绳子，非要与老虎斗个输赢。武帝对李禹的胆识非常敬佩，再次下令让身边卫士将他救出。后来，李禹随堂兄李陵北伐匈奴，兵败后遭到水衡都尉江充的诬陷，蒙冤被斩。

武帝酷爱歌舞，治国理政之余常以歌舞为乐。他的一生，总喜欢把一些擅长歌舞的女子召入宫中，他所宠爱的卫皇后、王夫人和李夫人等，都是因为擅长歌舞而入宫。他诏令擅长音律李延年为协律都尉，并在后宫中养了一批擅长歌舞的女子和擅长音律的宦官。闲暇之余，武帝喜欢看俳优[①]的表演，其中郭舍人是武帝最喜欢的俳优。

郭舍人的表演非常滑稽诙谐。郭舍人母亲是武帝奶娘。武帝奶娘的家人一直仗势欺人，光天化日之下就敢抢劫他人财物，可武帝碍于情面，一直不忍心对奶娘的家人进行惩处。于是，有些大臣提议将奶娘一家迁离长安，武帝欣然批准。可奶娘不愿离开，就去找儿子郭舍人商量。郭舍人对母亲说："即人见辞行，疾步数还顾。"武帝奶娘照此与武帝辞行。奶娘往外走时频频回头，一脸的恋恋不舍。这时，郭舍人在一旁厉声喝道："老女人快走，陛下现已成年，你还指望他喝你的奶水活命吗？"郭舍人的话，立即勾起了武帝的回忆，忍不住鼻子发酸，立即诏令奶娘不必迁出，还把那些说奶娘坏话、建议让奶娘迁出长安的大臣一律治罪。从此，郭舍人也受到武帝的格外宠信。

① 俳优：以乐舞谐戏为业的艺人。

武帝还经常观看并参加如射覆[①]、射壶[②]、蹴鞠之类的游艺活动。

武帝不仅爱好广泛，而且生性风流。据汉代名著《汉武故事》中记载："凡诸宫美人可七八千，帝从行郡国，载之后车，与上同辇者十六人，员数恒使满，皆自然美丽，不使粉白黛黑，侍衣轩者亦如之。尝自言：能三日不食，不能一日无妇人。善行道养术，故体常壮悦。"武帝不仅在皇宫中养有数千佳丽，还经常外出猎艳。据宋代人所著的《太平广记》中记载："汉武帝尝微行造主人家。家有婢国色，帝悦之。仍留宿，夜与主婢宿。"

武帝的生活可以说奢侈到了极点。他经常穿一件西域国家献来的、入水不湿的吉光裘[③]上朝听政。他所使用的马笼头，是身毒国（今印度境内）献来的，用白玉做成的。马络头[④]是用玛瑙石做成的。马鞍是用白光琉璃做成的，黑夜里闪闪发光。武帝的床上，也装饰着多种宝物，被称为"七宝床"。连武帝死后所穿的玉匣[⑤]，都刻着蛟、龙、鸾、凤、龟、鳞等图案，被后人称之为蛟龙玉匣。

武帝极度奢侈的生活方式，极大地加重了百姓的负担，促使社会矛盾的加剧、激化。《汉书·东方朔传》中东方朔痛斥主父偃之罪的话语，实际就是间接指出了武帝的奢侈程度："偃不遵

① 射覆：民间近于占卜术的猜物游戏。在瓯、盂等器具下覆盖某一物件，让人猜测里面是什么东西。

② 射壶：也叫投壶，士大夫在宴饮时所做的一种投掷游戏，就是用手将箭投进酒壶，用以代替射箭礼仪。

③ 吉光裘：用吉光毛皮制成的衣服，泛指极其珍贵的裘服。

④ 马络头：套在马头上用来系缰绳挂嚼子的用具。

⑤ 玉匣：葬具，形如铠甲，连以金缕。

经劝学，反以靡丽为右，奢侈为务，尽狗马之乐，极耳目之欲，行邪枉之道，径淫辟之路，是乃国家之大贼，人主之大蜮。”

到了晚年时期，武帝又沉迷于鬼神之说，千方百计地寻求长生不老的秘方和长生不老的仙药。为了笼络那些自称神通广大的方士，武帝不惜赐给他们以高官厚禄，极大地加重了朝廷的支出负担。

## 2. 大兴土木耗财力

为了更好地享受豪华的环境和奢侈的生活，也是为了彰显大汉王朝的尊严和气派，汉武帝在强烈的虚荣心驱使下，尽其所能地大兴土木工程。武帝时期，建造了建章宫、明光宫、柏梁台等宫廷殿宇，建造了长杨宫、五柞宫等六处别宫，还在地方郡县建造了许多行宫。由于经年累月的不停施工，消耗了大量的人力、物力尤其是财力，使因连年征战出现的财政困难雪上加霜，汉朝建立以来几任皇帝积累的财富被消耗殆尽。

长杨宫是建元三年（公元前 138 年）在上林苑中建成的一座离宫。据《三辅黄图》中记载：“长杨宫在今盩厔县东南三十里，本秦旧宫，至汉修饰之以备行幸。宫中有垂杨数亩，因为宫名；门曰射熊馆。秦汉游猎之所。”而五柞宫距离长杨宫不足十里，属于同一时期的建筑。因宫内有五柞树，而且树荫隐天蔽日，故称五柞宫。武帝时常带着随从来到五柞宫游览，有时，因为流连这里的美丽景色而一住数日。后元二年（前 87 年）二月，武帝驾崩于五柞宫。临终前，武帝在这里托孤霍光、金日磾、上官桀和桑弘羊等四大臣，霍光为托孤大臣之首，将一张“周公背成王朝诸侯图”交给霍光，意思是让霍光辅佐他的小儿子刘弗陵做皇帝。

元狩三年（前120年），武帝开始大规模修建昆明池，周围达四十里。昆明池不仅是一个操练水军的基地，更是武帝休闲游览的享受之地。昆明池边建有离宫别馆和楼台亭榭。池边最著名的建筑物是豫章台，位于池的东岸。作为昆明池的主建筑，在豫章台可以观看湖景和战船。因修建这个台所用的木料全部是豫章木，所以叫豫章台。豫章台适合登高远望，因此叫台。昆明池的东边还建有东观、白杨观；南边建有细柳观；西边建有宣曲观。昆明池的水中有石刻的石鲸。据《三辅黄图》中记载：“池中有豫章台及石鲸，刻石为鲸鱼，长三丈，每至雷雨。常鸣吼。鬣尾皆动。”这个石鲸，是昆明池的标志和符号。昆明池最主要的功能是行船。池中有个万人大船名叫豫章大船，船上建有宫殿，经常在湖里转来转去。池中有几十艘“戈船”，相当于今天的战船，船上配备了锋利的“戈”，可以刺杀敌人。池中还有百艘“楼船”，就像一个个小型宫殿行驶在水上。

柏梁台是元鼎二年（前115年）春完工的一座非常宏伟的建筑。古书《三辅黄图》中记载：“柏梁台，武帝元鼎二年春起。此台在长安城中北阙内。”《长安志》中记载：“柏梁台，汉武帝造，在北阙内道西。”《史记·孝武本纪》中记载：“其后则又作柏梁、铜柱，承露仙人掌之属矣。”《汉书》中记载：“未央宫柏梁台。”。柏梁台位于直城门大街南部的未央宫天禄阁附近，未央宫北司马门就在柏梁台附近。据《史记·平准书》中记载：武帝元鼎二年，“越欲与汉用船战逐，乃大修昆明池，列观环之。治楼船，高十余丈，旗帜加其上，甚壮。天子感之，乃作柏梁台，高数十丈。宫室之修，由此日丽。”作为武帝时期长安城进行大规模建设的标志和见证，柏梁台的意义重大，影响深远。但柏梁台却于太初元年（前 104 年）十一月，意外遭遇火灾。一场突如其来的大火，烧掉了柏梁台上所有的宏伟建筑，惟余高台独耸，景象惨不忍睹，损失巨大。

建章宫是太初元年（前 104 年）建成的豪华宫殿，极大地彰显了大汉朝的国威和富足。建章宫建有辇道[①]，可直达未央宫。建章宫的建筑群，不仅宫城中分布众多不同组合的殿堂，而且外围建有非常稳固的城垣。

建章宫规模宏大，有着“千门万户”之称。建章宫竣工后，武帝一度在这里朝会、理政。整个宫城从正门圆阙、到玉堂、到建章前殿、到天梁宫，连成了一字排开的中轴线。其他宫室，错落有致地分布在中轴线左右，并围以阁道。

建章宫内的北部修建了太液池，又名泰液池、蓬莱池，池中建有三神山。太液池畔有石雕装饰。据古书《三辅故事》中记载：“池北岸有石鱼，长二丈，广五尺，西岸有龟二枚，各长六尺。”太液池畔有许许多多的植物和禽鸟。据《西京杂记》中加载：“太液池边皆是雕胡、紫择、绿节之类……其间凫雏雁子，布满充积，又多紫龟绿鳖。池边多平沙，沙上鹈鹕、鹧鸪、䴔青、鸿猊，动辄成群。”修建太液池中的三神山，源于一个神仙传说。根据这个传说，创作了浮于大海般巨浸的悠悠烟水之上，水光山色，相映成趣。岸边满布水生植物，平沙上禽鸟成群，生意盎然。太液池这种“一池三山”的布局，对后来的园林发展产生深远影响，

① 辇道：可乘辇往来的宫中道路，专指皇帝车驾所经的路。

成为创作池山的一种样板。

建章宫内的西面建有唐中庭、唐中池。中轴线上，设有多重门、阙。正门叫阊阖，也叫璧门，高二十五丈，为城关式建筑。建章宫的后面为玉堂，建于台上。建章宫的屋顶上修筑了铜凤，高五尺，饰黄金，下有转枢，可随风转动。在阊阖北面建有圆阙，高二十五丈。圆阙左有别凤阙，右有井干楼。进入圆阙门内约二百步，便到达建在高台上的建章前殿。前殿气势恢宏，雄伟气魄。宫城内分布着众多不同组合的殿堂建筑。璧门之西有一个神明台，台高五十丈。宫城内，分布着众多却组合不同的殿堂建筑。据《史记·孝武本纪》中记载："其北治大池，渐台高二十余丈，名曰泰液池，中有蓬莱、方丈、瀛洲、壶梁，象海中神山龟鱼之属。"

但令人遗憾的是，建章宫于西汉末年毁于战火，遗址至今犹存。

明光宫是太初四年（前101年）秋建成的宫殿，位于长乐宫北部。明光宫与长乐宫、桂宫及未央宫之间，都有阁道相连。武帝建造明光宫的目的，为了祈求神仙降临。"明光"指神话传说中昼夜常明的丹丘，是神仙之地，意为供神仙享用的宫殿。

而工期历时五十三年的茂陵，更是武帝大兴土木的一个标志，极大地彰显了武帝的奢靡性格。

## 3. 嫔妃佳丽争宠幸

皇帝的后宫，被称为"三千佳丽"的聚集地。这些美女佳人，平时因为没有什么事情可做，便有精力互相议论，互相猜忌，互相诋毁，惹是生非。

汉武帝时期的后宫，聚集了众多美貌聪慧的女人，嫔妃之间为了争宠而斗智斗勇，互不相让。陈阿娇与卫子夫之间的争斗，是后宫中最为典型的嫔妃争斗。

陈阿娇是馆陶长公主的女儿，也是武帝的原配妻子，与武帝之间发生了“金屋藏娇”的美丽故事。在馆陶长公主的运作下，武帝得以立为太子，顺利继承皇位。为了感激馆陶长公主的恩情，武帝即位后立阿娇为皇后。

但是，阿娇仰仗自己母亲身份地位，不仅仗势欺人、为所欲为，而且恃宠而骄、我行我素，经常监督和干涉武帝的私生活，让武帝大为不快。武帝遇到温柔贤惠、知书达理的卫子夫后，开始冷落阿娇。

当阿娇感觉到武帝的感情变化后，不甘心在皇帝面前失宠，便采取了各种不正当手段来对付为难卫子夫。但这些手段不仅没能让她夺回武帝的宠爱，反而遭到更加严重的冷落。尤其是阿娇始终没为武帝生下子嗣，让她的皇后地位岌岌可危。阿娇也自知失宠的主要原因在于不能生育。为了实现生育子嗣的愿望，阿娇几乎请遍天下名医，十余年药费花销多达九千万钱。但她的所有努力都以失败而告终。

自觉走投无路的阿娇，竟然想到用巫蛊之术来助自己一臂之力。巫蛊是从匈奴传入内地的，主要做法就是将木偶埋于地下，然后施以诅咒。阿娇认为，这种巫蛊之术可以蛊害卫子夫，甚至可以置她于死地。

其实，这种以木偶为道具的巫术，是一种原始的偶像伤害术，起源于原始的狩猎时代。最初，是人们在狩猎前对猎物施行的巫术。

而进入阶级社会后，竟然被推而广之，应用于仇敌之间的相互伤害。巫蛊之术并不仅仅有偶像伤害，还包括更神秘的法术，就是蛊术。《说文解字》中对“蛊”字是这样解释的：“蛊，腹中虫也。”“蛊”的由来，是把各种害虫放在一个器皿里，令其相互残杀，最后一个生存者成为各种害虫中的强者即为“蛊”。通过饮食等渠道，使蛊虫进入对方腹中，从而达到致其丧命的目的。

为了挽回武帝渐渐冰冷的心，阿娇决定采用巫蛊之术，对卫子夫进行打击报复。元光五年（前 130 年）七月，阿娇听说有一个叫楚服的女巫法术很高，不仅能用咒语使皇帝回心转意，还能把仇敌置于死地，就冒险派人把楚服请入宫中作法，以实现他心中的目标。

见到楚服时，阿娇恶狠狠地说：“我已经恨死卫子夫了，你有什么好办法来惩罚她吗？”

楚服很清楚陈皇后的心病是什么，便毫不犹豫地回答说：“用诅咒的办法，就可以把她咒死。”阿娇对此确信不疑，就每天跟随楚服学习巫蛊秘术，每日虔诚念咒，以此来达到咒死卫子夫的目的。对于阿娇而言，楚服的办法就像一根救命稻草。阿娇重重赏赐了楚服，然后按照楚服所教的办法制作了一个小布人，写上卫子夫的名字，每天用针来扎刺这个“卫子夫”。可时间一天天过去，卫子夫不但没有死，还暴露了阿娇要害死卫子夫的阴谋。

当时，巫蛊之术在宫廷内是被绝对禁止的。阿娇在深宫行巫蛊之术，诅咒武帝的宠妃卫子夫死去，很快后宫之中就有一位想要邀功的宫人告发了阿娇。

武帝得知阿娇在宫中大行巫蛊之术，心中愤怒不已，立即诏命酷吏张汤严查此案。张汤陪伴武帝多年，深知武帝大动肝火就是要借故废掉皇后。张汤顺从皇帝的意愿严查此案，最终将巫人楚服枭首于市，并搜捕、斩杀了宫内的内侍和宫女三百多人。

原本就想废掉阿娇皇后位的武帝，借巫蛊案顺利收回了阿娇的印玺，废黜尊号，并贬入长门宫。馆陶长公主见女儿闯下如此大祸，连忙进宫去向武帝叩头请罪。武帝念及往日旧情，避座答礼，并好言劝慰馆陶长公主道："皇后的行为有违大义，不得不将她废黜。皇后虽然被废，但仍会按照法度受到优待。"馆陶长公主闻言，自知自己的力量根本无法说服皇上，只好千恩万谢而归。

长门宫原是馆陶长公主的私家园林，后来献给武帝加以改建，用作祭祀休息的场所。长门宫地处偏僻，荒草萋萋，官室破落，弥漫着一股衰朽的气息。阿娇幽居于此，生活方面虽然供养如初，给人一种颇受优遇的感觉，但已经成为被废皇后，完全失去了昔日的荣光，内心的愁闷自然无法述说。当阿娇回忆起小时候与武帝在一起的快乐时光、想起与武帝"金屋藏娇"的美好童年时，心中不免伤感万分。但她始终抱有一丝希望，幻想武帝有朝一日能够回心转意，将她接回宫去。

阿娇知道武帝非常喜欢赋，尤其喜欢司马相如的赋。她怀着一种期望，托人带上百斤黄金，求司马相如为她作上一赋，以达到感动武帝的目的。

司马相如原本就是一个多情才子，不忍心让在冷宫中经受磨难的阿娇失望，便答应为她完成心中所愿。在司马相如面前，阿娇倾倒了一腔苦水，如泣如诉，哀恸至极。面对阿娇，既同情又感动的司马相如铺纸挥毫，聚浓情于笔，倾情作了一篇《长门赋》，赋中有一段这样写道：

夫何一佳人兮，步逍遥以自虞。
魂逾佚而不反兮，形枯槁而独居。
言我朝往而暮来兮，饮食乐而忘人。
心慊移而不省故兮，交得意而相亲。
伊予志之慢愚兮，怀贞悫之懽心。
愿赐问而自进兮，得尚君之玉音。
奉虚言而望诚兮，期城南之离宫。
修薄具而自设兮，君曾不肯乎幸临。
忽寝寐而梦想兮，魄若君之在旁。
惕寤觉而无见兮，魂廷廷若有亡。
众鸡鸣而愁予兮，起视月之精光。
观众星之行列兮，毕昴出于东方。
望中庭之蔼蔼兮，若季秋之降霜。
夜曼曼其若岁兮，怀郁郁其不可再更。
澹偃蹇而待曙兮，荒亭亭而复明。
妾人窃自悲兮，究年岁而不敢忘。

司马相如所作的《长门赋》，真情地诉说了阿娇困居长门宫的凄凉处境以及盼望君主再来的急切心情，很快就在京城内广为传颂，并传到了武帝的耳中。武帝读后，非常感动，但他没有因为心中的感动把阿娇接回宫中。

元朔元年（前 128 年），卫子夫为武帝生了一个儿子，武帝因此高兴不已，随即给儿子取名为据，并册封卫子夫为皇后。武帝还诏令大赦天下，普天同庆。

阿娇得知卫子夫生子并被立为皇后，只能绝望地看着日出日落。她日渐憔悴，悲恨交加，在百无聊赖中去世于长门宫，并葬于霸陵郎官亭东面。武帝最终没让阿娇入葬自己的茂陵，也说明武帝对阿娇的憎恨程度。

陈阿娇与卫子夫之间的争斗，最终以卫子夫的大获全胜而告终。

## 4. 迷信带来巫蛊祸

征和二年（前 91 年），丞相公孙贺之子公孙敬声被人告发以巫蛊诅咒汉武帝，并与阳石公主通奸。公孙贺父子因此下狱而死，阳石公主、诸邑公主及卫青之子长平侯卫伉都被株连治罪。不久，此事件又株连太子、皇后以及大臣官吏不计其数，导致数万人含冤而死。这是汉武帝晚年时期所发生的重大事件，史称“巫蛊之祸”。

巫蛊也称巫术，是中国古代用以加害仇敌的一种信仰民俗，起源于远古，主要包括诅咒、射偶人[①]和毒蛊等形式。

古人认为，用言语进行诅咒，可以使仇敌遭受灾祸甚至死亡。在中国古代，巫蛊一直是民间广泛使用的报复、报仇手段。

武帝一直梦想着自己能够长生不老，永坐天下。他不相信、也不接受自己年老了会出现体弱多病这个现实，越来越怀疑他的身边有人用巫蛊加害于他。当朝皇帝有这样的疑心，无疑是一件非常可怕的事情。如果有人被告发参与了对皇帝的巫蛊案，不仅

① 射偶人：通常用木、土或纸做成仇家偶像，暗藏某处，每日诅咒，或用箭射、用针刺，最终致仇人身亡。

死路一条，还要株连家族和亲戚朋友。

高祖建立汉朝，皇室成员基本都是楚人出身。汉朝虽然在行政上承接了秦朝的制度，但在文化上却是全盘接受了楚文化，而楚人自古就有尚巫好鬼的传统。作为汉朝的皇帝，更容易相信有人在搞巫蛊之事。武帝一直信奉求仙拜神，对巫蛊这一套也自然是深信不疑。朝廷重臣都丝毫不敢怠慢，总是小心谨慎地防备有人用巫蛊来诅咒武帝，一旦查出有此类事件发生，就必然治以灭门大罪。

武帝年轻之时，忙于平定边疆、发展经济、稳定民生等治国理政事务，偶尔还要长途跋涉，封禅求仙，顾不得过问是否有巫蛊之事。可到了晚年，武帝的疑心越来越重，总觉得身边有人在用巫蛊来诅咒他。结果，一件似真似假的案子，竟然酿成了惊天的巫蛊之祸。

征和元年的一天傍晚，住在建章宫的武帝，恍惚之中看到一个身带宝剑的男人在龙华门外一闪而过，即刻感到有人来行刺，便急忙下令在建章宫内展开大搜查。宫廷侍卫很快将建章宫搜了一个底朝天，可连半个刺客的影儿都没找到。这时，守宫门的侍卫说，他根本没见到带剑的男子闯入宫门。武帝觉得自己分明看见一个身带宝剑的人闯了进来，一定是守宫门的侍卫擅离职守，就一气之下把守宫门的侍卫杀了。武帝又下令全面搜查上林苑，而且关闭长安的城门，在长安城内挨家挨户地搜查。搜查行动进行了整整十一天，还是没抓住半个刺客。

这次大搜查虽然没抓住刺客，却搜出大量的小木人。就是这些小木人，成为巫蛊之祸的导火线。

由这些小木人引发的惊天祸端，与丞相公孙贺和他的儿子有关。

公孙贺的夫人卫君孺是皇后卫子夫的姐姐，凭借这层关系，公孙贺一直官运亨通，高居丞相之位。但他深知伴君如伴虎，唯恐一不小心冒犯了皇上。正是这种谨小慎微的态度，公孙贺得到了武帝的赏识和信赖。可过了四五年，诸事一帆风顺的公孙贺，胆子慢慢地大了起来。

公孙贺有个儿子叫公孙敬声，因为皇亲国戚的裙带关系，年纪轻轻就子承父业，做了太仆。他自恃卫皇后是自己的亲姨，便骄奢淫逸，有恃无恐。

为了满足自己荒淫的生活，公孙敬声竟然把手伸向了朝廷的军费，擅自动用军费额度达一千九百万钱。事情败露后，武帝非常生气，立即诏令将公孙敬声捕入狱中。

当时，朝廷正在紧急搜捕阳陵游侠朱安世，却一直没有进展。情急之下，公孙贺想出了一个营救儿子的办法，便急忙给武帝上书，请求皇上允许他去捉拿朱世安，以赎儿子之罪。武帝看在老臣的面上，同意了公孙贺的奏请。

由于公孙贺得到朱安世混迹京都的准确消息，便严令手下在长安城内挨家挨户搜查，朱安世最终落网。

朱安世久居长安，为人仗义，对武帝以及王室贵戚之家有所了解，深知武帝非常痛恨使用巫蛊之人。当他知道是公孙贺为了营救儿子将他抓获后，便先发制人，给武帝上书，告发公孙敬声不仅与阳石公主私通，还在甘泉宫驰道旁埋下木头人，用非常恶毒的语言诅咒天子不得好死。

看到朱安世的奏报，武帝大怒，马上觉得这些年来自己体弱多病，是公孙敬声在用巫蛊暗中诅咒他。武帝当即下令逮捕公孙贺父子，并严加追查。

奉命查办这起巫蛊案件的廷尉杜周，是一个专承皇上旨意罗织罪名的酷吏。他尽其所能地牵藤攀葛，很快将一大批王室贵戚及朝廷重臣列入案中，成为罪人。阳石公主是武帝的亲生女儿，与诸邑公主都是卫皇后所生，又与大将军卫青的儿子卫伉为表兄妹。卫伉本来继承了父亲的爵位，后来因连坐获罪被夺去侯位。这些人，都被杜周列入罪犯名单。结果，公孙贺父子在狱中被折磨致死，卫伉被杀，就连阳石公主和诸邑公主也奉诏自尽。

公孙贺等朝廷重臣和王室贵戚死于莫须有的巫蛊事件后，不仅在长安城内引起了很大的轰动，地方郡县也震动很大。各地的巫婆、方士见利用巫术可以大显身手骗取财物，就纷纷来到长安，进入宫中贵戚之家教他们怎样镇邪避灾，怎样用木偶诅咒仇人，怎样防患于未然。一时间，京城各大宫中乌烟瘴气，似乎都在忙着做一件事，就是埋小木人。

武帝命令搜刺客时搜出了不少小木人后，感觉使用巫蛊的程度已严重超出了他的想象。他意识到，巫蛊不除，天下不安！必须严厉打击长安城内的巫蛊之风。

此时，武帝想到了担任水衡都尉[①]的江充。江充得知武帝召见他，立即意识到自己出人头地的机会来了。见到武帝，他虔诚地表示愿意替皇上分担忧愁。于是，武帝诏令江充为特使，专门负责打击巫蛊之人。而江充手下成员，包括安道侯韩说、御史章赣、

① 水衡都尉：主掌皇室财政的官吏。

黄门[1]苏文等。

江充上任后，带领几员手下沆瀣一气，整天穿梭于各大宫中。江充极尽陷害贵戚重臣之能事，他想整治谁，就事先把小木人埋到谁家附近，然后搜查抓人。他先对所抓之人严刑拷打，逼他们认罪，再让这个人咬出同案犯。这样一来，抓一个咬一批。所有被咬出来的人，都被处以诅咒皇帝的罪名。没过多久，长安城内就有几万人被江充一伙诛杀。一时间，满京城都陷入极端恐怖之中。

## 5. 重用小人酿灾祸

廷尉杜周罗织各种罪名，将一大批王室贵戚及朝廷重臣列为巫蛊案的罪犯，被汉武帝处死。武帝甚至坚信两个女儿用巫术诅咒他，逼迫两个女儿自尽赎罪。武帝非但不怀疑杜周是恶意陷害，还认为他办案有功重赏了他。

丞相公孙贺死于狱中后，武帝诏令涿郡（今河北省涿州市）太守刘屈氂出任丞相。刘屈氂是武帝异母兄、中山靖王刘胜的儿子。武帝知道刘屈氂是个嗜酒好色之人，担心他相权过重会引起朝臣的不满，便采取高祖分设左右丞相的办法，诏令他为左丞相，并加封为澎侯。而右丞相一时没有合适人选而空缺。

公孙贺父子牵出的巫蛊案件发生后，一场针对皇后卫子夫和

① 黄门：官名，一般指黄门侍郎，又称黄门郎，即给事于宫门之内的郎官，为皇帝近侍之臣，可传达诏令。

太子刘据的政治大清洗，在特使江充及右丞相刘屈氂等人的密谋之下，又悄然开始了。

卫子夫凭借过人的智慧与姿色，又率先生育了皇子，加之有弟弟大将军卫青、外甥骠骑将军霍去病作为依靠，因此被武帝荣宠了三十八年之久。她所生的皇子刘据，七岁就被立为皇太子，他也因此被立为皇后。武帝每次出巡，都把宫廷内务交给卫皇后打理，还都把朝中事务交给太子处理。

但当衰老渐渐袭来时，卫子夫也自然在武帝面前失去了原有的魅力。皇后的失宠，也让太子刘据觉得自己不被父皇重视。由此，母子二人的内心都发生了微妙的变化。

武帝对母子二人的变化有所觉察后，便对皇后的弟弟卫青说："太子敦重好静，一定能安定天下，不让我担忧。想寻求守成的君主，哪里还有比太子更贤德的呢？朕听说皇后和太子心情不安，认为朕不再宠爱他们了，其实哪有这回事？"

卫青将武帝的话转告给了卫皇后，卫皇后顿觉事态严重，便立即带着太子刘据向武帝请罪，双方的内心隔阂暂时消除。

元狩六年（前 117 年），年仅二十四岁的骠骑将军霍去病英年早逝；元封五年（前 106 年），不满五十岁的大将军卫青辞世。两位亲人的去世，让卫子夫和刘据失去了强大的依靠，处事因此更加小心谨慎。

武帝疏远卫子夫后，又先后宠爱王夫人、李姬、李夫人、尹婕妤和邢夫人等，但最宠爱的是钩弋夫人赵婕妤。太始三年（前 94 年），赵婕妤为武帝生下皇子刘弗陵。刘弗陵长到五六岁时，武帝觉得他有着大智大勇的气度，与自己十分相像，便产生了立他为太子的念头。而直指绣衣使者[①]、查办巫蛊案件特使江充看出了武帝的心思，一场陷害阴谋由此拉开序幕。

江充是赵国邯郸人，将自己能歌善舞的妹妹嫁给赵太子刘丹，因而成为赵敬肃王刘彭祖的座上客。后来，江充与刘丹因事产生嫌隙，江充便到长安奏告刘丹与同胞姐姐及父王嫔妃之间有奸乱。武帝向来忌讳诸侯不法行为，看到江充的奏疏后，立即诏令逮捕了赵太子刘丹，并判其死罪。因为赵敬肃王刘彭祖是武帝的异母兄弟，便上书为儿子说情，说江充是无耻小人。武帝因此网开一面，但废掉了刘丹的太子位。

后来，江充先后被任命为直指绣衣使者、水衡都尉。巫蛊案件发生后，江充被任命为办案特使。

江充早就对太子刘据心怀不端。太始三年（前 94 年），太子家使乘车马误入辇道，担任直指绣衣使者的江充不仅拘押了太子家使，还没收了车马。太子为家使求情时，江充没有答应，江充因此怀疑太子对他怀有不满。

见武帝日渐衰老，江充一直担心太子掌权后除掉他。这一次，他担任处理巫蛊案件特使，觉得正是构陷太子的最佳良机。

凑巧，武帝得了一场大病。江充见缝插针，上奏说："宫中有蛊气，不除之，上终不差。"（《资治通鉴·汉纪》）武帝对此深信不疑，立即命江充查办此事。

江充大喜，派人从后宫的嫔妃入手依次搜寻，一直搜到皇后和太子宫中。当搜到卫皇后和太子宫室时，江充亲自搜出了很多

---

① 直指绣衣使者：官名，身穿绣衣，手持节杖和虎符，四处巡视督察，发现不法问题可代天子行事。

木头人。尤其是太子宫中的木头人，身上还缠有帛书，上面写着悖逆犯上的话。

其实，太子根本就没埋什么木头人，都是江充布下的陷阱。看到缠有帛书的木头人，太子既吃惊又恐惧，就问少傅石德怎么办。石德担心自己身为太子的老师会受到牵连而被杀，便想到了要先发制人，于是献计说："前丞相父子、两公主及卫氏皆坐此，今巫与使者掘地得征验，不知巫置之邪，将实有也，无以自明。可矫以节收捕充等系狱，穷治其奸诈。且上疾在甘泉，皇后及家吏请问皆不报；上存亡未可知，而奸臣如此，太子将不念秦扶苏事邪？"（《资治通鉴·汉纪》）

而太子非常惊恐地说："吾人子，安得擅诛！不如归谢，幸得无罪。"（《资治通鉴·汉纪》）

太子准备亲自前往甘泉宫时，江充也准备前往甘泉宫奏报。太子想不出别的办法，只好按照石德的建议行事。

征和二年（前 91 年）七月初九，太子派门客冒充皇帝使者，逮捕了江充等人。按道侯韩说因为怀疑使者是假的，不肯接受诏书，当场被太子门客杀死。在亲自监杀江充时，太子说："赵虏！前乱乃国王父子不足邪！乃复乱吾父子也！"（《资治通鉴·汉纪》）

太子杀掉江充后，立即派人到未央宫向皇后报告，然后调拨长乐宫的卫士来守备宫门。看到卫士手持兵器守备宫门，长安城内顿时一片混乱，人们纷纷传言太子造反。

此时，给武帝担任黄门侍郎的苏文趁乱逃出长安，到甘泉宫向武帝报告说太子谋反。

武帝听了苏文的报告后说："太子必惧，又忿充等，故有此变。"（《资治通鉴·汉纪》）武帝随后派使臣去召太子来甘泉宫觐见。

可使臣不敢进入长安城，半路跑回来报告说：“太子反已成，欲斩臣，臣逃归。”（《资治通鉴·汉纪》）武帝信以为真，立即将印有玺印的诏书颁赐左丞相刘屈氂，上面写着：“捕斩反者，自有赏罚。以牛车为橹，毋接短兵，多杀伤士众！坚闭城门，毋令反者得出！”（《资治通鉴·汉纪》）随后，武帝又诏令凡是三辅地区以及附近各县的士卒，都划归丞相刘屈氂调遣。刘屈氂当即调集人马，将长安团团围住捕拿太子。

太子得到消息后，假传圣旨，赦免了京师监狱的囚徒，由少傅石德和门客张光率领，迎击刘屈氂率领的兵卒。双方交战了三天三夜，未能分出胜负。

第四天，武帝移驾建章宫的消息传出后，太子部下立即军心涣散，许多兵卒临阵倒戈。左丞相刘屈氂的部下越战越多，而太子刘据的部下则越战越少。太子自觉走投无路，集合数万人，在长乐宫西门与刘屈氂所部展开血战，双方死伤无数。七月十七，太子兵败后，从覆盎门逃出长安城。

武帝随后派宗正刘长、执金吾刘敢携带谕旨，到皇后宫收回了象征皇后权力的玺绶。卫皇后自知无法解释太子的行为，只得以死明志，自杀身亡。武帝又诏令对参与太子叛乱的人一律诛杀，其家人全部被放逐到敦煌。武帝还诏令在长安所有城门设置屯守军队，以防太子带兵来攻。

# 第十六章　晚年悔过，汉武大帝成千古

## 1. 逼死太子方醒悟

太子刘据与左丞相刘屈氂厮杀四天后，最终寡不敌众，带着自己的两个儿子从覆盎门逃出长安城，并一路向东。

汉武帝对太子行为非常愤怒，而朝廷重臣无不忧惧交加，不知如何是好。就在此时，壶关三老[①]令狐茂上书说："臣闻父者犹天，母者犹地，子犹万物也。故天平地安，阴阳和调，物乃茂成；父慈母爱，室家之中子乃孝顺。阴阳不和，则万物夭伤；父子不和，则室家丧亡。故父不父则子不子，君不君则臣不臣，虽有粟，吾岂得而食诸！昔者虞舜，孝之至也，而不中于瞽叟；孝已被谤，伯奇放流，骨肉至亲，父子相疑。何者？积毁之所生也。由是观之，子无不孝，而父有不察，今皇太子为汉適嗣，承万世之业，体祖宗之重，亲则皇帝之宗子也。江充，布衣之人，闾阎之隶臣耳，陛下显而用之，衔至尊之命以迫蹴皇太子，造饰奸诈，群邪错谬，

---

① 壶关三老：汉代最奇怪的一个官职，名为"三老"，实为一人。

是以亲戚之路隔塞而不通。太子进则不得上见，退则困于乱臣，独冤结而亡告，不忍忿忿之心，起而杀充，恐惧逋逃，子盗父兵以救难自免耳，臣窃以为无邪心。《诗》曰：‘营营青蝇，止于藩；恺悌君子，无信谗言；谗言罔极，交乱四国。’往者江充谗杀赵太子，天下莫不闻，其罪固宜。陛下不省察，深过太子，发盛怒，举大兵而求之，三公自将，智者不敢言，辩士不敢说，臣窃痛之。臣闻子胥尽忠而忘其号，比干尽仁而遗其身，忠臣竭诚不顾鈇钺之诛以陈其愚，志在匡君安社稷也。《诗》云：‘取彼谮人，投畀豺虎。’唯陛下宽心慰意，少察所亲，毋患太子之非，亟罢甲兵，无令太子久亡。臣不胜惓惓，出一旦之命，待罪建章阙下。”（《汉书·武五子传》）这就是汉朝著名的《上武帝讼太子冤书》。

看了令狐茂的奏疏，武帝似乎幡然醒悟，但他不愿承认自己的行为过火，没有诏令赦免太子。

太子一路向东逃到湖县（今河南省灵宝市北部）后，隐藏在一户人家。这家比较贫寒，主人通过编织草鞋卖来保证太子一行能够吃饱。太子觉得过意不去，便想起了自己在湖县有个朋友家道殷实，就写了一封求助信派人送去。不料，这封信意外走漏了风声，太子隐藏在农家的消息很快被湖县官吏知道了。

征和二年（前91年）八月初八，太子刘据遭到地方官吏的围捕。他自觉难以逃脱，便在走投无路之时自缢而死。刘据的两个儿子为了保护父亲，拼死抵抗，终因寡不敌众死于乱刀之下，太子父子三人无一幸免。

刘据死后，武帝的头脑瞬间得以清醒，立即诏令调查宫中挖掘木头人的内幕。调查结果让武帝百感交集。原来，皇后卫子夫和太子刘据的宫室根本没埋过木头人，都是江充设下陷阱来陷害皇后和太子。武帝这才知道太子是被逼迫铤而走险，并没有谋反之意。此时，子孙三人的性命已无法挽回，武帝心中充满了无限的悔恨。

太子死后，身高八尺、相貌堂堂的老臣田千秋求见武帝。他在武帝面前跪叩说道："子弄父兵，罪当笞；天子之子过误杀人，当何罪哉！臣尝梦见一白头翁教臣言。"（《汉书·车千秋传》）田千秋说："太子实在冤枉，老臣拼死也要为太子说两句公道话。太子生性忠厚老实，这次起兵纯属受江充、苏文等奸贼陷害，不得已才起兵自卫，皇上为什么不明辨是非？太子被奸贼阻拦，无法见到皇上说明情况，万般无奈才出此下策啊！"

武帝听了田千秋声泪俱下的诉说，心情悲痛地走到他的面前说："父子之间，人所难言也，公独明其不然。此高庙神灵使公教我，公当遂为吾辅佐。"（《汉书·车千秋传》）武帝当即任命田千秋为大鸿胪，并诏令将江充之宗族和全部朋党抄斩，将黄门侍郎苏文烧死。武帝还诏令，这次对太子兵刃相加的人，一律满门抄斩。

不久，武帝诏令田千秋接替刘屈氂担任左丞相，并封他富民侯。田千秋为人敦厚，富有智谋，在丞相的位上非常称职，深得武帝的信任。起初，田千秋在打理丞相事务时，看到武帝一直在追究太子冤死一案，不断有人被杀和受罚，朝中文武大臣无不提心吊胆，就利用各种办法劝慰武帝，并安慰群臣。他与御史一起，给武帝祝寿，赞颂武帝的美德，奉劝武帝广施恩惠，减缓刑罚，欣赏音乐，怡养精神，为天下百姓保持身体健康和心情快乐。由此，武帝对田千秋说："朕之不德，自左丞相与贰师阴谋逆乱，巫蛊之祸流及士大夫。朕日一食者累月，乃何乐之听？痛士大夫常在心，既事不咎。虽然，巫蛊始发，诏丞相、御史督二千石求捕，廷尉治，未闻九卿、廷尉有所鞫也。曩者，江充先治甘泉宫人，转至未央椒房，以及敬声之畴、李禹之属谋人匈奴，有司无所发，令丞相亲掘兰台蛊验，所明知也。至今余巫颇脱不止，阴贼侵身，远近为蛊，朕愧之甚，何寿之有？敬不举君之觞！”（《汉书·车千秋传》）

武帝采取一系列的补救措施后，仍觉得自己对不住太子，便诏令光禄大夫霍光在太子自杀而死的湖县，建造了一座思子宫。霍光是是大将军霍去病同父异母的弟弟。霍去病死后，霍光升为光禄大夫。霍光行为端正，言谈处事都非常小心谨慎，因此得到武帝赏识。尤其是武帝思念英年早逝的霍去病，对霍光怀有一种特殊的感情。

不久，武帝从长安城来到湖县刚刚建好的思子宫。进入思子宫中后，武帝瞬间悲伤不已。只见他抬头看了看苍天，不觉潸然泪下。他非常悲痛地对身边的光禄大夫霍光说：“扶朕到台上去，朕要祭奠太子。”

当四周的哀乐响起时，武帝心情沉重地接过香烛，在霍光和司马迁的共同搀扶下，缓缓登上思子宫内的思子台。武帝举起手中的香烛，对着苍天一拜再拜，心里一直默念着对太子的歉意，充满了无限的悔恨。

## 2. 轮台诏令悔前非

晚年时期，汉武帝的思想发生了巨大的变化，逐渐由之前的独断专权、有为而治，进入了一个思富养民、与民休息的反省期。导致武帝的思想逐渐发生的根本原因，是从天汉元年（前 100 年）

开始，大汉王朝天下发生了诸多不幸的事件。

各地接连爆发农民起义，出现了比较严重的政治动荡。由于武帝一直在不断地南征北战，加之生活穷奢极欲，而且沉迷于求仙封禅，耗费巨大，致使民穷财匮。由于百姓的难以生存，只得铤而走险，暴动频发。天汉三年（前 98 年），地方郡县几乎都出现了农民暴动。农民起义的此起彼伏，让武帝意识到虽然武力镇压能够一时奏效，但难保长治久安。而唯有在政策上改弦更张，才是平息农民暴动的解救之法。

讨伐匈奴战争的接连失败，让皇权专制受到威胁。天汉二年（前 99 年）、天汉四年（前 97 年）和征和三年（前 90 年），贰师将军李广利率汉军三次讨伐匈奴均以失败告终。最后一次出征前夕，左丞相刘屈氂和李广利合谋立昌邑王刘髆为太子。事情败露后，刘屈氂被腰斩，李广利的妻子被下狱。而正在战场上与匈奴作战的李广利惨遭失败，率领汉军投降匈奴，给武帝以极大的精神打击。

征和元年（前 92 年）和征和二年（前 91 年），因后宫嫔妃争宠引发了无限蔓延的巫蛊之祸，导致太子被逼谋反，最终兵败自杀。武帝最终查明巫蛊事件并非真实存在，而是乱臣以一己私心故意制造的冤案。但太子已死，即使武帝为太子刘据平反昭雪，也难以释解心中懊悔。

诸多重大不幸事件的发生，尤其是太子刘据的自杀，让武帝逐渐有所反思。武帝意识到，决不能将改弦更张留给下一代，自己必须马上做起。

征和四年（前 89 年）三月，武帝带领群臣出巡钜定县（今山东省广饶县）。武帝在事先准备好的一块田地上亲自耕种，以示当朝天子重视农本。他对随行的朝廷重臣说：“朕即位以来所为

狂悖，使天下愁苦，不可追悔，自今事有伤害百姓，糜费天下者，悉罢之。”（《资治通鉴》）

此时，治粟都尉桑弘羊和丞相、御史等人一起上奏说：“故轮台东捷枝、渠犁皆故国，地广，饶水草，有溉田五千顷以上，处温和，田美，可益通沟渠，种五谷，与中国同时孰。其旁国少锥刀，贵黄金采缯，可以易谷食，宜给足不乏。臣愚以为可遣屯田卒诣故轮台以东，置校尉三人分护，各举图地形，通利沟渠，务使以时益种五谷，张掖、酒泉遣骑假司马为斥候，属校尉，事有便宜，因骑置以闻。田一岁，有积谷，募民壮健有累重敢徙者诣田所，就畜积为本业，益垦溉田，稍筑列亭，连城而西，以威西国，辅乌孙，为便。臣谨遣征事臣昌分部行边，严敕太守、都尉明烽火，选士马，谨斥候，蓄茭草。愿陛下遣使使西国，以安其意。”（《汉书·西域传》）

按照以往的惯例，桑弘羊等人提出这样的建议，武帝一定会高兴采纳。但已步入晚年的武帝却一反常态，没有采纳桑弘羊这一建议。更令人意想不到的是，政和四年六月，武帝下了一道追悔前非的《轮台诏》，也称《轮台诏令》：

前有司奏，欲益民赋三十助边用，是重困老弱孤独也。而今又请遣卒田轮台。轮台西于车师千余里，前开陵侯击车师时，危须、尉犁、楼兰六国子弟在京师者皆先归，发畜食迎汉军，又自发兵，凡数万人，王各自将，共围车师，降其王。诸国兵便罢，力不能复至道上食汉军。汉军破城，食至多，然士自载不足以竟师，强者尽食畜产，羸者道死数千人。朕发酒泉驴、橐驼负食，出玉门迎军。吏卒起张掖，不甚远，然尚厮留其众。

曩者，朕之不明，以军候弘上书言“匈奴缚马前后足，置城下，驰言‘秦人，我丐若马’。”又汉使者久留不还，故兴遣贰师将军，欲以为使者威重也。古者卿大夫与谋，参以蓍龟，不吉不行。乃者以缚马书遍视丞相、御史、二千石、诸大夫、郎为文学者，乃至郡属国都尉成忠、赵破奴等，皆以“虏自缚其马，不祥甚哉！”或以为“欲以见强，夫不足者视人有余”。

《易》之卦得《大过》，爻在九五，匈奴困败。公车方士、太史治星望气，及太卜龟蓍，皆以为吉，匈奴必破，时不可再得也。又曰：“北伐行将，于鬴山必克。”卦诸将，贰师最吉。故朕亲发贰师下鬴山，诏之必毋深入。今计谋卦兆皆反缪。重合侯得虏候者，言：“闻汉军当来，匈奴使巫埋羊牛所出诸道及水上以诅军。单于遗天子马裘，常使巫祝之。缚马者，诅军事也。”又卜“汉军一将不吉”。匈奴常言：“汉极大，然不能饥渴，失一狼，走千羊。”

乃者贰师败，军士死略离散，悲痛常在朕心。今请远田轮台，欲起亭隧，是扰劳天下，非所以优民也，今朕不忍闻。大鸿胪等又议，欲募囚徒送匈奴使者，明封侯之赏以报忿，五伯所弗能为也。且匈奴得汉降者，常提掖搜索，问以所闻。今边塞未正，阑出不禁，障候长吏使卒猎兽，以皮肉为利，卒苦而烽火乏，失亦上集不得，后降者来，若捕生口虏，乃知之。当今务在禁苛暴，止擅赋，力本农，修马复令，以补缺，毋乏武备而已。郡国二千石各上进畜马方略补边状，与计对。

在《轮台诏》中，武帝否定了桑弘羊等朝廷大臣提出的将战争继续升级的屯田轮台主张，深深地表达了以往派遣李广利北伐匈奴悔恨心情，表示当今朝廷应该采取“禁苛暴，止擅赋，力本农”的治国方略，并强调大力发展农业生产的重要性。

武帝首先陈述了在对西域和匈奴的用兵过程中，造成了巨大的粮草困难、士卒伤亡，耗损巨大等重大实际问题，承认出现这些问题是自己相信了卜卦之言，未听公卿之谏，最终造成了诸多失败。武帝把桑弘羊等人提议扩大轮台屯田，痛斥为扰民；把招募囚徒去匈奴搞暗杀，痛斥为非仁义之举。武帝痛责边陲长吏营私舞弊，致使边防松弛。武帝最后宣布：“当今务在禁苛暴，止擅赋，力本农，修马复令，以补缺，毋乏武备而已。”

年轻时期的武帝，因实施多欲政治，给百姓带来了灾难，给国家带来了混乱。可武帝在晚年时期，不仅认识到了自己的错误，还下了追悔前非的诏书，提出了改弦更张、思富养民、与民休息的治国方略。

为了更好地推行富民政策，武帝诏令著名农学家赵过为治粟都尉，专门负责管理农业生产技术，大力推行代田法和新田器。

代田法是以宽一步、长百步的一亩地为例，纵分田地为三畎三垄。畎深一尺，宽一尺；垄台垒土高出地面，也是宽一尺。种子播于畎中。苗长高时，不断挖拨垄土培固畎中苗的根部，使其耐旱抗风。第二年，畎、垄互换其位，以调节地力。西北地区雨少风大，代田法无疑一种适合当地自然条件的耕作方法。

同时，耧车和耦犁等新田器的出现，极大提高了生产力水平。武帝诏令地方官吏会同乡官三老、力田、里父老等，积极学习使用新农具。这些人学会使用后，再将使用技能传授给百姓，地方郡县普遍掀起了一股学习新技术、使用新田器的热潮。

农业生产的恢复和发展，极大地促进了手工业的发展和商业的繁荣。武帝推行的富民政策，成为一场重大革命，在百姓创造雄厚的物质基础上，促进了社会的稳定。

## 3. 赐死爱妃为社稷

汉武帝以颁布《轮台诏》的方式追悔前非、虔诚罪己，最终积郁成疾，导致身体每况愈下。武帝意识到，自己的当务之急是尽快确定一个放心可靠的继承人，把自己的富民政策传承下去，确保汉室江山的稳固延续。

武帝的一生共有六个儿子：卫皇后生太子刘据；王夫人生齐怀王刘闳，元封元年（前 110 年）已去世；李姬生燕刺王刘旦、广陵厉王刘胥；李夫人生昌邑王刘髆；最后一个是钩弋夫人赵婕妤生刘弗陵。

太子刘据死于巫蛊之祸后，让武帝一直悔恨不已。在悔恨之中，武帝开始考虑其他几个儿子哪个能承担继承大汉基业的重任。

武帝以颁布《轮台诏》的方式，深刻反思了多欲政治的弊端，并彻底摒弃了独断专权、有为而治的治国政策。经过这样的改弦更张，武帝在选择继承人方面的想法也发生了根本性的变化，内心更倾向于敦厚有德者，逐渐摒弃了以往多欲政治的选择标准。

征和元年（前 92 年）三月，赵敬肃王刘彭祖去世，作为封国的赵国急需有人嗣位。而封国的君王，需要汉朝天子来任命。

当时，刘彭祖有两个儿子。长子为爱妃淖姬所生，名叫刘淖子。淖姬的兄长是一位文人雅士，但因罪受过官刑，在皇宫里担任宦官。

武帝为了让赵国尽快有人嗣位，便召见淖姬的兄长来考察后备人选。

武帝问道："刘淖子这个人怎么样？"淖姬的兄长一向为人真诚，听了武帝的问话立即回答说："他的欲望很多。"武帝若有所思地自语道："这样的人，不适合当君王。"随后，武帝又问道："刘彭祖的另一个儿子刘昌怎么样？"淖姬的兄长又立即回答说："刘昌没有什么欲望，既没有什么美名，也没什么恶名。"武帝又若有所思地自语道："这就够了，朕就诏令刘昌嗣位。"

于是，武帝诏令刘昌为赵国君王。武帝废弃多欲好胜的刘淖子不用，而诏令平庸少欲的刘昌继承赵国的王位，足以证明武帝摒弃了多欲政治的治国思想。

太子刘据死后，燕刺王刘旦成为武帝的几个皇子中年龄最大的一个。按照汉朝以往的惯例，刘旦应该是新太子的必然人选。但武帝的心里不喜欢刘旦，觉得刘旦更像改弦更张前的自己。刘旦智慧而有谋略，博览各种经书杂说，喜爱星历数术，对歌舞杂戏和骑马射猎也有浓厚的兴趣。武帝担心刘旦继位后，再行多欲政治，从而重蹈自己的覆辙，无法将自己确定的富民政策一以贯之。

刘旦的同母弟刘胥，言行举止与刘旦极其相像。刘胥勇猛有力，喜好倡乐逸游，自身力大无比，而且行动常常不守法度，武帝从心里不喜欢他。

而李夫人所生的昌邑王刘髆，是贰师将军李广利和协律都尉李延年的外甥。李广利曾和丞相刘屈氂达成默契，密定刘髆为太子。后来，巫蛊之祸的余波牵连到了刘屈氂，他与李广利之间的阴谋也因此被拆穿。刘屈氂一家被斩，李广利投降了匈奴，无疑直接影响了刘髆争夺太子位。不仅如此，刘髆自幼身体不好，武帝一直担心他无力担当君主重任，这也是影响刘髆争夺太子位的一个因素。后元元年（前88年），刘髆果然因病英年早逝。

武帝想来想去，最后把希望寄托在最小的皇子刘弗陵身上。在武帝看来，刘弗陵不仅身体壮实，而且聪明伶俐，内心一直宠爱这个最小的儿子，渐渐树立了立刘弗陵为太子的信心。可他的心中唯一有所顾忌的是，刘弗陵还处于年幼阶段，一旦继承皇位，他的母亲钩弋夫人就自然会临朝参政，大汉王朝有可能出现吕后擅权的局面。

武帝思来想去，便萌生了杀掉钩弋夫人的念头。这样，就可以确保大汉江山的长久稳固。在武帝看来，只有斩断和根除皇后专权的隐患，才可以放心册立刘弗陵为太子。

于是，武帝开始寻找杀掉钩弋夫人的借口。一天，武帝仅为一点琐事便对钩弋夫人大发雷霆，而且怒不可遏。即使钩弋夫人连忙摘下首饰跪地请罪，武帝也依然是不依不饶，并吩咐左右说："把她速速拉出去，打入宫中牢狱！"

在武帝的诏令下，左右不由分说，迅速将钩弋夫人架起来向殿门外拖去。此时，钩弋夫人如梦方醒，自觉已是身陷险境，便不停地回头向武帝乞求饶恕。但武帝连看都不看一眼，挥手喝道："快走快走，朕不能再容你活下去！"后元元年（前88年），年轻的钩弋夫人被赐死在狱中。

钩弋夫人被赐死时，并未显示政治才干。她的儿子刘弗陵继位时，也只是个八岁的孩子。其实，孩子对母亲具有天生的依恋性，刘弗陵当上皇帝，钩弋夫人自然会帮助儿子把持朝政。但汉朝已经有了吕后篡权的先例。尤其是武帝自己，曾在祖母窦太皇太后、母亲王太后的手里讨生活。即使钩弋夫人会是一个出色的政治家，武帝也不愿意看到皇后专权的局面出现。钩弋夫人被赐死，总算了却了武帝的一桩心事。

可武帝对钩弋夫人总是充满思念，也充满愧疚。因此，他曾惶惶不安地问身边的宦官："对钩弋夫人的死，外面是怎样议论的？"宦官不敢把人们骂武帝寡情薄义的实情说出来，只是轻描淡写地回答说："人们都感到奇怪。说皇上已经决定立钩弋夫人的儿子为太子，为什么还要杀她呢？"

武帝叹息地说："朕所做的事情，你们是不会懂的。自古以来，国家之所以混乱，都是因为君主年纪太小，而母后却青春正盛。年轻的女人一旦大权在握，就可以做她想做的任何事情。她正值精力旺盛之时，就一定会桀骜不驯，做出淫乱的事情来，没有人可以去束缚她。朕不得不把钩弋夫人除掉，以避免吕后篡权这种事情的再度发生。"

武帝为了避免重蹈吕后篡权的覆辙，为立子而杀母，从而达到了防患于未然的目的。为了大汉的江山社稷，武帝不惜牺牲一个宠妃的性命，以确保绝对的皇权稳固。立子杀母，既体现了武帝稳固皇权的用心良苦，也体现了武帝自身本性的残酷无情。

## 4. 临终托孤五大臣

后元元年（前 88 年），汉武帝为了根除产生皇后干政局面的隐患，强忍悲痛赐死了钩弋夫人赵婕妤。此时，钩弋夫人的儿子刘弗陵才七岁。武帝深知，如果立刘弗陵为太子，将来继承皇位，就必须有人来辅佐。因此，武帝把朝廷重臣在大脑中反复过滤，最终确定了最为信任的四位大臣。这四位大臣是：霍光、金日磾、上官桀、桑弘羊。这四位大臣，就是将来共同辅佐刘弗陵的托孤大臣。

霍光在武帝身边侍奉了二十多年，处理各种事务几乎没出过差错，自身的胆识才干非常突出。武帝觉得，朝廷重臣中，只有霍光能够担当匡扶社稷的重任。因此，武帝决定以霍光为顾命大臣。武帝诏令当时著名的画家画了一幅《周公背成王朝诸侯图》，然后赐给霍光。赠送这幅画，就是暗中告诫霍光在他百年后行周公之事，尽心辅佐幼帝。

金日磾本是匈奴休屠王的太子。元狩二年（前 121 年），骠骑将军霍去病率军出兵匈奴，给浑邪王和休屠王以致命打击。匈奴伊稚斜单于愤怒之下要诛杀二王，二王惶恐之时商量一起降汉。后来因休屠王反悔，被浑邪王斩杀。浑邪王率部归降大汉后，被武帝封为列侯。而十四岁的金日磾受父亲的牵连成为奴隶，在宫中养马。后来，金日磾得到武帝的宠信，先后被擢升为侍中、驸马都尉、光禄大夫，逐渐成为武帝的亲信。对此，一些皇亲贵戚也曾嫉妒地说：“金日磾不过是一个降俘，凭什么受到如此宠贵？”金日磾为人忠诚宽厚，做事恭谨，从不居高自傲，武帝对他一直无比信任。征和二年（前 91 年），武帝了解到太子是被人陷害被迫自杀，因此斩杀了江充宗族和全部朋党。此时，而因追杀太子立功的侍中仆射马何罗兄弟三人担心被杀，秘密谋划造反。金日磾发现马何罗兄弟的诡异表现后，便和他们一同上殿下殿，来监视他们的行为。一天早上，武帝还没起床，马何罗便从外面冲进宫来。而早有准备的金日磾立即冲进武帝的卧室，躲在内门后。

当马何罗杀进武帝卧室时，金日磾迅速抱住马何罗，并高喊：“马何罗造反啦！”武帝因此从床上惊醒。金日磾揪住马何罗的脖子，将他摔到大殿之下。宫中侍卫一拥而上，将马何罗擒拿并捆绑起来。随后，马何罗兄弟三人均遭诛杀。从此，金日磾更是以忠诚笃敬、孝行节操而得到武帝的信赖。

上官桀年轻时做过羽林期门郎。有一天，上官桀随武帝去甘泉宫，途中突遇大风，车马顶风而行，行动缓慢。为减少阻力，武帝命随从卸下车盖。上官桀捧着车盖，一步不离地跟随着御车，以防天气不测。果然，当天下起了大雨，上官桀立即在武帝头上举起车盖。武帝非常欣赏上官桀的勇猛，诏令他做了未央厩令[①]。后来，武帝又先后擢升他为侍中、太仆。

桑弘羊出身商人家庭，十三岁时成为武帝身边的侍中，后任治粟都尉、领大农令。武帝时期，桑弘羊是在朝廷出现财政危机时出任理财管家，朝廷出台的盐铁官营、榷酒酤、均输平准等一系列政策，都是由他主持完成的。

相对而言，四位顾命大臣，武帝最为宠信的，还是霍光、金日磾和上官桀。

为了给皇位继承人铺平道路，后元元年（前 88 年），武帝在选定好顾命大臣后，开始着手清理公卿大臣队伍，主要清除那些有可能制造事端、危害社稷的危险分子。

侍中仆射马何罗及其弟弟重合侯马通联合谋反，虽然都被斩杀，没有取得成功，却极大震动了武帝。武帝因此不再相信身边的侍中等近臣，下令将侍中全都移出禁中，没有诏令不得入内。

① 未央厩令：官名，掌皇帝车乘及厩中马匹。

在这次行动中，武帝把参与镇压太子刘据的文臣武将及与这些人有关系的人作为重点清洗对象。在武帝的心目中，这两种人都是将来的不安定因素，必须将这些人全部清除干净。

后元二年（前 87 年）正月初一，是诸侯王和文武百官上朝向皇上朝贺的日子，每年的朝贺仪式都隆重而威严。但由于年已七十岁的武帝身体欠佳，经不起烦琐朝贺仪式的折腾，在甘泉宫只接受了诸侯王的朝贺，其他文武百官一律免于朝贺。

二月，感到身体欠佳的武帝，想起了每年春天都去游览的五柞宫，便移驾到那里，以便换换心情。但到了五柞宫后，武帝就病倒了，而且病情日渐加重。一天，朝廷几位重臣跪伏在武帝的床前问安时，霍光见皇上危在旦夕，可储君至今还没有确立。霍光担心武帝一旦突然驾崩，储君之事会危及社稷，就趁武帝清醒时，跪在病榻前问道："陛下一旦不讳，应该由谁来继承大位呢？"

听了霍光的话，武帝说："朕之前赐给你《周公背成王朝诸侯图》，难道你还没有理解它的含义吗？立少子弗陵，由你行周公之事！"

霍光急忙叩头，恳切地推辞道："臣不如金日磾！"

跪在一旁的金日磾也急忙叩头，诚恳地推辞道："臣德才远不如霍光，况且臣是外国人，若使辅弼幼主，必会使匈奴轻视我大汉！"

武帝说："你们两人素来忠心耿耿，朕久已深知，都不必推辞，朕自有安排。"之后，武帝再不说话。霍光、金日磾等几位重臣见状，只好叩头告辞。

第二天，武帝似乎预感到自己将不久于人世，便把霍光、金日磾、田千秋、上官桀、桑弘羊等人再次召集到病榻前。此时，病床上的刘彻已经说不出话来。看到武帝的神色，以霍光为首的五位大臣流着泪，跪听遗诏：立刘弗陵为太子，以霍光为大司马大将军，金日磾为车骑将军，上官桀为左将军，桑弘羊为御史大夫，田千秋仍为丞相，共同辅佐少主，其中霍光为首辅。朕体不安，已无痊愈之望，即将永诀。望辅弼诸臣，宜谨奉太子，尽心竭力。

在遗诏中，武帝希望受命大臣同心协力辅佐幼主，并告诫他们推行休养生息的富民政策，不要重蹈秦二世灭亡的覆辙。后元二年（前 87 年）二月初四，大汉王朝的杰出帝王——汉武帝刘彻于五柞宫病逝，享年七十岁。

## 5. 葬于茂陵垂千古

后元二年（前 87 年）二月初四，中国历史上雄才大略的汉武帝在五柞宫驾崩，享年七十岁。皇太子刘弗陵同日即位，是为昭帝。昭帝即位后，首要的大事就是为父皇发丧。武帝灵堂设在未央宫的前殿，遗体停放十八天后葬于茂陵。

茂陵位于西安城西部八十余里，北依九嵕山，南屏终南山。茂陵于建元二年（前 139 年）动工修建，后元二年（前 87 年）竣工，整个工期历时长达五十三年。修建茂陵时，武帝从各地征调的建筑工匠和艺术大师达三千余人。

茂陵创造了中国古代帝王陵寝的七个之最：一是修造工期最长，历时五十三年；二是规模最大，已经探明的从葬坑达四百余处；三是随葬品最多，武帝去世下葬时，陵墓中的葬品已经塞不进去；

四是耗资最巨，修陵费用占武帝时期每年税赋的三分之一；五是茂陵城邑最为繁华；六是陵区最为广阔，数十座陪葬墓大多各具特色；七是茂陵体量高大，每边长约二百四十米，高四十六米多，在西汉十一座皇帝陵中独树一帜。

茂陵的陵园分为内城和外城，内外城四周都有城门。这座规模浩大的皇陵，只有秦始皇的骊山墓与之相提并论。

本始二年（前72年）五月，汉宣帝诏令："孝武皇帝躬行仁义，武威远播，功勋与品德，都已臻于极盛。"宣帝又命朝臣给汉武帝确定一个尊号，武帝谥号"孝武皇帝"、庙号"世宗"由此产生。本始二年六月，宣帝尊孝武庙为世宗庙。

武帝七岁被立为皇太子，十六岁继承皇位，在位长达五十四年。对内，武帝强化皇权专制，颁行推恩令，制订左官律和附益法，严格禁止诸侯王参与政事；不拘一格录用人才，提拔有才能的士人为侍从，以备顾问；裁抑丞相职权，依靠亲信和近臣参与决策，从而形成内朝和外朝的政治体制；设十三州刺史部，加强对郡国的控制；为解决财政困难，改革币制，禁止郡国铸钱，又实行盐铁官营、均输平准等制度；颁布算缗、告缗令，向商人征收重税；建立正规的察举制度，令郡国举孝廉及秀才、贤良方正等；实行尊崇儒术的文化政策，设五经博士，在京师长安兴建太学，又令郡国皆立学官。对外，武帝派卫青、霍去病等武将多次出击匈奴，迫其远徙漠北；命张骞出使西域，沟通汉与西域各族联系；征服闽越、东瓯、南越、卫氏朝鲜，经营西南夷，在其地设置郡县。在统治汉朝长达半个世纪的经历中，为汉朝建立起了一套系统、完整的、高度集权的中央统治方略。

武帝生前，没人敢多说半句话，朝廷官吏都谨小慎微，而武帝驾崩后，舆论便排山倒海一般滚滚涌来。到汉宣帝时，就连宣帝提出为曾祖父建立庙宇的想法，也遭到长信少府[①]夏侯胜的强烈反对："武帝虽有攘四夷广土斥境之功，然多杀士众，竭民财力，奢泰亡度，天下虚耗，百姓流离，物故者半。蝗虫大起，亦地数千里，或人民相食，畜积至今未复。亡德泽于民，不宜为立庙乐。"

东汉史学家班固在《汉书·武帝纪》中这样评价武帝："孝武初立，卓然罢黜百家，表章《六经》，遂畴咨海内，举其俊茂，与之立功。兴太学，修郊祀，改正朔，定历数，协音律，作诗乐，建封禅，礼百神，绍周后，号令文章，焕然可述，后嗣得遵洪业，而有三代之风。如武帝之雄材大略，不改文、景之恭俭以济斯民，虽《诗》《书》所称，何有加焉！"

宋代文史学家司马光在《资治通鉴》中这样评价武帝："穷奢极欲，繁刑重敛，内侈宫室，外事四夷，信惑神怪，巡游无度，使百姓疲敝，起为盗贼。"武帝与秦始皇同样暴虐无比，但秦朝灭亡了，汉朝却得以兴盛，对此，司马光在《资治通鉴》中指出："能尊先王之道，知所统守，受忠直之言，恶人欺蔽，好贤不倦，诛赏严明，晚而改过，顾托得人，此其所以有亡秦之失而免亡秦之祸乎！"

夏侯胜、班固和司马光，都是从仁政与养民的儒学观点出发来评价武帝，因此批评武帝是穷兵黩武、暴虐为政。后来，随着时间的推移，许多有识之士又从开疆扩土的角度对武帝加以评价。

明代史学家郑晓在《古言》中，是这样评价武帝的："三王以后，人主有大功于天下后世者，莫如汉武帝。表彰《六经》于秦亡之后，

① 长信少府：官名，主皇太后宫，由宦者任职。

罢斥苏、张、申、韩之术，又开拓华夏，今之辽东、宁夏、四川、云贵、两广、福建，以及浙东列郡，皆为刘彻所取，变夷为夏。”

明代思想家李贽在《藏书》中，是这样评价武帝的：“孝武帝乃大有为之圣人也。当是时，拓地几万余里。虽劳民伤财，四海凋敝，然迄于元成，边城不闭。有为之功业大矣哉！”

清代作家吴裕垂在《历朝史案》中，对武帝打击外来侵略的策略大加赞赏，认为“武帝雄才大略，非不深知征伐之劳民也”，武帝之所以这么做，是为了“削平四夷，尽去后患”，着眼于长远，使国家得到长治久安。

武帝是奠定中国辽阔疆域版图的第一位帝王。继秦始皇统一六国后，武帝将秦国原有的版图扩大了一倍，打通了通往西域的路径，形成了丝绸之路的雏形，促进了东西方文化的交流与发展。武帝改变祖制，将汉朝推向鼎盛，打造了一个真正的世界强国。武帝眼光之长远，战略之雄伟，确实令后人惊叹。

武帝毅然决然地废止黄老学说，将儒家学说推上政治舞台，推动政治理想化、伦理化，并从思想上教化、统治广大民众。自武帝开始，儒家学说作为封建社会的统治思想，一直延续了两千多年。

武帝大力削减藩王势力，结束了困扰汉朝多年的诸侯王国割据势力，逐渐强化皇权专制。同时，武帝重用酷吏，打击豪强权贵和贪官污吏。虽然酷吏当道、血气弥漫，但酷吏在清廉方面为武帝巩固皇权起到了强大的推动作用。武帝也是中国历史上第一个以“罪己诏”的方式进行自我反省、自我批评的皇帝。他的胸襟和勇气不能不令人称道，也证明武帝是一个有智慧、有远见的君主。

武帝也是一个无法脱离人类劣性的普通人。他用人难离亲疏，他处世不离喜怒。他既放纵多情，又尖刻薄情，对承诺金屋藏娇的陈皇后、对陪伴自己三十八年的卫皇后，对为江山社稷而自尽的钩弋夫人，他都表现得极端冷血无情。

武帝缔造了一个伟大的时代，也成了一个永远说不完、道不尽的千古帝王。

# 主要参考书目

[1] 司马迁．史记 [M]. 天津：天津古籍出版社，1995.

[2] 曹海东．二十五史通鉴 [M]. 北京：团结出版社，1997.

[3] 林鲤．中国皇都全书 [M]. 北京：九州图书出版社，1997.

[4] 司马光．资治通鉴 [M]. 延边：延边人民出版社，1999.

[5] 善从．中国皇帝全传 [M]. 北京：中国华侨出版社，2011.

[6] 何君．汉武帝刘彻 [M]. 长春：吉林出版集团股份有限公司，2011.

[7] 班固．汉书 [M]. 北京：中华书局，2012.

[8] 石静．汉武帝传 [M]. 西安：三秦出版社，2012.

[9] 王书熙．汉武帝刘彻全传 [M]. 北京：企业管理出版社，2012.

[10] 蔡东藩．前汉通俗演义 [M]. 哈尔滨：北方文艺出版社，2013.

[11] 吕思勉．秦汉史 [M]. 南京：江苏人民出版社，2014.

[12] 高山．中国皇帝全卷 [M]. 北京：光明日报版社，2015.

[13] 雾满拦江．汉武帝：皇权的逻辑 [M]. 南京：江苏凤凰文艺出版社，2016.

[14]《国学经典文库》丛书编委会．汉武帝刘彻 [M]. 北京：现代出版社，2018.

[15] 林文力．汉武大帝全传 [M]. 武汉：华中科技大学出版社，2019.

主要参考书目